La Cucina della mamma
Traditionelle Rezepte aus Italien

La Cucina della mamma

Traditionelle Rezepte aus Italien

Herausgegeben von Susanne Bunzel
Illustrationen von Lucia Obi

Droemer

Besuchen Sie uns im Internet:
www.droemer-weltbild.de

Die Folie des Schutzumschlags sowie die Einschweißfolie sind PE-Folien und biologisch abbaubar. Dieses Buch wurde auf chlor- und säurefreiem Papier gedruckt.

Umschlaggestaltung: ZERO Werbeagentur, München
Umschlagillustrationen: Lucia Obi
Illustrationen: Lucia Obi
Reproduktion: Wilhelm Vornehm, München
Satz: Ventura Publisher im Verlag
Druck und Bindung: Franz Spiegel Buch GmbH, Ulm
Printed in Germany
ISBN 3-426-27166-4

5 4 3 2 1

Inhalt

Primi Piatti

Pasta – Teigwaren

Brodi e zuppe – Suppen und Eintöpfe

Piatti di riso – Reisgerichte

Secondi piatti

Carne – Fleischgerichte

Pollame, selvaggina ed interiora – Geflügel, Wild und Innereien

Pesce e frutti di mare – Fisch und Meeresfrüchte

Piatti unici e senza carne – Gemüse- und Einzelgerichte

Beilagen und Saucen

Contorni – Beilagen

Salse e sughi – Saucen

Dolci – Desserts

Vorwort

Ein Land kennen zu lernen bedeutet für mich, nicht nur seine Landschaft und seine Kunstschätze zu erkunden, sondern auch und vor allem zu erfahren, wie die Menschen dort leben, wie und was sie essen und trinken. Italien bietet in dieser Hinsicht eine unvorstellbare Fülle an Entdeckungsmöglichkeiten und ist zu Recht als ein Land bekannt, wo man reichlich, gut und genussvoll isst. Wenn ich an meinen langjährigen Aufenthalt auf der Apenninenhalbinsel zurückdenke, tauchen vor allem Bilder von fröhlichen Tischgesellschaften vor meinem geistigen Auge auf. Dies mag zum einen mit meiner stark kulinarisch ausgerichteten Wahrnehmungsfähigkeit zu tun haben, zum anderen liegt es sicher auch an der Freude der Italiener am guten Essen, an ihrer bewusst gelebten Esskultur, die einen zentralen Bestandteil des alltäglichen Lebens bildet. Esskultur bedeutet in Italien allerdings nicht nur die aufwendigen Menüs zu hohen Festtagen, sondern den tagtäglichen Umgang mit qualitätvollen Rohstoffen, das Wissen um die Zubereitungsarten und Besonderheiten der vielen regionalen Spezialitäten.

Während meiner Jahre in Italien und später bei den Recherchen zu den beiden Kochbüchern der *cucina casalinga* war ich immer wieder beeindruckt vom reichen kulinarischen Wissensschatz, mit dem nicht nur ausgewiesene Fachleute und Profis, sondern auch Laien, meine italienischen Freunde, ihre Mütter und Großmütter oder meine freundlichen Nachbarn aufwarten konnten. Weinmacher zeigten mir ihre *cantina* und erläuterten, mit einem Probierglas in der Hand, Besonderheiten des Anbaus und des Reifeprozesses. Zurück im Wohnhaus erklärten mir die Frauen dann mit einer verblüffenden Selbstverständlichkeit, warum sie welche Speisen zu den Weinen kochten. Das kleine belanglose Schwätzchen mit dem Käseverkäufer auf dem Wochenmarkt geriet zum kulinarischen Diskurs, bei dem ich alles über die Herstellung und das korrekte Portionieren von Parmigiano lernte. Wenn ich mit Freunden und Bekannten übers Essen diskutierte und wir auf eine bestimmte Spezialität zu sprechen kamen, bot man mir oft gleich mehrere Rezepte dafür an – jedoch nicht ohne vorher leidenschaftlich über die mögliche Überlegenheit der einen über die andere Version palavert zu haben. Mindestens eine Signora wusste auch über die Entstehung des Gerichts Bescheid, und meistens fand sich auch jemand, der eine kleine Andekdote

über das Gericht oder seinen Namen zum Besten geben konnte. Meine Nachbarn weihten mich einmal in einer gemeinschaftlichen Großaktion in die Geheimnisse der *Salsa di pomodoro* ein. Jede Partei unseres Mietshauses schleppte einen Riesenkessel in den Garagenhof, wo wir mehrere kleine Holzfeuer entfachten. Darauf konnten dann die mit Tomaten, Kräutern und Gewürzen gefüllten Kessel stundenlang vor sich hin köcheln und ihr Inhalt zu jener aromatischen Köstlichkeit zusammenschmurgeln, die die italienischen Pastasaucen so unvergleichlich aromatisch macht.
Was Italien und seine Bewohner auszeichnet, ist nicht zuletzt schlicht die Freude, die es bereitet, mit Freunden und Familie an einem gemeinsamen Tisch zu sitzen. Gerne denke ich an die großen Familienfeiern, bei denen wir ganze Nachmittage lang tafelten. Nach den verschiedensten Antipasti aus eingelegtem Gemüse, Salami und Prosciutto gab es meist Ravioli oder Tortelli in brodo, dann mindestens noch einen Risotto und vielleicht noch ein zweites Pastagericht. Auf diese Primi folgten in der Regel zweierlei Secondi, beispielsweise ein Kaninchen und gesottenes Geflügel, dessen Brühe zum Pastagang serviert wurde. Natürlich ging es dabei immer hoch her, wir diskutierten lautstark und genossen das gemeinsame Essen. Nach dem Nachtisch und einem Digestif gingen wir dann höchst zufrieden nach Hause, schworen uns, nie wieder so viel zu essen, und freuten uns doch schon wieder auf die nächste Zusammenkunft.
Aber es sind nicht nur diese gewaltigen Festgelage, die sich in Italien so denkwürdig gestalten. Wenn die Speisen liebevoll und aus hochwertigen Zutaten zubereitet sind, genügt auch ein einfaches Gericht, um die Runde in Stimmung zu versetzen. So war ich einmal mit einigen Freunden in den Bergen oberhalb des Comer Sees unterwegs. Wir kehrten in einer Berghütte ein und bekamen Teller mit dampfender Polenta e salsiccia vorgesetzt. Eine Mahlzeit, die schlichter nicht sein könnte. Doch angesichts der leckeren Stärkung – die Grappa tat sicher auch das ihre dazu – dauerte es nicht lange, bis der Hüttenwirt zur Gitarre griff und wir alle gemeinsam mit rauen Kehlen *La Montanara* anstimmten.
Diese Erlebnisse mögen zunächst einmal wie Klischees anmuten, doch wer die Lust am Essen, die Gastfreundschaft und Mitteilungsfreudigkeit der Italiener einmal selbst erlebt hat, wird unschwer eigene Erfahrungen mit diesen Schilderungen verbinden können. Sie zeigen einmal mehr, wie sehr Essen in Italien gelebte Kultur ist und welchen Reichtum diese Kultur besitzt. Um dieser Fülle Ausdruck zu verleihen, haben wir uns entschlossen, fünf Jahre nach Erscheinen von *La cucina casalinga* einen zweiten Band mit ganz

neuen Rezepten aus allen Landesteilen und für jeden Anlass zu veröffentlichen und ein neues Lese- und Kochvergnügen für all diejenigen zu schaffen, die genießen können und sich die unverfälschte *cucina della mamma* an den eigenen Herd holen wollen.
Buon appetito!

Antipasti

Alici in marinata
Eingelegte Sardellen – Venetien

In Venedig und im venetischen Hinterland gehören die eingelegten Sardellen zu den berühmten *Cicheti,* den kleinen Häppchen, die man zum Aperitif oder zwischendurch zu einem Glas Wein schnabuliert. In vielen einfachen Kneipen und Osterien werden sie am Tresen feilgeboten.

Zutaten für 4 Personen:
500 g rote Zwiebeln, 500 g frische Sardellenfilets, Salz und Pfeffer, milder und hochwertiger Rotweinessig, Olivenöl zum Servieren
Zubereitungszeit (ohne Ruhezeit): 20 Minuten

Die Zwiebeln schälen und in dünne Ringe hobeln. Abwechselnd eine Lage Zwiebelringe und die Sardellenfilets in eine Glas- oder Porzellanschale schichten.
Jede Schicht leicht salzen und pfeffern. Das Ganze mit Essig übergießen. Abdecken und mehrere Stunden, nach Möglichkeit über Nacht durchziehen lassen. Die Sardellenfilets erhalten durch den Essig und die roten Zwiebeln eine zartrosa Tönung, die sie sehr appetitlich aussehen lässt.
Zum Servieren die Sardellenfilets aus der Marinade heben, abtropfen lassen und hübsch auf Tellern anordnen. Mit einem Schuss Olivenöl anrichten und zu Tisch bringen.

Alici mollicate
Überbackene Sardellen – Abruzzen

Das ehemalige Arme-Leute-Essen der abruzzischen Fischer ist heute zu einer edlen Vorspeise avanciert. Mussten früher die glitzernden Sardellen noch als »Silber des Meeres« angepriesen werden, um überhaupt Käufer zu finden, sind die bekömmlichen Speisefische heute wesentlich seltener und damit auch teurer und wahrhaftig zu »Silber« geworden.

Zutaten für 6 Personen:
700 g frische, küchenfertige Sardellen mittlerer Größe, 6 Fleischtomaten, 2 Knoblauchzehen, 100 ml Olivenöl, Salz, 4 EL gehackte Petersilie, 200 g altbackenes Weißbrot, Saft einer Zitrone
Zubereitungszeit: 45 Minuten

Die Sardellen abspülen und trocknen. Die Tomaten kurz in kochendes Wasser tauchen, häuten, entkernen und fein würfeln. Den Knoblauch fein hacken.
Backherd auf 200 Grad vorheizen.
Sardellen in eine Schüssel geben und mit Olivenöl, Salz, Knoblauch und Petersilie würzen. Sorgfältig durchmischen und in eine Auflaufform füllen.
Das Weißbrot fein zerpflücken und zusammen mit den Tomatenwürfelchen über den Fischen verteilen (Sie können ersatzweise auch 500 Gramm Tomatenpüree verwenden). Mit Zitronensaft beträufeln und im heißen Rohr 8–10 Minuten überbacken. Heiß servieren.

Bottoni di pagliaccio
Gebratene Wurstzipfel – Lombardei

»Clownsknöpfe« nennen sich die prall gebratenen Wurststückchen, weil sie nach Meinung der Lombarden an die Pompons eines Harlekinkostüms erinnern. Den Antipasto gab es meist wenige Tage nach dem Schlachttag, um die Kunst des Wurstmachers auf die Probe zu stellen. Denn am Geschmack dieser Wurstzipfelchen konnte man bereits erkennen, wie seine Salami ausfallen würde.

Zutaten für 4 Personen:
4 frische Salsiccie (ersatzweise herzhafte, ungebrühte Bratwürste), 1 Zwiebel, 1 EL Schmalz oder Olivenöl, 50 ml trockener Weißwein, 250 g Tomatenpüree, Salz und Pfeffer
Zubereitungszeit: 30 Minuten

Die Würste in fingerdicke Scheiben schneiden, die Zwiebel in hauchfeine Ringe hobeln.
Wurststückchen im Fett anbraten. Die Zwiebel hinzufügen und Farbe nehmen lassen. Mit Wein löschen, dann das Tomatenpüree einrühren und 10 Minuten köcheln lassen. Mit Salz und Pfeffer abschmecken.
Auf rustikalen Weißbrotscheiben oder auf gerösteter Polenta servieren.

Caprino in crosta
Ziegenfrischkäse im Teigmantel – Ligurien

Zutaten für 6 Personen:
10 g Trockenhefe, 125 ml lauwarmes Wasser, 250 g Mehl, 1 Prise Salz, 1 Prise Zucker, 1 EL Olivenöl, 1 EL frische Thymianblättchen, 1 EL frisch gehackte Rosmarinnadeln, ca. 400 g Ziegenfrischkäse, 1 Ei zum Bepinseln
Zubereitungszeit (ohne Ruhezeit): 45 Minuten

Die Hefe im lauwarmen Wasser auflösen und einige Minuten ruhen lassen. Inzwischen das Mehl in eine Schüssel sieben und mit Salz, Zucker und Öl verrühren. Die aufgelöste Hefe sowie die Kräuter hinzufügen und gut vermischen. Mit den Händen kräftig durchkneten, bis ein glatter und gleichmäßiger Teig entsteht. Den Teig zu einer Kugel formen, mit einem Küchentuch abdecken und auf die doppelte Größe aufgehen lassen (etwa eine Stunde).
Backrohr auf 200 Grad vorheizen.
Den Teig noch einmal rasch durchkneten und auf einer bemehlten Arbeitsfläche ausrollen. 12 Kreise ausschneiden, die etwas größer sind als der Ziegenkäse.

Den Ziegenkäse portionieren und auf 6 Teigkreise setzen. Mit den restlichen 6 Kreisen abdecken. Die einzelnen Päckchen gut verschließen und mit dem verquirlten Ei bepinseln.
Die Päckchen auf ein mit Backtrennpapier ausgelegtes Blech setzen und im vorgeheizten Rohr etwa 20 Minuten goldbraun backen. Heiß servieren.

Variation: Wenn Sie keine Zeit für Hefeteig haben, können Sie für das Rezept auch Blätterteig aus der Tiefkühltruhe verwenden.

Carciofi ripieni
Gefüllte Artischocken – Ligurien

Dieses Rezept heißt manchmal auch »Carciofi all'inferno«, weil die Artischocken bei dieser Zubereitungsform wie die armen Seelen in Dantes Inferno von oben und von unten mit »Höllenhitze« in Berührung kommen. Vielleicht aber auch, weil sie höllisch gut schmecken …

Zutaten für 4 Personen:
8 Artischocken, 2–3 EL Zitronensaft, 2 Knoblauchzehen, 1 kleines Bund Petersilie, 3–4 Majoranzweiglein, 4 EL geriebener Parmesan, 2 Eier, Salz und Pfeffer, 50 ml Olivenöl, 2–3 EL Mehl, 50 ml trockener Weißwein, 2–3 Lorbeerblätter
Zubereitungszeit: 60 Minuten

Artischocken putzen und aushöhlen. Die äußeren harten und dunklen Blätter und das pelzige Innere entfernen. Das zarte Herz ausschneiden und zusammen mit den geschälten Stielen zerkleinern. Das Fruchtfleisch in mit Zitronensaft gesäuertes Wasser legen, damit es sich nicht verfärbt.
Für die Füllung Knoblauch und Petersilie fein hacken und mit dem Artischockenhack in eine Schüssel geben. Die Majoranblättchen von den Stängeln ribbeln und hinzufügen. Mit Parmesan und Eiern vermengen und mit Salz und Pfeffer abschmecken. Mit einem Schuss Olivenöl geschmeidig rühren.
Die Füllmasse in die ausgehöhlten und weit geöffneten Artischocken geben. Die Artischocken mit Mehl bestäuben.
Das restliche Öl in einer Pfanne erhitzen. Die Artischocken kopfüber hineinsetzen und goldbraun braten. Wenden und mit Weißwein ablöschen. Etwas Wasser angießen und zum Kochen bringen. Die Lorbeerblätter hineingeben, salzen, das Ganze abgedeckt etwa 30 Minuten schmoren lassen.

Cozze gratinate
Gratinierte Miesmuscheln – Abruzzen

Zutaten für 4 Personen:
1 kg Miesmuscheln, 1 Knoblauchzehe, 2–4 Basilikumblätter, 2 vollreife Fleischtomaten, 3 EL Olivenöl, Salz und Pfeffer, 3–4 EL gehackte Petersilie, 3–4 EL Semmelbrösel
Zubereitungszeit: 60 Minuten

Die Muscheln sorgfältig waschen und bürsten, eventuell den »Algenbart« entfernen. Bereits geöffnete oder beschädigte Muscheln aussortieren und wegwerfen. Die guten Muscheln mit einem Viertelliter Wasser in einen großen Topf geben, abdecken und etwa 5 Minuten dünsten, bis sie sich öffnen. Dabei ab und zu am geschlossenen Topf rütteln. Die Muscheln vom Herd nehmen und ein wenig abkühlen lassen. Das Muschelfleisch aus den geöffneten Muschelschalen lösen, Fleisch beiseite stellen, Schalen und ungeöffnete Muscheln wegwerfen.
Knoblauch fein hacken und das Basilikum grob zerzupfen. Die Tomaten häuten, entkernen und fein würfeln.
2 Esslöffel Öl in einer weiten Pfanne erhitzen. Knoblauch und Basilikum darin andünsten. Nach 5 Minuten die Tomatenwürfelchen hinzufügen und auf kleiner Flamme 10 Minuten schmurgeln lassen. Den Kochsud der Muscheln angießen und gut verrühren. Salzen und pfeffern.
Eine ofenfeste Form mit dem restlichen Olivenöl auspinseln. Das Muschelfleisch hineingeben und mit der Tomatensauce überziehen. Mit gehackter

Petersilie und Semmelbröseln bestreuen. Unter dem Backofengrill rasch goldbraun gratinieren und heiß zu Tisch bringen.

Crespelle farcite
Kastaniencrêpes mit Schinken-Käse-Füllung – Aostatal

Im Herbst frisch oder im Winter getrocknet und zu Mehl gemahlen, bildeten Kastanien in der italienischen Küche lange Zeit die Grundlage vieler nahrhafter Gerichte. In ihrer Aufgabe als Energiespender wurden sie später dann allerdings von Mais, Weizen und Kartoffeln immer weiter zurückgedrängt. Heute kann man zwar im Herbst immer noch frische Kastanien kaufen oder bei Straßenhändlern frisch gebrannte Maroni erstehen, doch Kastanienmehl wird nur noch in wenigen klassischen Spezialitäten wie diesen Crespelle verwendet.

Zutaten für 4 Personen:
200 g Kastanienmehl, 50 g Weizenmehl, 1 Prise Salz,
1 dicke Scheibe gekochter Schinken à 100 g,
200 g Fontina, Butter oder Öl zum Backen
Zubereitungszeit (ohne Ruhezeit): 30 Minuten

Die beiden Mehlsorten in eine Schüssel sieben und salzen. Mit einem Schneebesen Wasser einrühren, bis ein gleichmäßig flüssiger, aber nicht zu dünner Teig entsteht. Abdecken und 30 Minuten ruhen lassen.
Butter oder Öl in einer kleinen Pfanne mit Antihaftbeschichtung erhitzen. Ein wenig Teig hineingießen, gleichmäßig in der Pfanne verteilen und setzen lassen. Wenden und auch die andere Seite backen. Auf einen vorgewärmten Teller gleiten lassen und warm halten.
Den restlichen Teig wie beschrieben ausbacken.
Schinken und Käse fein würfeln.
Die Crêpes nun mit Käse- und Schinkenwürfelchen füllen und aufrollen. In eine gebutterte Auflaufform schichten. Butterflöckchen auf den Crêpes verteilen und unter dem heißen Backofengrill kurz überbacken.

Crostini alla Rossini
Trüffelcrostini – Emilia

Gioacchino Rossini liebte Trüffeln so sehr, dass er sie sich während seines Aufenthalts in Paris eigens aus der Umgebung von Ferrara anliefern ließ. Diese Trüffeln waren zu jener Zeit so bekannt und begehrt wie heute die weiße Trüffel aus Alba.

Zutaten für 4 Personen:
150 ml Gemüsebrühe, 1 Knoblauchzehe, 1 EL Mehl, 1 EL Butter, Salz und Pfeffer, 1 EL geriebener Parmesan, 1 kleine weiße Trüffel (ca. 15 g), 16 Baguettescheiben
Zubereitungszeit: 30 Minuten

Die Brühe mit der ganzen, geschälten Knoblauchzehe zum Kochen bringen. 2 Minuten durchkochen, dann vom Herd nehmen und den Knoblauch wieder entfernen.
Das Mehl in der Butter hell anschwitzen. Mit Brühe auffüllen, salzen und pfeffern. Bei kräftiger Hitze einkochen lassen. Den Parmesan einrühren und weiterköcheln lassen, bis eine dickliche und streichfähige Creme entsteht. 5–6 Gramm Trüffel reiben und unterziehen.
In der Zwischenzeit die Baguettescheiben leicht rösten.
Die Brotscheiben mit der Trüffelcreme bestreichen und auf Teller setzen. Die einzelnen Crostini mit feinen Trüffelraspeln garnieren und zu Tisch bringen.

Crostini in agrodolce
Süß-saure Crostini – Marken

Crostini gehören zu den klassischen Antipasti der Marken und wurden vor allem bei Festmahlzeiten gereicht, um all die Zutaten unterzubringen, die bei der Zubereitung der Hauptgerichte abfielen. Traditionsgemäß gab es da Kaninchen, Lamm oder Hähnchenfleisch. Die Innereien aß man entweder als Suppeneinlage oder verwendete sie, wie hier, für Crostini.

Zutaten für 4 Personen:
200 g Hühnerinnereien, 1 dicke Scheibe Parmaschinken (ca. 100 g), 4 EL Olivenöl, 1 Knoblauchzehe, ½ TL frische Majoranblättchen, Salz und Pfeffer, 1 TL Zucker, 1–2 EL Essig, 8 Scheiben Bauernweißbrot
Zubereitungszeit: 30 Minuten

Hühnerinnereien putzen und sehr fein hacken, den Parmaschinken in winzige Stückchen schneiden.
Das Olivenöl in einer Pfanne heiß werden lassen und die ganze Knoblauchzehe sowie den Majoran darin andünsten. Hühnerinnereien und Schinken hinzufügen und etwa 10 Minuten sanft mitbraten. Salzen und pfeffern. Zum Schluss mit Zucker und Essig süß-sauer abschmecken und den Essig ein wenig einkochen lassen.
Die Brotscheiben rösten und mit der vorbereiteten Creme bestreichen.

Crostini di gorgonzola e noci
Crostini mit Gorgonzola und Walnüssen – Lombardei

Für diese Crostini sollten Sie den herzhaften Gorgonzola piccante verwenden; er ist nicht ganz so cremig wie Gorgonzola dolce, zerläuft aber beim Überbacken nicht so leicht und verleiht den Crostini außerdem etwas mehr Pepp.

Zutaten für 6 Personen:
12 Baguettescheiben, streichfähige Butter, 50 g geröstete Walnüsse, 100 g Gorgonzola, schwarzer Pfeffer aus der Mühle, Rucolablätter zum Garnieren
Zubereitungszeit: 30 Minuten

Backherd auf 200 Grad vorheizen. Die Baguettescheiben buttern und auf ein Backblech setzen. Im heißen Ofen rund 10 Minuten goldbraun rösten. Aus dem Rohr holen und abkühlen lassen.
In der Zwischenzeit die Walnüsse zerstoßen und mit dem zerkrümelten Gorgonzola verrühren. Diese Nuss-Käse-Mischung auf die gerösteten Baguettescheiben streichen und mit etwas schwarzem Pfeffer übermahlen.
Die Backofentemperatur auf 180 Grad reduzieren und die Baguettescheiben erneut in den Ofen schieben. Gut 5 Minuten überbacken, bis der Käse zu schmelzen beginnt.
Crostini auf Teller verteilen und mit frischer Rucola garniert servieren.

Crudo di calamaretti
Roher Tintenfischsalat – Abruzzen

Ein typisches Beispiel für die Meeresküche aus Pescara. Dieses Rezept ist so schlicht, dass es hier ganz besonders auf die zuverlässige Qualität und Frische der Zutaten ankommt.

Zutaten für 4 Personen:
400 g frische, küchenfertige Tintenfischringe, 1 frische Maizwiebel, 1 getrockneter Peperoncino, 1 EL Essig
Zubereitungszeit: 20 Minuten

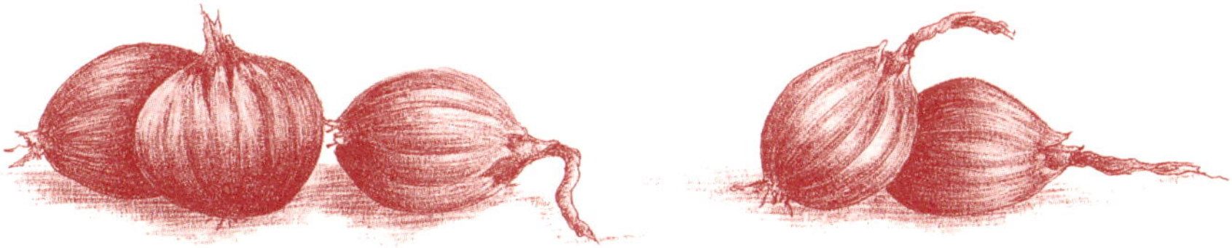

Tintenfischringe kurz unter fließendem Wasser abbrausen und abtropfen lassen. Inzwischen die Zwiebel fein hacken. Den Peperoncino nach Wunsch entkernen (er ist dann nicht mehr ganz so scharf) und ebenfalls fein hacken.
Tintenfischringe, Zwiebel und Peperoncino in eine Schüssel geben und sorgfältig vermischen. Mit Essig abschmecken und kurz durchziehen lassen. Mit Weißbrot servieren.

Filetti di trota in agrodolce
Forellenfilets in süß-saurer Marinade – Piemont

Zutaten für 4 Personen:
4 Forellenfilets, 1 Mohrrübe, 1 Selleriestängel, 1 kleine Lauchstange, 1 kleine Zucchini, je ½ EL gehackte Salbeiblätter und Rosmarinnadeln, 100 ml trockener Weißwein, 50 ml Essig, 150 ml Gemüsebrühe, 1 EL Akazienhonig, 2 EL eingeweichte Rosinen, Salz und Pfeffer
Außerdem: Mehl zum Wenden, Öl zum Braten, Petersilie zum Garnieren
Zubereitungszeit (ohne Ruhezeit): 45 Minuten

Die Forellenfilets in Mehl wenden und in heißem Öl auf beiden Seiten goldgelb braten. Leicht salzen und vom Herd nehmen.
Das Gemüse putzen und fein würfeln. In etwas Öl etwa 10 Minuten sanft dünsten und mit den gehackten Kräutern würzen. Weißwein und Essig dazugießen und auf die Hälfte einkochen lassen. Nun die Brühe, den Honig und die Rosinen hinzufügen. Zum Kochen bringen und einige Minuten leise köcheln lassen, damit sich die Aromen schön verbinden. Mit Salz und Pfeffer abschmecken.
Die Forellenfilets in eine Schale legen und mit der warmen Marinade übergießen. Auf Zimmertemperatur abkühlen lassen und mit Petersilie garniert servieren.

Flan di spinaci con fonduta
Warme Spinatterrine – Piemont

Feine Gemüseterrinen sind ein Klassiker der gehobenen piemontesischen Küche und werden meist mit einer Käsecreme, der sogenannten Fonduta, serviert.

Zutaten für 4 Personen:
70 g Butter, 100 g Mehl, ½ l heiße Milch, Salz, 1 Prise frisch geriebener Muskat, 500 g Blattspinat, 5 EL geriebener Parmesan, 6 Eier, 100 g Sahne
Fonduta (siehe Rezept auf Seite 247)
Zubereitungszeit: 2½ Stunden

Zunächst eine eher feste Béchamelsauce zubereiten. Dafür 50 Gramm Butter in einem Topf zerlassen und 50 Gramm Mehl darin hell anschwitzen. Die heiße Milch hinzufügen und mit einem Schneebesen kräftig verrühren, damit sich keine Klümpchen bilden. Langsam und unter ständigem Rühren eindicken lassen. Mit Salz und Muskat abschmecken. Vom Herd nehmen.
Den Spinat verlesen und waschen und nur mit dem Wasser, das vom Waschen noch an den Blättern haftet, in einen Topf geben. Rasch zusammenfallen lassen, vom Herd nehmen und gründlich abtropfen lassen. Mit den Händen den letzten Rest Feuchtigkeit aus den Blättern pressen, dann im Mixer pürieren. Das Spinatpüree unter die Béchamelsauce rühren. Parmesan und die Eier hinzufügen und alles sorgfältig vermischen. Nun noch die Sahne, die restliche Butter und etwas Mehl einarbeiten und abschmecken.
Backherd auf 150 Grad vorheizen. Eine Pudding- oder Königskuchenform buttern und mit Mehl ausstreuen. Die Spinatmasse einfüllen und mit Alufolie abdecken. Die Form ins Wasserbad stellen und im heißen Backrohr 2 Stunden langsam garen.
In der Zwischenzeit nach der Beschreibung von Seite 247 die Fonduta zubereiten.
Terrine aus dem Ofen holen und mit der Fonduta anrichten.

Frittata all'aglietto fresco
Frittata mit jungem Knoblauch – Umbrien

Die frühlingshaft-frische Frittata gehört nur auf den ersten Blick zur einfachen Bauernküche. Zwar waren Eier auf jedem Bauernhof vorhanden, galten aber als wertvolles Nahrungsmittel, das man nur Kranken oder Wöchnerinnen zugestand oder an Festtagen verarbeitete. Die Eier wurden lieber zum Markt getragen und gegen andere Waren und Lebensmittel eingetauscht oder aber verkauft. Dieses Eiergeld hoben viele Bauersfrauen für den Jahrmarkt auf, der auf dem Land die einzige Gelegenheit darstellte, Stoffe, Schuhe oder Haushaltswaren einzukaufen.

Zutaten für 4 Personen:
5 absolut frische und junge Knoblauchknollen, die noch keine deutlichen Zehen gebildet haben, Salz und Pfeffer, 6–8 Eier, 2–3 EL Olivenöl
Zubereitungszeit: 60 Minuten

Die Knoblauchknollen schälen und eine Minute in sprudelndem Salzwasser blanchieren. Abgießen, leicht abkühlen lassen und in dünne Scheiben schneiden.
Die Eier in einer Schüssel verquirlen und kräftig salzen und pfeffern.
Das Olivenöl in einer (ofenfesten) Pfanne erhitzen und den vorbereiteten Knoblauch darin andünsten. Die Eier in die heiße Pfanne gießen und setzen lassen.
Die Frittata nun entweder auf dem Herd oder im Backrohr fertig braten: Die klassische italienische Frittata wird auf der Herdplatte gebacken. Dafür brauchen Sie allerdings viel Übung, damit die Frittata beim Wenden nicht zerfällt, oder eine Spezialpfanne, bei der Boden und Deckel auf der Herdplatte stehen können. Sobald die Eier fest werden und am Boden durchgebacken sind, die Frittata in einem Stück wenden und auch die andere Seite goldbraun backen. Nicht ganz authentisch, aber etwas einfacher ist es, die Frittata im Backrohr zu garen. Dazu das Backrohr auf 180–190 Grad vorheizen und die Eierpfanne ins heiße Rohr schieben. Die Frittata in 30–45 Minuten goldbraun backen. Frittata heiß oder temperiert servieren.

Frittata con fiori di zucca
Frittata mit Kürbisblüten – Lombardei

Zutaten für 4 Personen:
150 g Mehl, 1 Prise Soda, 4 Kürbis- oder Zucchiniblüten, 100 g Mozzarella, 2 eingesalzene Sardellenfilets, 6 Eier, Salz und Pfeffer, 1 Prise frisch geriebener Muskat, 2 EL geriebener Grana padano, 2 EL gehackte Petersilie
Außerdem: Öl zum Braten
Zubereitungszeit: 75 Minuten

Mehl und Soda in eine Schüssel sieben. Mit einem Schneebesen etwa 75 ml Wasser einrühren und einen dünnen Backteig herstellen. 30 Minuten im Kühlschrank ruhen lassen.
In der Zwischenzeit die Kürbisblüten vorsichtig unter kaltem Wasser abbrausen und anschließend mit Küchenkrepp trockentupfen. Die Blütennarben herauslösen. Mozzarella und Sardellenfilets fein hacken und in die vorbereiteten Blüten füllen. Die Blüten in den Backteig tauchen und in heißem Öl goldgelb ausbacken. Beiseite stellen.
Backherd auf 180 Grad vorheizen.
Für die Frittata nun die Eier in einer Schüssel verquirlen. Mit Salz, Pfeffer und Muskat würzen, dann den Grana und die Petersilie unterziehen.
2–3 Esslöffel Olivenöl in einer ofenfesten Pfanne erhitzen. Die Eier hineingießen und die ausgebackenen Kürbisblüten so in der Eimasse verteilen, dass sie gleichmäßig von den Eiern bedeckt sind. Die Eimasse am Rand und am Boden fest werden lassen. Die Frittata vom Herd nehmen und ins vorgeheizte Backrohr schieben. In etwa 40 Minuten goldgelb backen. Diese Frittata wird heiß gegessen.

Frittelle di verdure
Gemüseküchlein – Ligurien

In Öl ausgebackene Küchlein sind in Genua das traditionelle Gebäck für den Josefstag am 19. März. Getreu einem alten Sprichwort mampft man dann vergnügt süße und salzige Küchlein im Wechsel, bis nichts mehr reingeht.

Zutaten für 4 Personen:
4 Eier, 100–125 g Mehl, 150 g geriebener Parmesan, 100 g gekochter Blattspinat, 1 EL Olivenöl, Salz und Pfeffer
Außerdem: Öl zum Ausbacken
Zubereitungszeit: 45 Minuten

Eier und Mehl verquirlen. Den Parmesan und den grob zerkleinerten Spinat unterziehen. Die Masse mit einem Esslöffel Olivenöl geschmeidig rühren und mit Salz und Pfeffer abschmecken.
Reichlich Öl in einer tiefen Pfanne erhitzen. Esslöffelweise die Spinatmasse hineingeben und goldbraun ausbacken. Aus dem heißen Öl heben, auf Küchenkrepp abtropfen lassen und heiß servieren.

Funghi porcini al profumo d'aglio
Steinpilze in Knoblauchsauce – Piemont

Zutaten für 4 Personen:
400 g frische und feste Steinpilze, 1 Knoblauchknolle,
2 EL Olivenöl, 2–3 Rosmarinzweiglein, Salz und Pfeffer
Zubereitungszeit: 40 Minuten

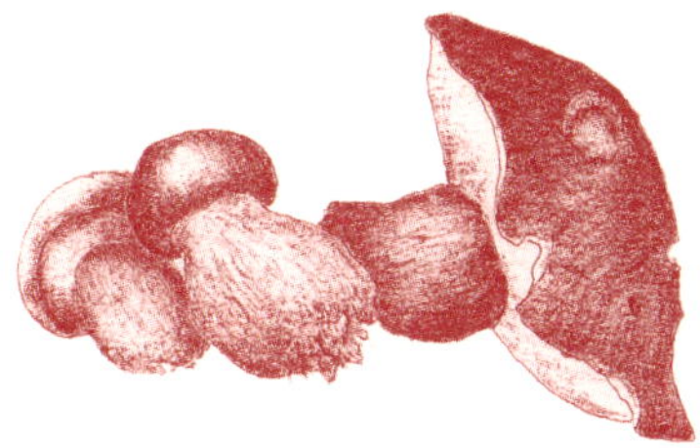

Die Kappen der Steinpilze sorgfältig mit einem feuchten Tuch abreiben. Verhärtete Stellen und Erde mit einem Messer entfernen. Die Stiele sorgfältig säubern. Die Pilze anschließend blättrig aufschneiden. Die Knoblauchknolle schälen und in einzelne Zehen zerteilen.
Öl, Knoblauch, Rosmarin und Pilze in eine Pfanne geben und langsam erhitzen.
Die Pilze nach und nach bei immer stärkerer Flamme braten, damit der gezogene Saft einkochen kann. Die Pilze salzen und pfeffern und ab und zu vorsichtig wenden.
Die Knoblauchzehen und den Rosmarin wieder entfernen, und die Pilze heiß mit Weißbrot oder Polenta servieren.

Insalata di gallina padovana
Hühnersalat Padua – Venetien

Die Hühner aus Padua sind besonders kräftig und groß und besitzen ein auffällig geschweiftes Gefieder sowie ein außergewöhnlich schmackhaftes Fleisch. Diese Hühnerrasse war im Mittelalter so begehrt, dass Venedig in einem Friedensvertrag die Stadt Padua verpflichtete, alljährlich dreißig Hühner in die Stadtbezirke Castello und San Nicolò zu liefern. Fünf Jahrhunderte lang hielt sich Padua an diese Vereinbarung. Heute allerdings sind die Padua-Hühner selten geworden, und nur einem Koch mit guten Beziehungen gelingt es hie und da einmal, ein solches Huhn bei einem befreundeten Bauern zu bekommen. Nehmen Sie für das Rezept eine frische Poularde aus Freilandhaltung.

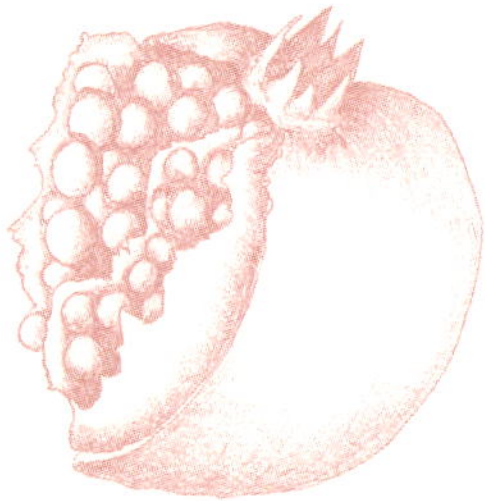

Zutaten für 8 Personen:
4 EL Rosinen, 100 ml Weißwein, 1 gekochte Poularde,
200 g junge gemischte Blattsalate, 3 gekochte Rote Beten,
2 süßsauer eingelegte Gurken, 200 g gekochte grüne Bohnen,
2 EL fein geschnittenes Zitronat, Balsamessig, Olivenöl, Salz und Pfeffer, Granatapfelkerne oder Rote Johannisbeeren zum Garnieren
Zubereitungszeit: 20 Minuten

Rosinen in Weißwein einweichen und beiseite stellen.
Inzwischen das Poulardenfleisch vom Knochen lösen und in kleine Stücke reißen.
Die Blattsalate putzen, eventuell zerkleinern und in eine Schüssel geben. Die Roten Beten und die Gurken in dünne Scheiben schneiden und zum Salat geben. Bohnen, Zitronat und die gequollenen Rosinen hinzufügen.
Aus Balsamessig, Olivenöl, Salz und Pfeffer eine einfache Vinaigrette rühren und den Salat damit würzen. Das Poulardenfleisch darüber verteilen und mit Granatapfelperlen oder Roten Johannisbeeren garnieren.

Insalata di radicchio con uva
Radicchiosalat mit Weintrauben – Venetien

Zutaten für 4 Personen:
Je 200 g kernlose grüne und blaue Trauben, 2 Radicchio, 1 Chicorée,
1 kleiner Selleriestängel, 50 g Walnüsse, 100 g Montasio- oder Fontinakäse,
2 EL Rotweinessig, 3 EL Olivenöl, Salz und Pfeffer
Zubereitungszeit: 20 Minuten

Die Trauben waschen und abtropfen lassen. Die Blattsalate sorgfältig waschen, trockenschleudern und in mundgerechte Stücke reißen. Den Selleriestängel in schmale Streifen schneiden, die Walnüsse grob hacken, den Käse fein würfeln.
Die vorbereiteten Zutaten in eine Schüssel geben und mit Essig, Olivenöl, Salz und Pfeffer würzen. Sorgfältig vermischen und zu Tisch bringen.

Luccio in carpione alla moda del Lago
Hecht in süß-saurer Marinade nach Art des Gardasees – Venetien

»Carpione« ist eine Forellenart (*Salmo trutta carpio*), die im Gardasee vorkommt und seit der Renaissancezeit als Speisefisch sehr geschätzt wird. Heute ist diese Gardaseeforelle relativ selten geworden, sodass man andere Fischc nach dieser Art zubereitet, was denn den Namen des Gerichts »in carpione« erklärt.
Eine Geschichte aus dem 16. Jahrhundert erzählt, wie der Carpione in den Gardasee kam. Der römische Gott Saturn gelangte müde und durstig an die Gestade des Sees. Auf die Frage, wo er etwas zu trinken bekommen könne, antworteten ihm die Fährleute, er solle doch das Wasser des Sees trinken. Er ließ sich dann von ihnen auf eine kleine Insel übersetzen. Die Fährleute verlangten dafür eine unverschämt hohe Geldsumme. Da Saturn aber diesen Betrag mühelos beschaffen konnte, nahmen die Fährleute an, es müsse sich um einen sehr reichen Kaufmann handeln und wollten ihn deshalb berauben und sogar töten. Der erzürnte Gott durchschaute ihre Pläne und verfluchte sie: »Nichtsnutziges Gesindel, ihr sollt euer Gold haben! Geht und sucht es auf dem Grund dieses Sees!« Er verwandelte die habgierigen Fährleute in Fische, die bis heute auf dem Grund des Gardasees nach dem göttlichen Gold suchen. Nach dem Fährmann Carpo heißen sie *Carpioni*.

Zutaten für 6–8 Personen:
2 küchenfertige Hechte à 600 g, 100 g Pinienkerne, 50 g Rosinen,
die abgeriebenen Schalen von 2 unbehandelten Zitronen und 1 Orange,
1 EL gehackte Petersilie, 1 EL gehackter Schnittlauch, 50 ml Weißweinessig,
Salz und Pfeffer
Außerdem: ca. 1 l Öl zum Braten und Einlegen
Zubereitungszeit (ohne Ruhezeit): 35 Minuten

Die Fische tranchieren und in heißem Öl etwa 15 Minuten garen. Herausheben, etwas abkühlen lassen und von sämtlichen Gräten befreien. Fischstücke in eine Glas- oder Porzellanschale legen und mit den restlichen Zutaten bestreuen. Den Essig über die Fische träufeln. Soviel Öl hinzugießen, bis die Fische vollständig davon bedeckt sind. Bei Zimmertemperatur 3–4 Stunden durchziehen lassen. Mit Weißbrot servieren.

Melanzane in saor
Süß-sauer eingelegte Auberginen – Venetien

Zutaten für 4 Personen:
1 kg rundliche Auberginen, Salz und Pfeffer, 500 g Gemüsezwiebeln, Öl, 200 ml Rotwein, 200 ml Rotweinessig, 30 g Rosinen, 30 g Pinienkerne
Zubereitungszeit (ohne Ruhezeit): 45 Minuten

Auberginen waschen, abtrocknen und quer in zentimeterdicke Scheiben schneiden. Die Scheiben auf beiden Seiten mit Salz einreiben, senkrecht in ein Sieb stellen und etwa 2 Stunden durchziehen lassen. Danach gründlich abspülen und mit Küchenkrepp trockentupfen.
Während die Auberginen durchziehen, die Zwiebeln in feine Ringe hobeln und in heißem Öl sanft weich braten. Mit Wein und Essig ablöschen. Rosinen und Pinienkerne hinzufügen, salzen und pfeffern. Einige Minuten leise durchköcheln lassen, dann vom Herd ziehen.
Öl in einer Pfanne erhitzen und die Auberginenscheiben darin weich braten. Herausheben und auf Küchenkrepp abtropfen lassen.
Abwechselnd Auberginen und Zwiebeln in eine Schale schichten, bis alle Zutaten aufgebraucht sind. Abdecken und kühl stellen. Vor dem Servieren 24 Stunden durchziehen lassen.

Tipp: In diesem klassischen Rezept werden die Auberginen in Öl gebraten, wodurch sie sich stark mit Öl vollsaugen und entsprechend üppig werden. Bekömmlicher sind die Auberginen, wenn Sie sie auf beiden Seiten nur leicht mit Öl bepinseln, auf ein Blech breiten und im 200 Grad heißen Backofen weich braten; dabei einmal wenden.

Moscardini del pescatore
Oktopus in Weißweinmarinade – Abruzzen

Hier kommt es auf den kleinen Unterschied an: Mit *moscardini* bezeichnet man im Italienischen die kleinen, zarten Kraken der Gattung *Eledone.* Sie besitzen an ihren Tentakeln nur eine Reihe von Saugnäpfen, während Oktopusse zwei Saugnapfreihen aufweisen. In gastronomischer Hinsicht sind die Moscardini jedoch nur dann interessant, wenn sie jung und zart sind und nicht mehr als 10 Zentimeter messen. Wenn Sie bei Ihrem Fischhändler nur größere Exemplare angeboten bekommen, sollten Sie auf den gewöhnlichen Oktopus zurückgreifen.

Zutaten für 4 Personen:
800 g Oktopus (s.o.), 2 Knoblauchzehen, ½ Zwiebel, 2 EL Olivenöl, 1 TL Tomatenmark, 50 ml trockener Weißwein, Salz und Pfeffer, 2 EL gehackte Petersilie
Zubereitungszeit: 75 Minuten

Oktopus putzen und nach Bedarf in mundgerechte Stücke schneiden. Knoblauch und Zwiebel schälen, fein hacken und sanft in Olivenöl andünsten. Das Tomatenmark in etwas lauwarmem Wasser auflösen und unter die leicht gebräunte Zwiebelmischung rühren. Den vorbereiteten Oktopus hinzufügen und auf mittelstarker Hitze gut 20 Minuten köcheln lassen. Mit Weißwein ablöschen, salzen und pfeffern. Den Wein ein wenig einkochen lassen, dann die Petersilie unterrühren und vom Herd nehmen.
Mit Weißbrot servieren.

Peperoni imbottiti alla napoletana
Gefüllte Paprikaschoten nach der Art von Neapel – Kampanien

Zutaten für 4 Personen:
4 gelbe oder rote Paprikaschoten, 2 EL Rosinen, 4 Sardellenfilets, 2 Knoblauchzehen, 1 kleines Bund Petersilie, 10 Basilikumblätter, 20 schwarze Oliven ohne Stein, 2 EL Kapern, Olivenöl, 100 g Semmelbrösel
Außerdem: eine leichte Tomatensauce (z.B. nach dem Rezept auf Seite 251)
Zubereitungszeit: 90 Minuten

Die Paprikaschoten waschen und abtrocknen. Einen Deckel abschneiden; die Schoten entkernen und von den feinen weißen Häutchen befreien. Eventuell unten ein wenig begradigen, damit sie aufrecht stehen bleiben.
Backrohr auf 190 Grad vorheizen.

Die Rosinen in etwas Wasser quellen lassen. Inzwischen Sardellenfilets, Knoblauch und Kräuter putzen und fein hacken. Die Oliven grob zerkleinern, die Kapern abtropfen lassen.
4 Esslöffel Olivenöl in einer Pfanne erhitzen. Die Semmelbrösel unter ständigem Wenden sanft bräunen. Die vorbereiteten Zutaten für die Füllung hinzufügen und gut vermischen. Die Füllmasse eventuell mit etwas mehr Öl geschmeidig rühren oder mit Semmelbröseln binden, damit sie nicht zu feucht wird.
Die Paprikaschoten mit der vorbereiteten Mischung füllen. Eine Auflaufform mit etwas Öl auspinseln. Die gefüllten Paprikaschoten hineinstellen, Deckel aufsetzen und mit Tomatensauce überziehen. Im heißen Backrohr 60 Minuten garen.
Sie können diese Paprikaschoten als warmen oder kalten Antipasto servieren.

Polenta fritta con crema di formaggio
Gebratene Polenta mit Käsecreme – Piemont

Diese vielseitige Creme eignet sich auch als Brotaufstrich und passt sehr gut zu Walnüssen, gebratenen Auberginenscheiben oder zu Chicoréesalat, der mit seiner herben Note einen schönen Kontrast zu den üppigen Käsesorten darstellt.

Zutaten für 4 Personen:
250 g weicher Robiolakäse, 150 g cremiger Gorgonzola, 100 g Mascarpone, Salz und Pfeffer, gekochte Polenta aus 400 g Maismehl (Rezept auf Seite 244), Olivenöl zum Braten
Zubereitungszeit: 30 Minuten

Die drei Käsesorten in eine Schüssel geben und zu einer glatten Creme verrühren. Mit Salz und Pfeffer abschmecken.
Die Polenta in Dreiecke schneiden und in heißem Öl knusprig braten.
Die Käsecreme in die Mitte einer Servierplatte häufen. Die Polentadreiecke akkurat darum herum anordnen und zu Tisch bringen.

Polpo degli zavorristi
Oktopus nach Art der Hafenarbeiter – Ligurien

Als es noch keine Motorboote gab, verbanden unzählige Segelschiffe die Hafenstadt La Spezia mit Genua und Livorno. Diese Schiffe benötigten sehr viel Ballast, den man im Notfall aber auch problemlos wieder über Bord werfen konnte. Meist nahm man dafür Steine aus dem Meer, weil sie praktisch und darüber hinaus billig zu beschaffen waren. Hafenarbeiter aus der Gegend, die sogenannten *zavorristi,* sammelten die Steine an den Buchten und Stränden bei La Spezia ein. Dabei fanden sie gelegentlich Oktopusse, die sich in die Felsspalten dieser stillen Buchten zurückgezogen hatten, – und damit auch gleich ihr Abendessen.

Zutaten für 4 Personen:
400 g vorgekochter Oktopus, 3 EL Olivenöl, 2 gehackte Knoblauchzehen, 2 EL fein gehackte Petersilie, 1 EL Kapern, 1 EL Weißweinessig, Salz und Pfeffer, 8 Weißbrotscheiben
Zubereitungszeit: 45 Minuten

Den vorgekochten Oktopus zerkleinern und fein pürieren.

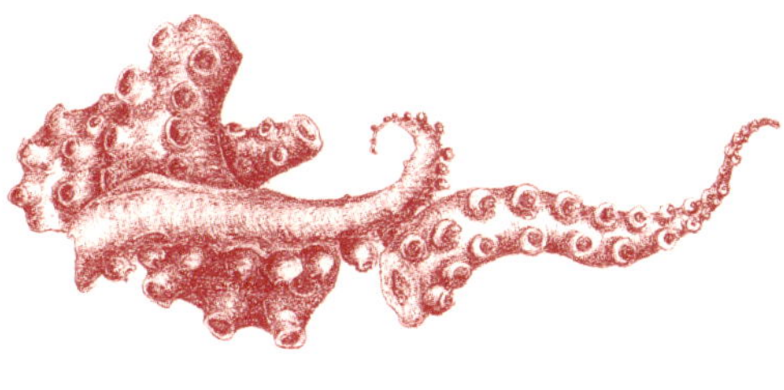

Das Öl in einer Pfanne erhitzen. Knoblauch und Petersilie sanft darin andünsten. Nach etwa 3 Minuten die Kapern und den Essig hinzufügen und heiß werden lassen. Den pü-

rierten Oktopus einrühren und 5 Minuten leise durchköcheln. Mit Salz und Pfeffer abschmecken.
Vom Herd nehmen und mit den leicht gerösteten Weißbrotscheiben servieren.

Variation: Mit etwas Tomatensauce vermischt, wird aus dem pürierten Oktopus eine hervorragende Sauce für Pasta.

Savarin di polenta con fonduta e tartufo
Polentakranz mit Käsesauce und Trüffeln – Marken

Dieses Rezept stammt vom Furlo-Pass in der Nähe von Acqualagna. Der Gebirgspass ist berühmt wegen des Tunnels, den die Römer beim Bau der Via Flaminia hier in die Felsen trieben. Feinschmecker kennen die Gegend, weil hier Trüffeln gedeihen.

Zutaten für 4 Personen:
100 g Maismehl für Polenta, 500 ml Wasser, 150 g Greyerzer, 75 g Sahne, 75 ml Milch, 1 Prise Safran, 1 Prise weißer Pfeffer aus der Mühle, 1 kleine Trüffel
Zubereitungszeit: 60 Minuten

Für dieses Rezept wird die Polenta nicht wie üblich in Wasser gekocht, sondern im Ofen gebacken. Das Backrohr auf 150 Grad vorheizen.
Das Polentamehl mit dem Wasser verrühren und darauf achten, dass sich keine Klümpchen bilden. Die Masse dann in eine Kranzform gießen und im heißen Backrohr rund 40 Minuten garen. (Da die Garzeit der Polenta stark vom Mahlgrad des Maismehls abhängt, immer Packungsanleitung beachten.)
15 Minuten vor Ende der Garzeit die Käsesauce zubereiten. Dazu den Käse in Sahne und Milch schmelzen und mit Safran und Pfeffer würzen.

Die Polenta aus dem Rohr holen und auf eine große Platte stürzen. Die Käsesauce in das Loch in der Mitte gießen. Die Trüffel fein raspeln und über Polenta und Käse streuen.
Heiß servieren.

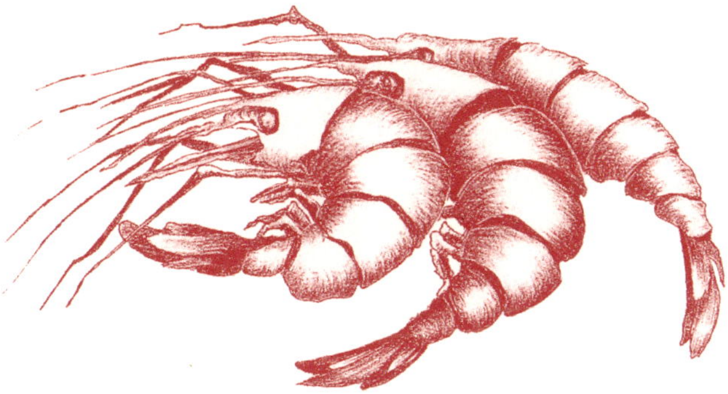

Scampi in saor
Garnelen in Prosecco-Sauce – Venetien

Prosecco ist der Name einer Rebsorte, die in den Hügeln um Valdobbiadene im östlichen Venetien gedeiht. Die Proseccotrauben werden gelegentlich zu stillem Weißwein, meist aber zu Perl- und Schaumweinen (*Frizzante* und *Spumante*) verarbeitet. Für dieses Rezept können Sie einen leicht perlenden Prosecco verwenden, den Sie dann auch zum Antipasto trinken.

Zutaten für 4 Personen:
2 Gemüsezwiebeln, 4 EL Olivenöl, ½ TL Zimtpulver, Salz und Pfeffer,
Saft von 2 Zitronen, 100 ml Prosecco, 1 EL Pinienkerne, 1 EL Rosinen,
400 g geschälte Garnelen
Zubereitungszeit: 60 Minuten

Die Zwiebeln schälen, in hauchfeine Ringe hobeln und in 2 Esslöffeln Öl andünsten. Mit Zimt, Salz und Pfeffer würzen und auf kleiner Flamme langsam weich dünsten. Ab und zu wenden und darauf achten, dass die Zwiebeln nicht bräunen. Nach 20 Minuten die Zwiebeln mit Zitronensaft und Prosecco ablöschen und die Pinienkerne sowie die Rosinen unterheben.
Vom Herd nehmen und in eine Schüssel füllen.
Die Garnelen im restlichen Olivenöl rasch rosa braten, dann zu den Zwiebeln geben und zu Tisch bringen.

Sformato di funghi porcini
Steinpilz-Flan – Piemont

Zutaten für 4 Personen:
300 g Steinpilze, 100 g Kartoffeln, 2 EL Butter, 1 Knoblauchzehe, Salz, 2–3 EL geriebener Parmesan, 3 Eier, 1 EL Olivenöl, 2 EL gehackte Petersilie zum Garnieren
Zubereitungszeit: 70 Minuten

Die Steinpilze mit einem feuchten Tuch abreiben und putzen.
Die Kartoffeln schälen und in dünne Scheiben schneiden. Die Hälfte der Steinpilze ebenfalls in Scheiben schneiden.
Die Butter (etwas für die Förmchen aufheben) in einer Pfanne erhitzen. Die Kartoffeln, die in Scheiben geschnittenen Pilze und die ganze, geschälte Knoblauchzehe darin weich dünsten. Salzen und ab und zu wenden. Den Knoblauch entfernen, das Pilzgemüse in der Küchenmaschine pürieren. Parmesan und Eier hinzufügen und das Ganze glatt mixen.
Backherd auf 180 Grad vorheizen.
4 Portionsförmchen buttern und mit der Pilzmasse füllen.
Eine große ofenfeste Form oder die Saftpfanne des Ofens mit Wasser füllen und die Förmchen hineinstellen. In den heißen Backherd schieben und im Wasserbad rund 40 Minuten garen und fest werden lassen.
In der Zwischenzeit die restlichen Pilze in Scheiben schneiden und rasch in Olivenöl knusprig braten.
Die Flans auf Teller stürzen. Mit den knusprigen Steinpilzen und der gehackten Petersilie garnieren.

Terrina di melanzane e peperoni rossi
Terrine von Auberginen und rotem Paprika – Piemont

Dieser sommerliche Antipasto mit seinen leuchtenden Farben ist eine reine Augenweide. In Piemont nimmt man hierfür die Paprikasorte »Quadrato d'Asti«, die nahezu eckige Früchte von fleischiger Konsistenz und fruchtig-süßlichem Aroma hervorbringt. Leider ist diese Sorte in Bezug auf ihre Anbaubedingungen etwas heikel, sodass sich viele Gemüsebauern aus Asti heutzutage auf die problemlosen Allerweltssorten verlegt haben, die überall gedeihen, dafür aber kaum mehr Eigengeschmack besitzen.

Zutaten für 4 Personen:
3 Auberginen, Salz und Pfeffer, 2 rote Paprikaschoten, 4 Eier, 2 EL geriebener Parmesan, 1 EL gehackter Oregano und Basilikum
Außerdem: Öl zum Braten, Butter für die Form, Basilikum zum Garnieren, Pesto oder Tomatensauce zum Servieren
Zubereitungszeit: 90 Minuten

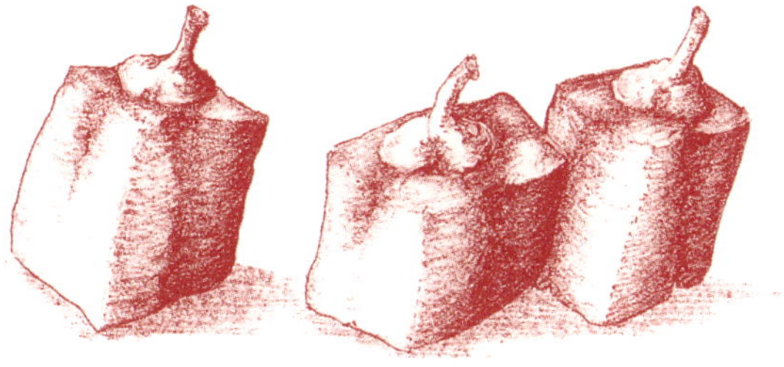

Die Auberginen schälen, in breite Streifen schneiden, salzen und 30 Minuten ruhen lassen.
In der Zwischenzeit die Paprikaschoten halbieren und entkernen und mit einem Hauch Öl bepinseln. Unter dem Backofengrill rösten, bis sie bräunen und Blasen werfen. 15 Minuten nachdämpfen lassen, dann häuten.
Die vorbereiteten Paprikaschoten zusammen mit Eiern, Parmesan, Kräutern, Salz und Pfeffer glatt pürieren.
Die Auberginenstreifen abspülen und sorgfältig trockentupfen. In reichlich Öl braten, dabei großzügig salzen und pfeffern. Auf Küchenkrepp abtropfen lassen.
Backherd auf 180 Grad vorheizen und eine Auflaufform buttern.
Schichtweise die Auberginenstreifen und das Paprikapüree einfüllen, bis alle Zutaten aufgebraucht sind. Die Form in eine größere Auflaufform oder in die Saftpfanne des Ofens setzen. So viel Wasser angießen, bis die Form zur Hälfte im Wasser steht. Ins vorgeheizte Backrohr schieben und gut 45 Minuten garen. Aus dem Rohr nehmen und erkalten lassen.
Unterdessen einen Pesto oder eine leichte Tomatensauce zubereiten (siehe z.B. Rezepte auf den Seiten 247 und 251).
Die Terrine in dicke Scheiben schneiden und mit der Sauce und einigen Basilikumblättern anrichten.

Torta verde
Gemüse-Reis-Kuchen – Piemont

Wenn es im Frühjahr die ersten frischen Kräuter gibt, macht man in Piemont daraus die klassische Torta verde. An Kräutern eignet sich alles, was gerade frisch aus der Erde sprießt oder austreibt: zarte Brennnesseltriebe, Borretsch, Hopfentriebe, Petersilie, Kerbel, Schnittlauch, Salbei …

Zutaten für 4 Personen:
1 kg Blattspinat, 500 g Mangoldblätter (ohne dicke Rippen), 500 g gemischte frische Kräuter, 2 Lauchstangen, 1 Zwiebel, 1 Scheibe Speck, 200 g Risottoreis, 100 ml trockener Weißwein, 500 ml heiße Gemüsebrühe, 7 Eier, 4 EL geriebener Parmesan, Salz und Pfeffer
Außerdem: Butter und Semmelbrösel für die Form, einige Rosmarinzweiglein
Zubereitungszeit: 2 Stunden

Das Blattgemüse und die Kräuter sorgfältig waschen und verlesen. Nur mit dem Wasser, das vom Waschen noch an den Blättern haftet, in einen Topf geben und weich dünsten. Abtropfen lassen, mit den Händen den letzten Rest Feuchtigkeit aus den Blättern pressen, dann fein hacken.
Lauch und Zwiebel putzen und in feine Ringe schneiden, den Speck würfeln.
Die Speckwürfel in einem Topf anglasen, Lauch- und Zwiebelringe hinzufügen und darin andünsten. Den Reis hinzufügen und unter ständigem Wenden glasig dünsten. Mit Weißwein ablöschen. Nach und nach die Brühe hinzufügen und den Reis darin knapp al dente garen (er sollte noch sehr viel Biss haben). Das vorbereitete Gemüse einrühren und gut vermischen.
Den Reis vom Herd nehmen und mit 6 verquirlten Eiern, 3 Esslöffeln Parmesan, Salz und Pfeffer zu einer glatten Masse verarbeiten.

Backherd auf 190 Grad vorheizen. Eine Kuchenform buttern und mit Semmelbröseln ausstreuen. Die Reismasse in die Form füllen. Mit dem letzten Ei bestreichen und mit dem restlichen Parmesan und Semmelbröseln bestreuen. Die Rosmarinzweige in die Masse stecken.
Den Reiskuchen im heißen Rohr rund 70 Minuten backen. Vor dem Servieren erkalten lassen und den Rosmarin wieder entfernen.

Zucca baruca in agrodolce
Süß-sauer eingelegter Kürbis – Venetien

Das Rezept stammt aus der vielfältigen jüdischen Küche Venedigs und wird entweder als Bestandteil eines bunten Antipasto oder als Beilage serviert.

Zutaten für 4 Personen:
1 kg Kürbisfleisch, Öl zum Braten, 200 ml Weißweinessig, 200 ml Weißwein, Salz und Pfeffer, 1 TL Zucker, 2 gehackte Knoblauchzehen, 2 EL gehackte Minze
Zubereitungszeit (ohne Ruhezeit): 60 Minuten

Kürbisfleisch in 6–7 Millimeter dicke Scheibchen schneiden. Kurz in heißem Öl braten und auf Küchenkrepp abtropfen lassen.
Das Öl abgießen und die Kürbisscheiben wieder in die Pfanne geben. Mit Essig und Wein übergießen, Salz, Pfeffer, Zucker, Knoblauch und Minze hinzufügen. Kurz aufkochen lassen, dann 10 Minuten leise durchköcheln. Vom Herd nehmen und bei Zimmertemperatur einige Stunden durchziehen lassen.

Primi Piatti

Pasta – Teigwaren

Agnolotti agli antichi sapori
Agnolotti nach alter Art – Piemont

Fein wie ein Brautschleier muss nach Überzeugung der Piemontesen der Teig für Agnolotti aussehen. Diese zarte Teighülle umschließt dann eine raffinierte Füllung aus verschiedenen Fleisch- und Gemüsesorten, die je nach Region ein wenig anders ausfällt. Die Zubereitung dieser köstlichen Teigtäschchen bedeutet einen beträchtlichen Arbeitsaufwand, den man selbst in Piemont nur für besondere Gelegenheiten auf sich nimmt. Doch jeder Bissen entschädigt für vorangegangene Mühen!

Zutaten für 6 Personen:
Für den Teig: 500 g Mehl, 2 Eier, Salz, 2–3 EL Olivenöl (nach Bedarf)
Für die Füllung: 1 Zwiebel, 1 kleiner Rosmarinzweig, 400 g Kalbsschulter, 100 g Schweineschnitzel, 3 EL Olivenöl, Salz und Pfeffer, 100 ml trockener Weißwein, 200 g Blattspinat, 3 Eier, 2 EL geriebener Parmesan, Muskat
Für die Sauce: 1 Mohrrübe, 2 Selleriestängel, ½ Zwiebel, 1 kleines Bund Petersilie, 1 kleines Büschel Basilikum, 2 kleine Rosmarinzweige, Olivenöl, 50 g Hühnerleber, 2 Tomaten, 50 ml trockener Weißwein, Salz und Pfeffer
Zubereitungszeit: 3 Stunden

Beginnen Sie mit der Füllung: Zwiebel und Rosmarin grob hacken, das Fleisch säubern und in ungefähr nussgroße Happen schneiden.
Das Olivenöl in einem Schmortopf erhitzen. Zunächst die Zwiebel und den Rosmarin darin andünsten, dann das Fleisch hinzufügen und rundum anbraten. Salzen und pfeffern und mit Weißwein ablöschen. Das Fleisch nun zugedeckt langsam weich garen.
In der Zwischenzeit den Nudelteig herstellen. Mehl in eine Schüssel sieben und salzen. Mit den Eiern nach und nach zu einem glatten Teig verarbeiten. (Eventuell 2–3 Esslöffel Olivenöl hinzufügen, damit der Nudelteig geschmeidiger wird.) Den Teig rund 10 Minuten kräftig durchkneten. Zur Kugel rollen, in eine Schüssel legen und abgedeckt ruhen lassen.
Während der Teig ruht, die Füllung fertig stellen. Dazu den Spinat sorgfältig waschen und verlesen. Nur mit dem Wasser, das vom Waschen noch an den

Blättern haftet, in einen Topf geben und zusammenfallen lassen. Herausheben und kräftig auswringen, dann fein hacken.
Das Fleisch aus dem Topf heben und abtropfen lassen (den Bratfond für die Sauce aufheben). Fleisch, Eier, Spinat und Parmesan in der Küchenmaschine pürieren. Mit frisch geriebenem Muskat, Salz und Pfeffer abschmecken und noch einmal sorgfältig durchmischen.
Jetzt den Nudelteig möglichst dünn zu 5 Zentimeter breiten Streifen ausrollen. Kleine Portionen Füllmasse in regelmäßigen Abständen auf den Teig setzen. Den überstehenden Teig darüber klappen und andrücken. Mit einem Teigrädchen ausradeln und auf ein bemehltes Backblech setzen. Die ausgeformten Agnolotti mit einem feuchten Küchentuch abdecken, damit sie nicht austrocknen.
Während die Agnolotti ruhen, die Sauce zubereiten. Mohrrübe, Sellerie und Zwiebel sowie die Kräuter fein hacken. 5 Minuten in heißem Olivenöl dünsten und dabei ab und zu umrühren. Inzwischen die geputzte Leber im zurückbehaltenen Bratfond der Füllung anbraten. Herausheben und zusammen mit den Tomaten würfeln. Zu Kräutern und Gemüse geben und mit Weißwein ablöschen. Salzen und pfeffern. Die Sauce 30 Minuten auf kleiner Flamme köcheln lassen.
Inzwischen einen großen Topf Wasser zum Kochen bringen und salzen. Die Agnolotti hineingleiten lassen und al dente garen. Mit einem Sieblöffel herausheben, abtropfen lassen und mit der Sauce anrichten.

Variation: Agnolotti schmecken eigentlich so verführerisch, dass Sie nicht unbedingt eine so aufwendige Sauce wie in diesem Rezept dazu servieren müssen. Sie können einfach zerlassene Butter und Salbei dazu reichen oder die Agnolotti in Brühe garen und als Suppeneinlage genießen.

Cannelloni di scrippelle
Crêpes mit Fleisch- und Mozzarellafüllung – Abruzzen

Es ist offensichtlich, dass die italienischen Scrippelle mit den französischen Crêpes verwandt sind. Nur wer die dünnen Pfannkuchen erfunden haben mag, ist nicht geklärt. Die Italiener aus der Gegend von Teramo, aus der dieses Rezept stammt, beanspruchen die Urheberschaft natürlich für sich, mit dem Hinweis, dass die Scrippelle unter der napoleonischen Herrschaft von den Abruzzen nach Paris gelangt seien – was die Franzosen ihrerseits aber nicht gelten lassen wollen. In der Tat sind einfache Fladen aus Mehl und Eiern, die in der einen oder anderen Form gebacken werden, fast überall auf der Welt zu Hause und werden mit den unterschiedlichsten Zutaten angerichtet.

Zutaten für 6 Personen:
Für die Scrippelle: 10 gehäufte EL Mehl, 5 Eier, 1 Prise Salz, 1 Prise frisch geriebener Muskat, Wasser, Fett zum Backen
Für die Füllung: 500 g gemischtes mageres Fleisch (z.B. Hähnchenbrust oder Putenschnitzel), 2 EL Olivenöl, 1 EL Tomatenmark, 130 g geriebener Parmesan, 40 g weiche Butter, 2 Eigelb, Salz und Pfeffer, 1 Prise frisch geriebener Muskat, 250 g Mozzarella
Außerdem: 200 ml Fleischbrühe, etwas Tomatensauce zum Bestreichen
Zubereitungszeit: 90 Minuten

Für die Scrippelle Mehl, Eier, Salz und Muskat in eine Schüssel geben und sorgfältig vermischen. Mit ungefähr 250 ml Wasser zu einem dünnen und glatten Backteig verrühren.
Scrippelle in Fett wie Pfannkuchen ausbacken (Sie brauchen 18 oder 24 Stück) und beiseite stellen.
Das Fleisch in etwas Öl in der Pfanne braten. Herausheben und etwas abkühlen lassen. Durch den Fleischwolf drehen und in eine Schüssel geben. Das Tomatenmark mit etwas lauwarmem Wasser glatt rühren und unter die Fleischmasse ziehen. 100 Gramm Parmesan, die Hälfte der Butter sowie die beiden Eigelb einarbeiten. Herzhaft mit Salz, Pfeffer und Muskat abschmecken.
Backrohr auf 180 Grad vorheizen.
Scrippelle auf einer Arbeitsfläche ausbreiten und mit der vorbereiteten Farce füllen. Mozzarella würfeln und über der Füllung verteilen. Die Scrippelle eng aufrollen und mit der Naht nach unten in eine gebutterte Form schichten. Die Brühe angießen. Die Scrippelle mit Tomatensauce überziehen und ins heiße Backrohr schieben. Etwa 30 Minuten überbacken und heiß mit dem restlichen Parmesan servieren.

Cappelletti alla ferrarese
Nudeltäschchen mit Fleisch- und Schinkenfüllung – Emilia

Die Küche der Emilia besticht durch ihre üppigen und aufwendigen Zutaten. Auch diese spitz zulaufenden Cappelletti machen da keine Ausnahme und sind mit einer Farce aus möglichst vielen verschiedenen Fleisch- und Wurstsorten gefüllt; es empfiehlt sich daher, die Täschchen gleich für einen größeren Personenkreis zuzubereiten.

Zutaten für 8 Personen:
Für den Teig: 800 g Mehl, 8 Eier, Salz
Für die Füllung: 300 g mageres Kalbfleisch, 300 g mageres Schweinefleisch, 150 g Pancetta oder durchwachsener Bauchspeck, 150 ml Brühe, eine milde Salsiccia mit grobkörnigem Brät, 50 g Mortadella, 50 g Parmaschinken, geriebener Parmesan, 1 Ei, Salz und Pfeffer, frisch geriebener Muskat
Außerdem: 1 Topf Fleischbrühe zum Garen
Zubereitungszeit: 3 Stunden

Für die Füllung Kalb- und Schweinefleisch sowie die Pancetta in einen Topf geben. Etwas Wasser und die Brühe hinzugießen und zum Kochen bringen. Bei mittlerer Hitze köcheln lassen, bis die Flüssigkeit verdampft ist. Vom Herd nehmen und etwas abkühlen lassen.
Salsiccia, Mortadella und Parmaschinken grob würfeln und zusammen mit den Fleischstücken durch den Fleischwolf drehen. In eine Schüssel füllen und mit Parmesan und Ei vermengen. Mit Salz, Pfeffer und Muskat abschmecken.
Nun das Mehl in eine Schüssel sieben und salzen. In die Mitte eine Vertiefung drücken und die Eier hineinschlagen. Zunächst mit einer Gabel, dann mit den Händen zu einem glatten Teig verarbeiten. Den Teig rund 10 Minuten kräftig durchkneten, dann portionsweise dünn ausrollen (den jeweils nicht benötigten Teig unter einem Küchentuch feucht halten).
Den ausgerollten Teig in Quadrate mit 5–6 Zentimeter Kantenlänge schneiden. Etwa nussgroße Portionen Füllmasse in die Mitte der Teigflecken setzen. Die Teigränder diagonal zusammenklappen und gut festdrücken.
Die ausgeformten Cappelletti mit einem feuchten Küchentuch abdecken.
Die Fleischbrühe zum Kochen bringen und die Cappelletti hineingeben. In der sanft wallenden Brühe gar ziehen lassen und in der Brühe servieren. Nach Wunsch bei Tisch geriebenen Parmesan dazu reichen.

Cappellacci di zucca
Kürbistäschchen – Emilia

Cappello ist das italienische Wort für Hut, und einer Hutform ist diese Pasta nachgebildet. Da sie hier im Gegensatz zu den etwas feineren Cappelletti mit einem etwas dickeren Teig zubereitet und nicht ganz so aufwendig geformt werden, bezeichnen sie die Italiener etwas abschätzig als Cappellacci, also »grobe, derbe Hüte«.

Zutaten für 4 Personen:
Für den Teig: 500 g Mehl, 5 Eier, Salz
Für die Füllung: 1500 g Kürbisfleisch, 50 g weiche Butter, 150 g geriebener Grana oder Parmesan, Semmelbrösel zum Binden, Salz und Pfeffer, frisch geriebener Muskat
Zubereitungszeit: 2 Stunden

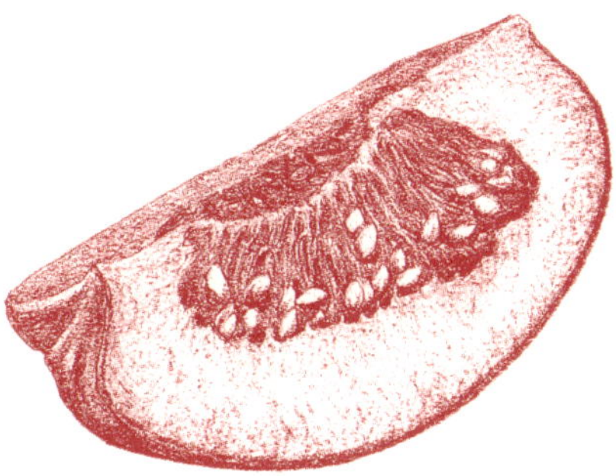

Backherd auf 180 Grad vorheizen.
Das Kürbisfleisch grob würfeln; in Alufolie packen und im heißen Rohr etwa 30 Minuten weich garen. Aus dem Rohr nehmen und pürieren. Mit Butter und geriebenem Käse vermischen, eventuell mit Semmelbröseln binden. Die Füllmasse herzhaft mit Salz, Pfeffer und Muskat würzen.
Während der Kürbis gart, aus Mehl, Eiern und Salz einen glatten Nudelteig herstellen (s. Anleitung im vorhergehenden Rezept).
Den Nudelteig portionsweise nicht zu dünn ausrollen und in Quadrate mit 6–8 Zentimeter Kantenlänge schneiden (den jeweils nicht benötigten Teig abdecken und feucht halten). Jeweils einen Esslöffel Kürbismasse in die Mitte der Teigflecken setzen. Die überstehenden Ränder diagonal zusammenklappen und gut festdrücken.

Die Cappellacci in sanft sprudelndem Salzwasser al dente garen. Mit einem Sieblöffel herausheben, gründlich abtropfen lassen und zu Tisch bringen. Zu dieser relativ schlichten Füllung passt am besten eine herzhafte Fleischsauce (siehe z.B. Rezept auf Seite 248).

Cavatelli con cavolfiore
Cavatelli mit Blumenkohl – Abruzzen

Cavatelli leitet sich vom italienischen Wort für Aushöhlung, Ausbuchtung (*cava*) ab und bezeichnet eine stark gewölbte Pastaform, die dem Abdruck der hohlen Hand entspricht. Cavatelli bestehen aus einem einfachen Teig aus Hartweizengrieß und Wasser und sind in den südlichen Abruzzen sowie in den Nachbarregionen Molise und Apulien zu Hause. Sie werden meist mit einer Gemüsesauce angerichtet.

Zutaten für 4 Personen:
1 Blumenkohl (ca. 1 kg), Salz, 8 EL Olivenöl, 1 kleiner roter getrockneter Peperoncino, 2 Knoblauchzehen, 400 g Cavatelli, 4 EL geriebener Pecorino
Zubereitungszeit: 45 Minuten

Einen großen Topf Wasser zum Kochen bringen und salzen.
Inzwischen den Blumenkohl putzen und in Röschen zerteilen. Die Blumenkohlröschen im sprudelnden Salzwasser knapp garen. Mit einem Sieblöffel herausheben und abtropfen lassen. Das Kochwasser für die Cavatelli aufheben.
Das Olivenöl langsam in einer weiten Pfanne erwärmen. Den Peperoncino entkernen und zerkrümeln. Den Knoblauch fein hacken und zusammen mit den Peperoncinokrümeln ins heiße Öl geben und sanft andünsten.

Inzwischen die Cavatelli ins kochende Blumenkohlwasser werfen und knapp al dente garen. Abgießen und kurz abtropfen lassen. Cavatelli und Blumenkohl in die Knoblauchpfanne geben und kurz mitschwenken. Dabei alle Zutaten vorsichtig vermischen.
Auf Teller verteilen und mit Pecorino bestreut zu Tisch bringen.

Casarecce con seppie e peperoni
Casarecce mit Tintenfisch und Paprika – Apulien

Zutaten für 4 Personen:
1 rote und 1 gelbe Paprikaschote, 400 g küchenfertige Tintenfische, 3 EL Olivenöl, 2 Knoblauchzehen, 1 Peperoncino, 50 ml trockener Weißwein, 300 g Tomatenpüree, 1 EL Tomatenmark, Salz und Pfeffer, 400 g Casarecce (oder z.B. Rigatoni), 2 EL gehackte Petersilie
Zubereitungszeit: 45 Minuten

Die Paprikaschoten putzen, entkernen und in Streifen schneiden. Die Tintenfische in Streifen schneiden.
Das Olivenöl in einer weiten Pfanne erhitzen. Die beiden ganzen, geschälten Knoblauchzehen sowie den ganzen Peperoncino hineingeben und das Öl damit aromatisieren. Nun auch die Tintenfischstreifen hinzufügen und rundherum anbraten. Mit dem Weißwein ablöschen.
Sobald die Flüssigkeit verdampft ist, die Paprikastreifen hinzufügen und 5 Minuten mitdünsten. Ab und zu umrühren.
Nun auch das Tomatenpüree und das mit 50 ml Wasser glatt gerührte Tomatenmark einrühren. Die Sauce zum Kochen bringen und rund 20 Minuten auf kleiner Flamme köcheln lassen. Mit Salz und Pfeffer abschmecken. Vor dem Servieren Knoblauch und Peperoncino wieder entfernen.
Pasta in sprudelndem Salzwasser al dente garen. Abgießen und mit der Sauce überziehen. Mit gehackter Petersilie bestreuen und zu Tisch bringen.

Fusilli al radicchio
Fusilli mit Radicchio – Venetien

Während man den Radicchio bei uns wegen seiner intensiven Farbe hauptsächlich bunten Blattsalaten beimischt, wird er in Italien ähnlich wie der verwandte Chicorée auch als Gemüse zubereitet. Allerdings verliert er dann sein appetitliches Rot und erhält einen graubraunen Farbton. Dieser Farbverlust wird bei diesem Auflauf durch die bunte Pasta wieder wettgemacht.

Zutaten für 4 Personen:
Für die Sauce: 1 kleine Mohrrübe, 1 kleine Zwiebel, 1 Knoblauchzehe, 50 g Parmaschinken, 2 EL Olivenöl, 150 g Putenschnitzel (vom Metzger durchdrehen lassen), 100 ml trockener Rotwein, 150 g Tomatenpüree, 1 TL Tomatenmark, nach Wunsch 250 ml Brühe, 100 g Sahne, Salz und Pfeffer
Zum Überbacken: 4 kleine Radicchioköpfe, 2 EL Olivenöl, 1 Knoblauchzehe, 100 g helle, 100 g rote und 200 g grüne Fusilli (kurze Spiralnudeln; ersatzweise kurze Röhrennudeln), 4 EL geriebener Parmesan, Butter für die Form
Zubereitungszeit: 2 Stunden

Für die Sauce Mohrrübe, Zwiebel, Knoblauch und Schinken fein hacken und unter gelegentlichem Wenden leise in Olivenöl andünsten. Nach knapp 10 Minuten das Putenfleisch hinzufügen und krümelig braten. Mit dem Wein ablöschen, dann das Tomatenpüree hinzugießen. Das Tomatenmark mit einem Esslöffel Wasser oder Brühe glatt rühren und ebenfalls dazugeben. Die Sauce einmal aufkochen lassen, dann auf kleiner Flamme eine gute Stunde köcheln lassen. Dabei immer wieder etwas Brühe oder Wasser angießen, damit sie nicht zu sehr austrocknet. Kurz vor Ende der Garzeit die Sahne einrühren und herzhaft abschmecken.
Während die Sauce köchelt, den Radicchio putzen und in feine Steifen schneiden. Das Olivenöl in einer Pfanne erhitzen. Die geschälte, ganze Knoblauchzehe und die Radicchiostreifen hineingeben und 5–6 Minuten dünsten. Ab und zu umrühren. Vom Herd ziehen und abkühlen lassen. Knoblauch wieder entfernen.
Die Pasta in sprudelndem Salzwasser knapp al dente garen. Abgießen und in eine Schüssel geben. Mit der Sauce, den Radicchiostreifen und der Hälfte des Parmesans vermischen. In eine gebutterte Auflaufform füllen und mit dem restlichen Käse bestreuen. Im 200 Grad heißen Backrohr rund 15 Minuten überbacken. Vor dem Servieren einige Minuten ruhen lassen.

Gattafin
Teigtaschen mit Mangold-Artischocken-Füllung – Ligurien

Gattafin stammen aus Levanto, einem malerischen Ort am Rande der Cinque Terre, und sind bereits seit dem Mittelalter bekannt. Jede Familie hat im Laufe der Zeit ihr ureigenes Rezept entwickelt und schwört darauf. Aufgrund der vielen Variationen, die es inzwischen gibt, können auch Sie die Füllung für die Gattafin immer wieder ein wenig abwandeln. Wichtig ist nur, dass Sie möglichst viele verschiedene frische Kräuter (z.B. Borretsch, Kerbel, Pimpernell, Löwenzahn) dafür verwenden.

Zutaten für 6 Personen:
Für den Teig: 500 g Mehl, 2 EL Olivenöl, Salz
Für die Füllung: 500 g Mangold ohne Blattstiele,
1 kg gemischte frische Kräuter,
1 Zwiebel, 2 Artischockenherzen, 1 EL Olivenöl,
4 Eier, 100 g geriebener Grana oder Parmesan,
50 g Ricotta, Salz und Pfeffer, Muskat
Außerdem: Öl zum Ausbacken
Zubereitungszeit: 90 Minuten

Zunächst die Füllung vorbereiten. Dazu Mangold und Kräuter sorgfältig waschen und verlesen, dicke Stängel entfernen. Nur mit dem Wasser, das vom Waschen noch an den Blättern haftet, in einen Topf geben und weich dünsten. Herausheben und gründlich abtropfen lassen. Mit den Händen möglichst viel Feuchtigkeit aus den Blättern pressen und fein hacken. In ein Sieb geben und erneut abtropfen lassen.
Inzwischen die Zwiebel und die Artischockenherzen fein hacken und einige Minuten in Öl dünsten. Vom Herd nehmen und abkühlen lassen.
Blattgemüse und Kräuter sowie Zwiebel und Artischocken in eine Schüssel geben. Mit Eiern, Käse und Ricotta vermengen. Mit Salz, Pfeffer und Muskat kräftig abschmecken. Die Füllmasse abdecken und beiseite stellen.
Nun das Mehl in eine Schüssel sieben. Olivenöl, Salz und etwas Wasser hinzufügen und langsam zu einem glatten Nudelteig verarbeiten. 10 Minuten energisch durchkneten, dann dünn ausrollen und zu Quadraten mit 12 Zentimeter Seitenlänge zurechtschneiden. Die Gemüsemasse auf den Teig-

flecken verteilen. Zu Taschen zusammenklappen und sorgfältig versiegeln, damit sie beim Backen nicht aufplatzen.
Reichlich Öl in einer tiefen Pfanne auf 180 Grad erhitzen (wenn Sie den Stiel eines Holzlöffels ins Öl halten, steigen bei dieser Temperatur kleine Bläschen am Stiel entlang auf). Die Gattafin portionsweise hineingeben und goldbraun ausbacken. Heiß servieren.

Gnocchi di polenta e cannella
Polentaklößchen mit Zimt – Venetien

In Venedig trafen im Mittelalter die wichtigsten Handelsrouten aus dem Orient zusammen, und so kam die Küche der Stadt mit den verschiedensten Gewürzen in Berührung. Umgeschlagen wurden diese wertvollen Gewürze an der Borsa di Rialto. Die sogenannten *Messeri del Pepe* setzten den Tagespreis für die Gewürze fest und verkündeten diesen von einem marmornen Podest, das von einer Herkulesstatue getragen wird. Der arme Herkules beugt sich unter der schweren Last und heißt bei den Venezianern deshalb *Il Gobbo*, »der Bucklige«.

Zutaten für 4 Personen:
1 kg gekochte Polenta (s. Rezept auf Seite 244),
250 g geklärte Butter, 10 Salbeiblätter, ½–1 TL Zimt,
100 g Parmesanraspel
Zubereitungszeit: 45 Minuten

Backherd auf 180 Grad vorheizen.
Aus der möglichst festen Polenta mit zwei Teelöffeln kleine Klößchen abstechen und in eine Auflaufform setzen. Die Hälfte der geklärten Butter über die Gnocchi gießen. Im vorgeheizten Backrohr in rund 20 Minuten heiß werden lassen.
Inzwischen den Salbei fein hacken und in der restlichen Butter ziehen lassen.
Die Gnocchi aus dem Rohr holen, mit der Salbeibutter übergießen. Mit einem Hauch Zimt überpudern und mit geraspeltem Parmesan servieren.

Lagane e fagioli
Teigstreifen mit dicken Bohnen – Basilikata

Lagane sind die Urform aller italienischen Pasta und bereits seit der Antike bekannt. Heute versteht man darunter breite Teigflecken, die etwas kleiner als Lasagneblätter ausfallen, früher waren damit Teigfladen gemeint. Diese einfachen Teigfladen aus Wasser und Mehl hießen im antiken Griechenland Laganon. Die Griechen brachten ihre Fladen mit in ihre süditalienische Kolonie Magna Graecia und machten die dortige Bevölkerung damit bekannt. So weiß man beispielsweise vom römischen Dichter Horaz, dass er sich mit großem Vergnügen eben diese Lagane und Hülsenfrüchte einverleibte.

Zutaten für 4 Personen:
250 g getrocknete Bohnenkerne, 2–3 kleine Thymianzweige, 1 Lorbeerblatt, 4 EL Olivenöl, 1 roter getrockneter Peperoncino, 2 Knoblauchzehen, 200 g Lagane (ersatzweise Lasagneblätter) , Salz und Pfeffer
Zubereitungszeit: 90 Minuten

Die Bohnen in eine Schüssel geben, mit Wasser bedecken und 6 Stunden oder über Nacht einweichen lassen.
Die Bohnen abgießen und abbrausen, dann in einen großen Topf schütten. Thymian und Lorbeer hinzufügen. Das Ganze zweifingerbreit mit Wasser bedecken und zum Kochen bringen. Die Bohnen dann auf kleiner Flamme in rund 90 Minuten weich garen.
Inzwischen das Öl in einem Töpfchen sanft erwärmen. Den ganzen Peperoncino sowie die ganzen, geschälten Knoblauchzehen hineingeben und damit das Öl aromatisieren. Etwa 10 Minuten darin ziehen lassen, dann wieder entfernen.
Die Lagane oder Lasagneblätter (in schmale Streifen brechen) in reichlich sprudelndem Salzwasser al dente garen.
Abgießen und in eine Servierschüssel füllen. Die Bohnen abgießen (Thymianstängel und Lorbeerblatt entfernen) und mit den Lagane vermischen. Mit dem aromatisierten Öl überziehen und herzhaft salzen und pfeffern. Sorgfältig vermischen und heiß servieren.

Lasagne alla bolognese
Lasagne mit Hackfleischfüllung – Emilia

»La dotta e ghiotta«, die Gelehrte und Gefräßige heißt die Stadt Bologna im Volksmund, und wie bei allen Aussprüchen dieser Art steckt auch in diesem ein Körnchen Wahrheit. Die erste Universität Europas wurde im 12. Jahrhundert dort gegründet, womit die Gelehrsamkeit unter Beweis gestellt ist. Und was die Gefräßigkeit angeht … nun, da müssen Sie nur einmal eine typische Trattoria aufsuchen und eine der gehaltvollen Spezialitäten probieren.

Zutaten für 8–10 Personen:
Für den Teig: 1 kg Blattspinat, 1 kg Mehl, 6 Eier (oder 2 Packungen grüne Lasagneblätter aus dem Laden)
Für die Füllung: 1 Zwiebel, 1 Selleriestängel, 1 Mohrrübe, 1 kg Pancetta, 1 kg mageres Rinderhack, 500 ml trockener Rotwein, 750 g Tomatenpüree, Salz und Pfeffer
Zum Überbacken: 1 Rezept Béchamelsauce (s. Seite 246), geriebener Parmesan, Butter für die Form
Zubereitungszeit: 90 Minuten

Die Füllung entspricht dem klassischen Ragù bolognese und muss daher stundenlang vor sich hinköcheln. Während dieser Zeit müssen Sie jedoch nicht am Herd stehen, sondern können sich anderen Dingen widmen.
Für die Füllung Gemüse und Pancetta sehr fein hacken. Die Pancetta in einem Schmortopf ausbraten. Aus dem Topf heben und auf Küchenkrepp abtropfen lassen. Das ausgebratene Fett bis auf 2 Esslöffel wegschütten. Das fein gehackte Gemüse im zurückbehaltenen Fett 10 Minuten andünsten. Das Hackfleisch hinzufügen und krümelig braten. Die Pancetta wieder hineingeben. Den Wein und das Tomatenpüree in den Topf gießen. Das Ragù salzen und pfeffern, zum Kochen bringen und anschließend zugedeckt bei ganz schwacher Hitze 4 Stunden köcheln lassen. Ab und zu umrühren und eventuell esslöffelweise etwas Wasser hinzufügen, damit das Ragù nicht austrocknet. Sollte es jedoch zu viel Flüssigkeit ziehen, die letzten 15 Minuten bei lebhafter Hitze im offenen Topf einkochen lassen.
Für den Pastateig Blattspinat sorgfältig waschen und verlesen. Nur mit dem Wasser, das vom Waschen noch an den Blättern haftet, in eine Pfanne geben und weich dünsten. Herausheben und gründlich abtropfen lassen. Mit den

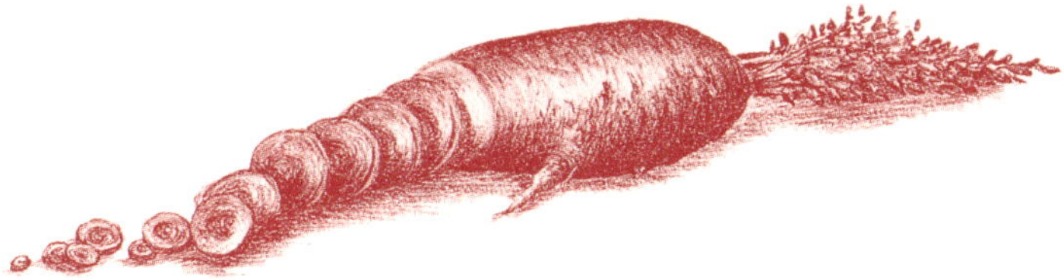

Händen möglichst viel Feuchtigkeit aus den Blättern pressen und fein hacken. In ein Sieb geben und erneut abtropfen lassen.
Das Mehl auf einer Arbeitsfläche zum Kegel aufschütten und in die Mitte eine Vertiefung drücken. Die Eier und den Spinat hineingeben und nach und nach mit dem Mehl zu einem glatten Teig verarbeiten. 10 Minuten durchkneten, zu einer Kugel rollen und abgedeckt mindestens 30 Minuten ruhen lassen.
Den Nudelteig möglichst dünn ausrollen (Spinatnudelteig ist wesentlich feuchter als einfacher Teig, sodass Sie Ihre Nudelmaschine oder Arbeitsfläche während des Ausrollens häufiger bemehlen müssen); Teig in große Rechtecke, die genau in Ihre Auflaufform passen, schneiden.
Backherd auf 200 Grad vorheizen und die Auflaufform buttern.
Ein Viertel der Béchamelsauce und 2–3 Esslöffel Parmesan zum Überbacken beiseite stellen. Die restliche Béchamelsauce mit dem fertig gekochten Ragù vermischen.
Ein Teigblatt auf den Boden der Auflaufform legen. Mit der Fleisch-Béchamel-Mischung bedecken und mit geriebenem Parmesan bestreuen. Nach diesem Schema fortfahren, bis die Füllung aufgebraucht ist. Mit einem Teigblatt abdecken und mit der beiseite gestellten Béchamelsauce überziehen. Mit Parmesan bestreuen.
25 Minuten im heißen Backherd goldbraun überbacken. Vor dem Anschneiden 5 Minuten ruhen lassen.

Tipp: Lasagneblätter aus dem Laden kurz in Salzwasser vorgaren und abtropfen lassen. Die Blätter dann leicht überlappend in die Form legen.

Maccheroncini al sugo di grongo
Maccheroncini mit Meeraal – Marken

»Fisch mit dem bösen Blick« heißt der Grongo oder Meeraal bei den Fischern, weil er wahrlich furchterregend aussieht. Der Raubfisch geht nachts auf Nahrungssuche und hält sich wie seine enge Verwandte, die Muräne, tagsüber in Felsspalten versteckt. Wie diese schnellt der angriffslustige Fisch jedoch blitzartig aus seinem Versteck hervor, wenn er sich bedroht fühlt. Als Speisefisch ist der Meeraal wegen seines perlweiß schimmernden Fleisches, das einen zarten Geschmack und hervorragende Kocheigenschaften besitzt, sehr begehrt. Da er allerdings nur mit Angelruten und nicht mit Netzen gefangen werden kann, wird er nur selten auf den Märkten angeboten.

Zutaten für 4 Personen:
1 Zwiebel, 1 Knoblauchzehe, 1 getrockneter Peperoncino, 2–3 EL Olivenöl, 4 EL gehackte Petersilie, 500 g Tomatenpüree, 800 g küchenfertiger Meeraal, Salz und Pfeffer, 400 g Maccheroncini alla chitarra (eine Art Spaghetti mit viereckigem statt rundem Querschnitt) oder andere lange Nudeln
Zubereitungszeit: 60 Minuten

Zwiebel, Knoblauch und Peperoncino fein hacken. Wenn Sie eine weniger scharfe Sauce bevorzugen, die Kerne des Peperoncino entfernen.
Das Olivenöl in einer weiten Pfanne, in der später auch die Fischstücke und die Nudeln Platz haben, erhitzen. Das vorbereitete Gemüsehack sowie 2 Esslöffel Petersilie darin andünsten. Nach 5 Minuten das Tomatenpüree einrühren. Auf kleiner Flamme 10 Minuten köcheln lassen.
Fisch in 3 Zentimeter dicke Scheiben schneiden. In die Tomatensauce setzen, salzen und pfeffern und 15–20 Minuten mitgaren.
Unterdessen die Pasta in sprudelndem Salzwasser knapp al dente garen. Abgießen und rasch abtropfen lassen. In die Fischpfanne geben und gründlich mit allen Zutaten vermischen. Auf Teller verteilen und mit der restlichen Petersilie bestreuen. Sofort servieren.

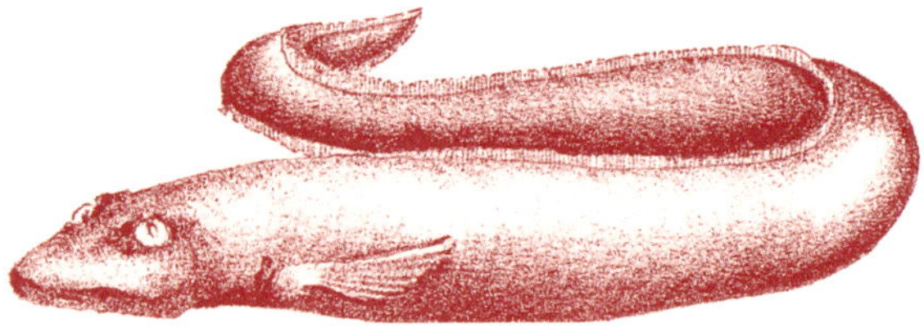

Maccheroncini al Vesuvio
Maccheroncini mit Hackfleischsauce – Kampanien

Zutaten für 4 Personen:
1 Zwiebel, 1 Selleriestängel, 1 Mohrrübe, 50 g italienische Salami, 50 g Parmaschinken, 2 EL Olivenöl, 2 EL Schweineschmalz, 300 g Schweinehack, 50 ml trockener Rotwein, 250 g Tomatenpüree, 1 EL Tomatenmark, Salz und Pfeffer, 400 g Maccheroncini oder feine Spaghetti, 3–4 EL geriebener Pecorino oder Parmesan
Zubereitungszeit: 60 Minuten

Zwiebel, Sellerie und Mohrrübe fein hacken. Salami und Schinken fein würfeln.
Öl und Schweineschmalz in einem Schmortopf erhitzen. Das vorbereitete Gemüse 5 Minuten darin andünsten. Salami- und Schinkenwürfel sowie das Hackfleisch hinzufügen und rundum bräunen. Mit dem Rotwein ablöschen, dann das Tomatenpüree und das in 100 ml Wasser aufgelöste Tomatenmark einrühren. Salzen und pfeffern. Den Sugo im offenen Topf 30 Minuten auf kleiner Flamme köcheln lassen. Dabei ab und zu umrühren.
In der Zwischenzeit die Pasta in reichlich sprudelndem Salzwasser al dente garen. Abgießen und mit dem Sugo servieren. Bei Tisch geriebenen Pecorino oder Parmesan dazu reichen.

Maccheroni alla maniera del carrettiere
Maccheroni nach Art der fliegenden Händler – Kampanien

Bunt bemalte Karren dienten den *carrettieri* als Garküchen, mit denen sie durch die Gassen Neapels zogen und ihre Spezialitäten anpriesen. Meist war dies Pizza oder Pasta mit einer einfachen und kräftigen Sauce, die dampfend aus einem großen Kessel kam.

Zutaten für 4 Personen:
400 g Maccheroni, Bucatini oder Spaghetti, Salz, 100 ml kräftiges Olivenöl, 6 zerstoßene Knoblauchzehen, 1 TL getrockneter Oregano, 2 getrocknete Peperoncini, 4 EL geriebener Pecorino
Zubereitungszeit: 25 Minuten

Die Pasta in sprudelndem Salzwasser al dente garen.
In der Zwischenzeit das Olivenöl erhitzen. Knoblauch und Oregano einrühren und sanft andünsten. Die Pfefferschoten zerkrümeln und unterrühren. Leise dünsten, bis das Öl ganz von den Aromen durchdrungen ist. Darauf achten, dass der Knoblauch nicht zu stark bräunt, weil er sonst bitter wird. Pasta abgießen und in eine vorgewärmte Schüssel füllen. Mit der Knoblauchsauce überziehen und servieren.
Bei Tisch Pecorino dazu reichen.

Maltagliati con verdure e prosciutto
Teigflecken mit Gemüse und Schinken – Umbrien

Diese Maltagliati werden in den mittelitalienischen Regionen Umbrien und Latium im Frühling zubereitet, wenn das letzte Wintergemüse wie Artischocken verarbeitet werden muss, andererseits aber auch bereits das erste junge Gemüse wie frischer grüner Spargel zu haben ist.

Zutaten für 4 Personen:
Für den Teig: 200 g Weizenmehl Type 405, 150 g Weizenvollkornmehl, 3 Eier, Salz
Für die Sauce: 4 Artischocken, 2 EL Zitronensaft, 250 g grüner Spargel, 50 g Parmaschinken, 2 Knoblauchzehen, 2 EL Olivenöl, 100 ml trockener Weißwein, Salz und Pfeffer, 3–4 EL geriebener Parmesan
Zubereitungszeit: 90 Minuten

Für den Nudelteig die beiden Mehlsorten vermischen und in eine Schüssel sieben. Mit Eiern und einer Prise Salz zu einem glatten Teig verarbeiten. 10 Minuten durchkneten, zur Kugel rollen und abgedeckt mindestens 30 Minuten ruhen lassen.
Inzwischen die Artischocken putzen und in feine Juliennestreifen schneiden. Sofort in mit Zitronensaft gesäuertes Wasser legen, damit sie sich nicht verfärben.
Den Spargel putzen. Dazu die dicken Enden der Stangen abtrennen und dickere Spargelstangen schälen. Die Stangen in 3 Zentimeter lange Röllchen schneiden, die Spitzen jedoch ganz lassen.

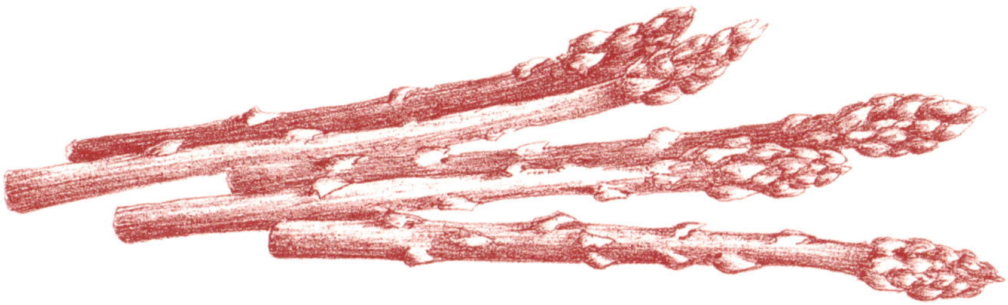

Den Schinken fein würfeln, den Knoblauch fein hacken.
Das Olivenöl in einer Pfanne erhitzen. Schinkenwürfel und Knoblauch darin andünsten. Spargel und Artischocken hinzufügen und mit Wein und einem Viertelliter Wasser auffüllen. Salzen und pfeffern und 20–25 Minuten köcheln lassen.
Inzwischen den Nudelteig nicht zu dünn ausrollen und zu unregelmäßigen, etwa 6 x 3 Zentimeter großen Teigflecken ausradeln. Die Maltagliati in sprudelndem Salzwasser knapp al dente garen. Abgießen und kurz in der Gemüsepfanne schwenken. Sorgfältig vermischen und auf Teller verteilen. Mit geriebenem Parmesan servieren.

Maltagliati alla pescatora
Teigflecken mit Meeresfrüchten – Abruzzen

Fara San Martino in den Abruzzen ist neben Neapel wohl der wichtigste Ort der modernen Pastaherstellung. In den Nudelfabriken der Stadt wurde statt dem früher üblichen Weichweizen erstmals der heute gängige, in Italien inzwischen sogar vorgeschriebene Hartweizengrieß verwendet, wurden neue Produktionstechniken entwickelt und immer neue Pastaformen erfunden. Statt der hier genannten Maltagliati können Sie jede andere kleinformatige Pastasorte verwenden.

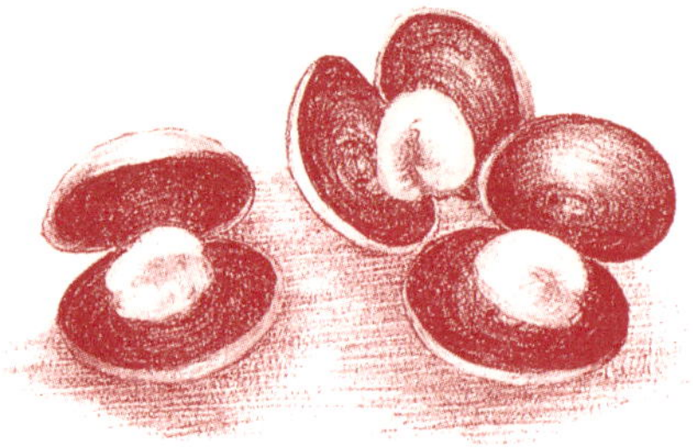

Zutaten für 4 Personen:
1 großer, küchenfertiger Tintenfisch, 2 Knoblauchzehen,
1 kleines Bund Petersilie,
1 scharfer, getrockneter Peperoncino, 4 EL Olivenöl,
200 g Tomatenpüree,
1 kg Venusmuscheln, 400 g Maltagliati
Zubereitungszeit: 50 Minuten

Den Tintenfisch in kleine Stücke schneiden, Knoblauch und Petersilie fein hacken, den Peperoncino zerkrümeln.
Das Olivenöl in einem Schmortopf erhitzen. Den Tintenfisch und die vorbereiteten Zutaten hineingeben und leise andünsten. Nach etwa 5 Minuten das Tomatenpüree hinzufügen. Die Sauce sorgfältig verrühren und auf kleiner Flamme 30 Minuten köcheln lassen.
Inzwischen die Venusmuscheln waschen und verlesen. Geöffnete Muscheln wegwerfen. Die guten Muscheln mit ein wenig Wasser (ca. 125 ml) in einen Topf geben und dämpfen, bis sie sich öffnen (rund 5 Minuten). Vom Herd nehmen und etwas abkühlen lassen.
Das Muschelfleisch aus den Schalen lösen. Einige Muscheln zum Garnieren in ihrer Schale lassen. Ungeöffnete Muscheln wegwerfen.
Die Muscheln und ihren Kochsud in die Tomatensauce rühren. Die Flüssigkeit bei lebhafter Flamme einkochen lassen.
Inzwischen die Maltagliati in reichlich sprudelndem Salzwasser al dente garen. Abgießen und mit der Sauce anrichten.

Menietti
Menietti mit Kürbis und Kartoffeln – Ligurien

Die Menietti sind Zeugen einer längst vergangenen Zeit, in der die am Backbrett verkrusteten Teigreste noch als Nudeln herhalten mussten. Damals schabte man diese Teigreste in die kochende Gemüsesuppe und ließ sie einige Minuten mitgaren.

Zutaten für 4 Personen:
250 g Kürbisfleisch, 2 Lauchstangen, 2 Kartoffeln, 1 Zwiebel, 250 g Mehl, 3–4 EL Olivenöl, 3–4 EL Milch
Zubereitungszeit: 40 Minuten

Das Kürbisfleisch fein reiben, die Lauchstangen sorgfältig waschen und in dünne Ringe schneiden, die Kartoffeln schälen und in Scheiben schneiden, die Zwiebel fein hacken.
Das Gemüse mit 2 Liter Wasser aufsetzen und zum Kochen bringen. Auf kleiner Flamme weich garen (etwa 15 Minuten).
Inzwischen das Mehl mit Öl und Milch in eine Schüssel geben. Mit einer Gabel verrühren, bis ein krümelig-körniger Teig entsteht, der nicht zu nass werden darf (dosieren Sie Öl und Milch daher zunächst lieber etwas zurückhaltend).
Diese Mischung nun auf ein Backbrett streuen. Die nassen Hände darauf legen, sodass der Teig daran kleben bleibt. Nun die Hände aneinander reiben, bis kleine Teigkrümel herunterfallen. Diese Teigkrümel heißen Menietti.
Kurz vor Ende der Garzeit die Teigkrümel zu dem garenden Gemüse geben und unter ständigem Rühren 5 Minuten mitkochen.

Pappardelle con ragù di coniglio
Pappardelle mit Kaninchenragout – Marken

»Stare in pappardelle« sagt man in Italien zu Menschen, die ein sorgenfreies und glückliches Leben führen. Der Name dieser besonders breiten Bandnudeln, die in Mittelitalien bevorzugt mit Kaninchen- oder Hasenragout (vgl. Rezept auf Seite 255) serviert werden, leitet sich denn auch von »pappare«, füttern, stopfen, ab – auch das deutsche Wort »päppeln« hängt damit zusammen.

Zutaten für 4 Personen:
Für den Teig: 300 g Mehl, 3 Eier, 1 Prise Salz, 2 TL Olivenöl
Für die Sauce: ca. 300 g Kaninchenfleisch, 1 Selleriestängel, 1 Zwiebel, 1 Mohrrübe, 2 EL Olivenöl, 3 Lorbeerblätter, Salz und Pfeffer, 150 ml trockener Weißwein, ca. 150 ml Geflügelbrühe
Zubereitungszeit: 2 Stunden

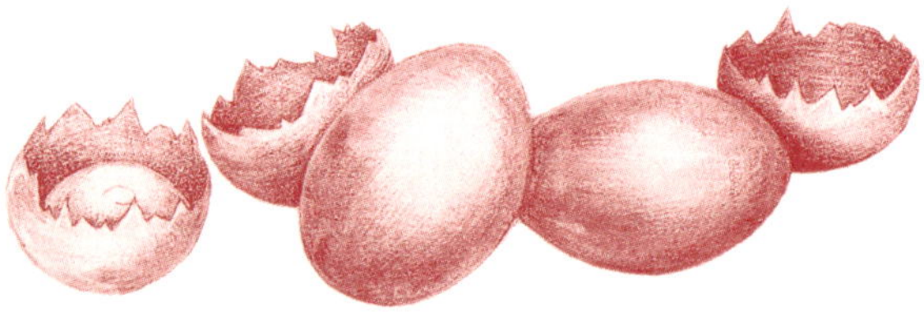

Aus Mehl, Eiern, Salz und Öl einen glatten Nudelteig herstellen (vgl. Anleitung auf Seite 53). Den Teig nach dem Durchkneten abdecken und mindestens 30 Minuten ruhen lassen.
In der Zwischenzeit die Kaninchensauce zubereiten. Das Kaninchenfleisch sehr fein hacken oder durch den Fleischwolf drehen. Sellerie, Zwiebel und Mohrrübe sehr fein hacken und im Olivenöl andünsten. Ab und zu wenden. Nach 5 Minuten das Fleisch hinzufügen und rasch anbraten. Die Lorbeerblätter hineingeben, salzen und pfeffern. Den Weißwein hinzugießen und einkochen lassen.
Die Sauce nun etwa 45 Minuten leise vor sich hin köcheln lassen und hin und wieder etwas Brühe angießen. Noch einmal nachwürzen und vom Herd nehmen.
Den Nudelteig möglichst dünn ausrollen und in 25 Zentimeter lange und 3 Zentimeter breite Bandnudeln schneiden. Die Pappardelle bis zur Verwendung auf bemehlten Küchentüchern ausbreiten.

Für die Pappardelle einen großen Topf Wasser zum Kochen bringen und salzen. Die Pappardelle hineingleiten lassen und rasch al dente garen (frische Nudeln brauchen nur etwa 60 Sekunden). Abgießen und mit dem Kaninchenragout anrichten.

Pasta con cavolfiore e prugne
Pasta mit Blumenkohl und Dörrpflaumen – Sizilien

Die Verwendung von gedörrtem Obst in der sizilianischen Regionalküche ist wie so vieles unverkennbar ein Erbe der arabischen Herrschaft. Die Araber siedelten im 9. Jahrhundert n.Chr. auf der Insel und brachten neben anderen Neuerungen auch erste Versionen von getrockneter Pasta mit.

Zutaten für 4 Personen:
800 g Blumenkohl, 250 g entsteinte Dörrpflaumen, Salz und Pfeffer,
400 g Rigatoni, 4 EL Olivenöl, 100 g frische Provola oder Mozzarella,
2 EL Rosinen, 2 Eier, 4 EL geriebener Pecorino, 1 Prise Zimt
Zubereitungszeit: 45 Minuten

Einen großen Topf Wasser zum Kochen bringen und salzen. Blumenkohl putzen und in Röschen zerteilen. Blumenkohlröschen und die Dörrpflaumen im sprudelnden Salzwasser blanchieren. Mit einem Sieblöffel herausheben und abtropfen lassen. Rigatoni ins sprudelnde Wasser werfen und nur knapp al dente garen.
Inzwischen das Olivenöl in einer weiten Pfanne erhitzen. Blumenkohl und Dörrpflaumen darin andünsten.
Rigatoni abgießen und in die Blumenkohlpfanne geben.
Den Käse fein würfeln und zusammen mit den Rosinen unterheben. Sorgfältig vermischen und mit Salz und Pfeffer abschmecken.
Eier, Pecorino und Zimt verquirlen und über die Nudeln gießen. Den Pfanneninhalt kurz durchrühren und heiß servieren. Nach Wunsch bei Tisch noch etwas geriebenen Pecorino dazu reichen.

Pasta con gli asparagi
Pasta mit Spargel-Tomaten-Sauce – Sizilien

Zutaten für 4 Personen:
2 Knoblauchzehen, 4 EL Olivenöl, 350 g Tomatenpüree, Salz und Pfeffer, 250 g grüne Spargelstangen, 400 g kurze Röhrennudeln (z.B. Penne, Sedanini, Ziti), 2 Eier, je 3 EL geriebener Pecorino und Parmesan
Zubereitungszeit: 45 Minuten

Knoblauch schälen, zerstoßen und in Olivenöl goldbraun dünsten, dann wieder entfernen.
Das Tomatenpüree in das aromatisierte Öl rühren, salzen und pfeffern. Leise köcheln lassen, während Sie die restlichen Schritte ausführen.
Einen großen Topf Salzwasser zum Kochen bringen.
Spargel putzen und eventuell schälen. In mundgerechte Stücke schneiden, die Spitzen ganz lassen. Im sprudelnden Salzwasser blanchieren. Mit einem Sieb herausfischen, kalt abschrecken und abtropfen lassen.
Inzwischen die Pasta im Spargelwasser al dente garen.
Die Eier mit Pecorino und Parmesan verquirlen, dann die Spargelstücke unterheben.
Die Pasta abgießen und in eine Servierschüssel füllen. Sofort mit der Eimischung überziehen, dann die Tomatensauce unterheben. Sorgfältig vermischen und zu Tisch bringen.

Pasta con gli scorfani
Pasta mit Drachenkopf – Ligurien

Der Drachenkopf gehört zur Familie der Skorpionfische und macht seinem Namen alle Ehre. Er sieht mit wild gezackten Flossen und dank seiner roten oder rötlich bis bräunlich gesprenkelten Färbung furchterregend aus. Ausnehmen lassen sollten Sie den begehrten Speisefisch vom Fachmann, denn bestimmte Teile sind in der Tat so giftig wie sie aussehen.

Zutaten für 4 Personen:
2 kleine Knoblauchzehen, 1 Zwiebel, 1 kleines Bund Petersilie, 2 küchenfertige Tintenfische, 4 EL Olivenöl, Salz und Pfeffer, 8 geschälte Tomaten, 1 EL Tomatenmark, 100 ml trockener Weißwein, 300 g kurze Pasta (z.B. Ditalini), 4 küchenfertige Drachenköpfe (Portionsfische)
Zubereitungszeit: 60 Minuten

Knoblauch, Zwiebel und Petersilie putzen und fein hacken. Die Tintenfische in kleine Stücke schneiden.
Das Olivenöl in einem weiten Topf, der auch die Fische fassen kann, erhitzen. Die vorbereiteten Zutaten darin andünsten und leicht salzen und pfeffern. Nun auch die Tomaten, Tomatenmark und Weißwein hinzufügen und gründlich verrühren. Auf kleiner Flamme 20 Minuten köcheln lassen. Ab und zu umrühren.

Nun die rohe Pasta in die Tomatensauce rühren und knapp mit warmem Wasser bedecken. Wieder zum Kochen bringen. Sobald die Sauce wieder köchelt, die Drachenköpfe nebeneinander und mit dem Bauch nach unten auf die Pasta betten.
Zugedeckt 20 Minuten garen. Jetzt nicht mehr umrühren.
Die Fische aus der Sauce heben und warm stellen. Pasta und Tomatensauce auf einer Servierplatte anrichten. Die Fische darauf betten und servieren.

Pasta sciancà
Handgerissene Pasta mit buntem Gemüse – Ligurien

Sciancà bezeichnet im Dialekt Liguriens etwas grob und auf gut Glück mit den Händen Gefertigtes, auf das nicht sehr viel Sorgfalt verwendet wurde. In der Tat ist dieser Pastateig schnell geformt, doch die bunte Gemüsesauce, die je nach Jahreszeit immer wieder anders ausfällt, bereitet man in Ligurien mit viel Liebe zu.

Zutaten für 4–6 Personen:
Für den Teig: 500 g Mehl, 1 Ei, 1 Prise Salz, 2 EL Grieß
Für die Sauce: 2 Mohrrüben, 400 g Brokkoli, 250 g grüne Bohnen,
1 Fenchelknolle, 4 Artischocken, Salz, 1 Knoblauchzehe, 4 EL Olivenöl,
4–6 EL geriebener Parmesan
Zubereitungszeit: 90 Minuten

Das Mehl mit Ei und Salz zu einem glatten Teig verarbeiten. Dabei esslöffelweise lauwarmes Wasser hinzufügen, bis der Teig die richtige Konsistenz erreicht hat. Dafür ist etwas Fingerspitzengefühl notwendig. Nehmen Sie im Zweifelsfall lieber weniger Wasser, damit der Teig nicht nass und klebrig wird. Den Teig 10 Minuten durchkneten, zur Kugel rollen und abgedeckt 30 Minuten ruhen lassen.
In der Zwischenzeit das Gemüse putzen und zerkleinern: Mohrrüben in Scheibchen schneiden, Brokkoli in Röschen teilen, Bohnen brechen, Fenchel und Artischockenböden in kleine Streifen schneiden.
Das Gemüse kurz in sprudelndem Salzwasser blanchieren. Mit einem Sieb herausfischen, kalt abschrecken und abtropfen lassen.
Den Pastateig nun möglichst dünn ausrollen. In grobe, unregelmäßige Flecken schneiden. Mit Grieß bestreuen, damit sie nicht verkleben.

Den Knoblauch schälen und in einer Servierschüssel zerstoßen. Mit Olivenöl verrühren.
Die Teigflecken im Blanchierwasser al dente garen. Kurz vor dem Abgießen das Gemüse hinzufügen und wieder erwärmen. Beides abgießen und in die Servierschüssel füllen. Großzügig mit frisch geriebenem Parmesan bestreuen und sorgfältig vermischen. Heiß servieren.

Pasta con le cipolle
Pasta mit Zwiebelsauce – Basilikata

In Abwandlungen ist diese Sauce in allen Regionen Italiens bekannt. Im Süden wird sie gewöhnlich mit Tomaten und dem scharfen Peperoncino zubereitet.

Zutaten für 4 Personen:
500 g Gemüsezwiebeln, 4 EL Olivenöl, Salz und Pfeffer, 1–2 EL frische Majoranblättchen, Tomatensauce (z.B. Rezept auf Seite 251), 1–2 getrocknete Peperoncino, 400 g Spaghetti, 4 EL geriebener Pecorino (nach Wunsch)
Zubereitungszeit: 90 Minuten

Zwiebeln schälen und in hauchdünne Ringe hobeln. In Olivenöl auf kleiner Flamme langsam weich dünsten und sanft bräunen. Dabei immer wieder wenden. Mit Salz, Pfeffer und Majoran würzen.
Während die Zwiebeln leise braten, eine Tomatensauce zubereiten und mit dem zerstoßenen Peperoncino schön scharf abschmecken.
Die Spaghetti al dente garen. Abgießen und in eine Schüssel füllen. Mit Tomatensauce und Zwiebeln vermischen und sofort zu Tisch bringen. Nach Wunsch geriebenen Pecorino dazu reichen.

Pasticcio di maccheroni
Maccheroni im Teigmantel – Emilia

Dieser Pasticcio ist ein besonders typisches Gericht aus Ferrara und wurde vermutlich im 18. Jahrhundert am Hofe des päpstlichen Gesandten entwickelt. Die klassische Kuppelform erinnert an den italienischen Priesterhut und verbirgt eine Fülle verschiedener und üppiger Zutaten, die der Geistlichkeit sicher sehr gemundet haben. Heute breitet man den aufwendigen Pasticcio nur noch zu besonderen Anlässen zu.

Zutaten für 6 Personen:
Für die Teighülle: 500 g Mehl, 5 Eigelb, 250 g Butter, 150 g Zucker, die abgeriebene Schale einer unbehandelten Zitrone, 1 Prise Salz
Für die Fleischsauce: 1 kleine Zwiebel, 1 Mohrrübe, 1 Selleriestängel, 4 mittelgroße frische Champignons, 250 g gemischtes Fleisch (Schweine- und Putenschnitzel, Hühnerlebern), 2 EL Butter, ca. 250 ml Fleischbrühe, Salz und Pfeffer
Außerdem: Béchamelsauce (s. Seite 246), 300 g kurze Röhrennudeln (z.B. Maccheroncini rigati, Sedanini), ein paar Trüffelraspel, Butter für die Form, 1 Eigelb zum Bestreichen
Zubereitungszeit: 3½ Stunden

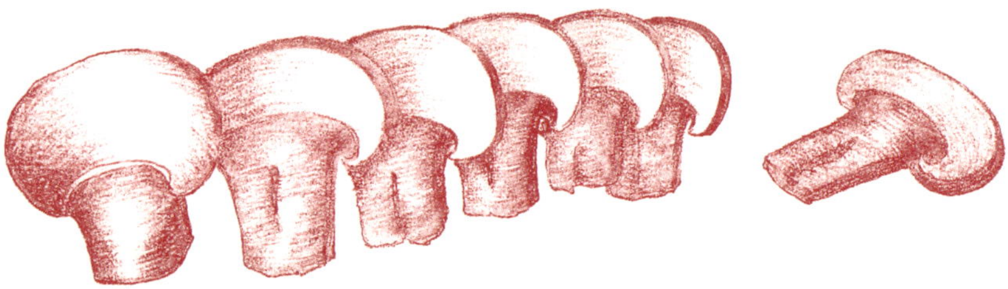

Beginnen Sie mit der Zubereitung der Fleischsauce, da diese sehr lange vor sich hin köcheln muss. Das Gemüse putzen und fein hacken, das Fleisch in winzig feine Würfel schneiden.
Die Butter in einem Topf erhitzen. Zunächst Zwiebel, Mohrrübe und Sellerie darin andünsten, dann die Pilze und das Fleisch hinzufügen und rundum bräunen. Etwas Fleischbrühe angießen, salzen und pfeffern. Auf kleiner Flamme insgesamt 2 Stunden leise köcheln lassen. Hin und wieder etwas Brühe nachgießen, damit die Sauce nicht austrocknet.
Inzwischen die Teighülle zubereiten. Dazu rasch alle angegebenen Zutaten

vermischen und zu einem glatten Teig verarbeiten. Zur Kugel rollen, in Haushaltsfolie schlagen und ruhen lassen.
Nach dem Rezept auf Seite 246 die Béchamelsauce vorbereiten.
Wenn die Fleischsauce fertig ist, die Pasta in sprudelndem Salzwasser al dente garen. Abgießen und abtropfen lassen. In eine Schüssel geben und mit der Fleischsauce und der Béchamelsauce vermischen. Die Trüffelraspel unterheben.
Backherd auf 190 Grad vorheizen und eine flache, ofenfeste Form buttern. Den Teig zu zwei Kreisen ausrollen. Mit einem Teigkreis Boden und Wände der Form auskleiden und den Teig etwas über den Rand der Form hinausragen lassen. Den zweiten Kreis als Deckel verwenden.
Die vorbereitete Pastamasse einfüllen und in der Mitte aufhäufen. Teigdeckel auflegen und an den Rändern gut versiegeln. Nach Belieben Teigreste zu hübschen Mustern ausstechen und den Deckel damit verzieren. Mit Eigelb bestreichen und 30–40 Minuten im vorgeheizten Backrohr backen.

Piccagge alle acciughe
Majoranpasta mit frischen Sardellen – Ligurien

Eine *piccaggia* ist ein Stückchen Stoff, ein Band, das zum Handarbeiten verwendet wird und das es in allen Kurzwarengeschäften Genuas zu kaufen gibt. An der Breite dieses Stoffbands richtet man seit jeher die Dimensionen dieser Teigflecken aus, sodass schließlich auch der Name übernommen wurde.

Zutaten für 6 Personen:
Für den Teig: 500 g Mehl, 2 Eier, 1 Prise Salz, ½ TL frisch gehackte Majoranblättchen, 2 EL Olivenöl
Für die Sauce: 2 Schalotten, 300 g frische Sardellen, 2 EL Olivenöl, 100 ml trockener Weißwein, 250 g Tomatenwürfel, 1 Büschel Basilikum, Salz und Pfeffer
Zubereitungszeit: 75 Minuten

Das Mehl auf einer Arbeitsfläche zum Kegel aufschütten. In der Mitte eine Vertiefung formen und die übrigen Zutaten hineingeben. Nach und nach zu einem gleichmäßigen und elastischen Teig verarbeiten und 30 Minuten ruhen lassen. Den Teig dünn ausrollen und mit einem scharfen Messer

1½ Zentimeter breite Teigstreifen, die sogenannten Piccagge, zurechtschneiden. Auf bemehlten Blechen ausbreiten und leicht antrocknen lassen.
In der Zwischenzeit die Schalotten fein hacken, die Sardellen filetieren. Das Olivenöl in einer weiten Pfanne erhitzen. Die Schalotten darin andünsten. Die Sardellenfilets hinzufügen, kurz anbraten, dann mit Wein ablöschen. Tomaten und das grob zerzupfte Basilikum einrühren. Salzen und pfeffern. Etwa 10 Minuten leise schmoren lassen.
Die Piccagge in sprudelndem Salzwasser al dente garen. Vorsichtig abgießen. In die Sardellenpfanne geben und sorgfältig mit der Sauce vermischen.

Quadrucci con fave
Quadrucci mit Favabohnen – Latium

Zutaten für 4 Personen:
25 g durchwachsener Speck in Würfeln, 1 kleine gehackte Zwiebel, 2 EL Olivenöl, 400 g frische Favabohnenkerne, 100 ml trockener Weißwein, 200 ml Gemüsebrühe, Salz und Pfeffer, 200 g Quadrucci, 1 EL gehackte Petersilie
Zubereitungszeit: 45 Minuten

Speck und Zwiebel in einem Esslöffel Olivenöl glasig dünsten. Die gehäuteten Bohnenkerne hinzufügen und mit Wein ablöschen. Sobald der Wein eingekocht ist, die Brühe angießen. Salzen und pfeffern. Die Bohnen nun bei mittlerer Hitze weich garen (15 Minuten). Ab und zu umrühren.
In der Zwischenzeit die Quadrucci in reichlich sprudelndem Salzwasser knapp al dente garen. Abgießen und kurz im Gemüse schwenken. Noch einmal abschmecken und mit dem restlichen Olivenöl beträufeln. Auf Teller verteilen und mit der Petersilie garnieren.

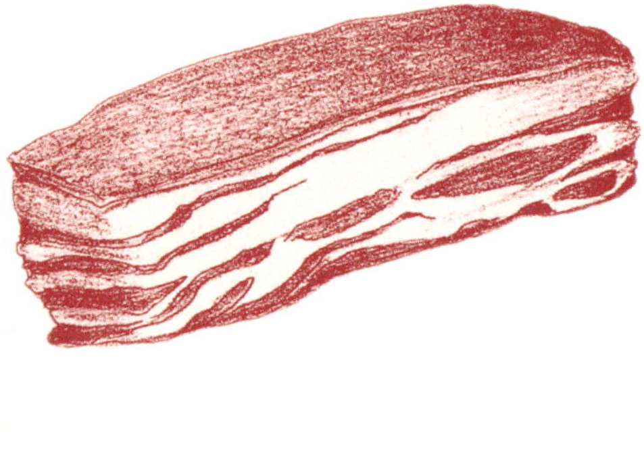

Ravioli allo zafferano
Safranravioli – Abruzzen

Die Spanier führten den Safran in den Abruzzen ein. Die Krokuspflanze traf in der Hochebene bei Navelli auf ideale Wachstumsbedingungen und wird seit dem 16. Jahrhundert dort angebaut. Früher fanden die kostbaren Safranfäden jedoch in der Küche kaum Verwendung, sondern dienten hauptsächlich zum Färben. Seit der Entwicklung synthetischer Farben ging die Bedeutung des Safrans als Färbemittel zurück, und erst dann begann man in der Region, die wertvolle Pflanze auch in der Gastronomie einzusetzen und wohlschmeckende Rezepte zu entwickeln.
Die Ravioli, die wir Ihnen hier vorstellen, sind hierfür ein besonders geglücktes Beispiel.

Zutaten für 4 Personen:
Für den Teig: 400 g Mehl, 3 Eier, 1 Prise Salz, 1 Prise Safranfäden (in 1–2 EL Brühe einweichen)
Für die Füllung: 200 g milder Schafskäse, 1 Eigelb, 1 TL fein gehackte Dillspitzen, 1 Prise Salz
Zum Anrichten: 80 g Butter, 1 kleine Prise Safran, 4 EL geriebener Grana oder Parmesan oder auch milder Pecorino
Zubereitungszeit: 75 Minuten

Das Mehl auf einer Arbeitsfläche zum Kegel aufschütten. Eine Mulde in die Mitte drücken und die Eier, das Salz und die eingeweichten Safranfäden hineingeben. Nach und nach vom Rand her das Mehl mit den übrigen Zutaten vermischen und zu einem glatten und elastischen Teig verarbeiten. 10 Minuten durchkneten, dann zur Kugel rollen und abgedeckt 20 Minuten ruhen lassen.
Die Zutaten für die Füllung in einer Schüssel glatt rühren.
Den Safranteig portionsweise dünn ausrollen. Den jeweils nicht benötigten Teig mit einem Küchentuch abdecken, damit er nicht austrocknet. Mit einem Wasserglas oder Keksförmchen Kreise mit 6–8 Zentimeter Durchmesser ausstechen. Die Füllung auf den Teigflecken verteilen. Die Kreise zu Halbmonden zusammenklappen und nach Wunsch am Rand fälteln. Die ausgeformten Ravioli auf ein bemehltes Blech setzen und mit einem Tuch abdecken.
Wenn Sie Teig und Füllung aufgebraucht haben, einen großen Topf Salzwas-

ser zum Kochen bringen. Inzwischen die Butter zerlassen und den Safran darin auflösen.
Die Ravioli ins sanft sprudelnde Wasser gleiten lassen und al dente garen. Vorsichtig abgießen, abtropfen lassen und auf Teller verteilen. Mit der Safranbutter und geriebenem Käse servieren.

Rigatoni alla Salernitana
Rigatoni mit Mozzarella-Tomaten-Sauce – Kampanien

Kampanien, besonders die Umgebung von Neapel, ist die Heimat der Mozzarella. Zwar wurden bereits zur Römerzeit ähnliche Käse aus Kuh- oder Schafsmilch hergestellt, doch seit vier Jahrhunderten nimmt man für die typisch neapolitanische Mozzarella Büffelmilch. Im 16. Jahrhundert wurden die ersten Wasserbüffel aus Indien nach Süditalien gebracht. Dank des günstigen Klimas konnten die Tiere heimisch werden und lieferten eine hervorragende Milch, aus der man bald den beliebten Käse herzustellen begann.

Zutaten für 4 Personen:
500 g frische Tomaten, Salz und Pfeffer, 125 g Mozzarella, 3 EL Olivenöl, 1 Knoblauchzehe, 1 kleiner getrockneter Peperoncino, 1 TL frischer oder ½ TL getrockneter Oregano, 50 g geriebener Pecorino, 100 g geriebene milde Provola (ersatzweise Fontina), 350 g Rigatoni, 3 EL geriebener Grana oder Parmesan
Zubereitungszeit: 60 Minuten

Die Tomaten häuten, entkernen und fein würfeln. Leicht salzen und 20 Minuten in einem Sieb abtropfen lassen.
Mozzarella würfeln und beiseite stellen.
Das Olivenöl in einem Topf erhitzen. Die ganze, geschälte Knoblauchzehe, den Peperoncino sowie den Oregano hineingeben und sanft andünsten. Die abgetropften Tomaten hinzufügen und auf kleiner Flamme 7–8 Minuten köcheln lassen.

Die Tomatensauce vom Herd nehmen. Knoblauch und Peperoncino entfernen. Geriebenen Pecorino und Provola oder Fontina unterheben und sorgfältig vermischen.
Die Rigatoni in sprudelndem Salzwasser al dente garen. Abgießen und in eine Servierschüssel füllen. Mit Grana bestreuen und mit der Tomatensauce überziehen. Zum Schluss die Mozzarellawürfel unterheben. Dabei darauf achten, dass sie nicht zusammenklumpen, sobald sie mit der heißen Pasta in Berührung kommen. Rasch auf Teller verteilen und servieren.

Rigatoni col salame
Rigatoni mit Salamibrät – Friaul

Wenn im Winter das Hausschwein geschlachtet wurde, verarbeitete man das frische Fleisch rasch zu würzigen Salamis, die in Ölpapier gewickelt und zum Trocknen auf den Speicher gehängt wurden. Dabei stellte man immer etwas von der frisch gewürzten Salamimasse beiseite und bereitete damit herzhafte Pastagerichte zu. So konnte man auch gleich testen, ob der Wurstmetzger ordentliche Arbeit geleistet hatte.

Zutaten für 4 Personen:
1 TL Butter, 200 g weiches Salamibrät, 50 ml trockener Weißwein, 1 EL Tomatenmark, Salz und Pfeffer, 400 g Rigatoni (oder andere kurze Röhrennudeln), nach Wunsch 2 EL geriebener Parmesan zum Servieren
Zubereitungszeit: 30 Minuten

Die Butter in einer Pfanne zerlassen. Das Salamibrät hineinkrümeln und rundum anbraten. Mit Weißwein ablöschen. Das Tomatenmark mit einem Esslöffel lauwarmem Wasser glattrühren und in die Pfanne geben. Die Sauce nun auf kleiner Flamme 15 Minuten köcheln lassen. Zurückhaltend salzen und pfeffern, da das Salamibrät meist schon sehr herzhaft gewürzt ist.
Während die Sauce köchelt, die Pasta in sprudelndem Salzwasser al dente garen. Abgießen und mit der Sauce anrichten. Nach Wunsch mit einem Hauch frisch geriebenem Parmesan bestreuen.

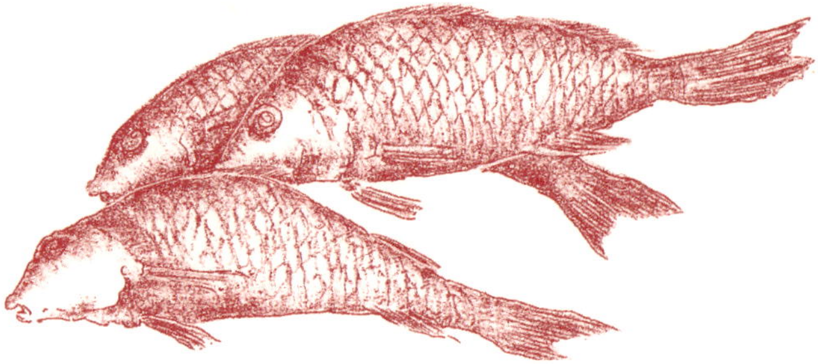

Rigatoni con pesto di triglie
Rigatoni mit Rotbarbenpesto – Marken

Das Wort *pesto* leitet sich ab vom italienischen Wort für »zerstoßen«. Die Bezeichnung »Pesto« gilt daher längst nicht nur für die berühmte Basilikumsauce aus Genua, sondern für alle Saucen aus zerstoßenen Zutaten. Hier eine besonders leckere Version mit fangfrischen Rotbarben.

Zutaten für 4 Personen:
600 g küchenfertige Rotbarben, 2 Knoblauchzehen, 1 Bund Petersilie, 1 kleine Zwiebel, 1 Selleriestängel, Salz und Pfeffer, 4 EL Olivenöl, 100 ml trockener Weißwein, 500 g Tomatenpüree, 400 g Rigatoni
Zubereitungszeit: 75 Minuten

Die Rotbarben filetieren und in grobe Stücke schneiden. Den Knoblauch schälen und grob zerkleinern, Petersilie, Zwiebel und Sellerie putzen und hacken.
Die vorbereiteten Zutaten in eine Schüssel geben und zu einer feinen Paste zerstoßen. Mit Salz und Pfeffer abschmecken.
Das Olivenöl in einem Topf erhitzen. Den Fischpesto hineingeben und sanft andünsten. Mit Weißwein ablöschen, dann das Tomatenpüree einrühren, salzen und pfeffern. Zum Kochen bringen und auf kleiner Flamme 30 Minuten köcheln lassen.
In der Zwischenzeit die Rigatoni in Salzwasser al dente garen. Abgießen und mit dem Pesto anrichten.

Rodoeti de puina
Crêpes mit Ricotta-Speck-Füllung – Venetien

Die *rodoeti* oder Röllchen gehören zu jenen altbewährten Rezepten, die so einfach sind, dass sie sich je nach vorhandenen Vorräten immer wieder ein wenig variieren lassen. Die Verwendung von Schinkenspeck in diesem Rezept deutet darauf hin, dass die Rodoeti zur Karnevalszeit gegessen wurden. Wenige Wochen später, während der Fastenzeit, ersetzte man den Speck durch Spinat oder Paniermehl und Ricotta, und wenn die Kirche den Fleischgenuss wieder erlaubte, gab man auch Wurstbrät in die Füllung oder verwertete geschickt die Reste vom letzten Festtagsbraten.

Zutaten für 4 Personen:
Für die Crêpes: 2 Eier, Salz, 125 g Mehl, 1 EL Olivenöl, Butter zum Braten
Für die Füllung: 300 g Ricotta, 50 g Schinkenspeck, 350 g Fontina, 150 g geriebener Parmesan, 1 Eigelb, 1 Prise frisch geriebener Muskat, Salz und Pfeffer
Außerdem: Tomaten- oder Béchamelsauce zum Überbacken (Rezepte auf den Seiten 251 und 246)
Zubereitungszeit: 60 Minuten

Für den Crêpeteig die Eier in eine Schüssel schlagen und salzen. Mit einem Schneebesen das Mehl, 150 ml Wasser und das Öl unterrühren und darauf achten, dass sich keine Klümpchen bilden.
Etwas Butter in einer kleinen Pfanne erhitzen und ein Viertel des Teigs hineingießen. Die Crêpes sollen sehr dick werden. Den Teig setzen lassen und auf beiden Seiten goldgelb backen. Backen Sie die Crêpes bei mäßiger Hitze, sonst verbrennen sie außen, bevor sie innen durchbacken. Nach und nach die Crêpes ausbacken und auf einen Teller stapeln.
Die Ricotta in eine Schüssel geben. Schinkenspeck fein würfeln und knusprig ausbraten. Die Speckwürfel unter die Ricotta heben. Fontina fein würfeln und mit der Hälfte des Parmesans und dem Eigelb dazugeben. Eine glatte Füllmasse herstellen und diese mit Muskat, Salz und Pfeffer abschmecken.

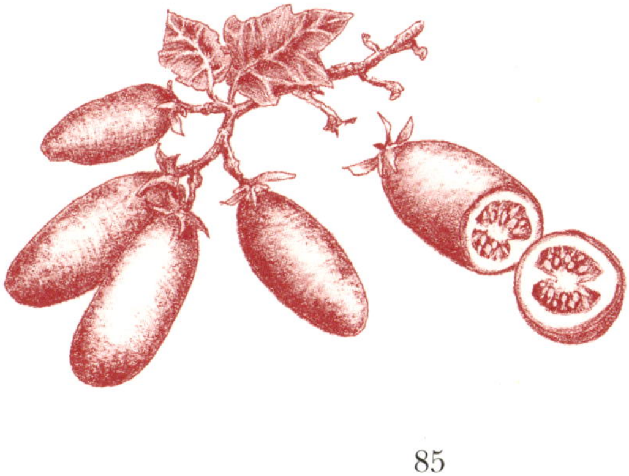

Backrohr auf 190 Grad vorheizen und eine Auflaufform buttern.
Die Crêpes auf einer Arbeitsfläche ausbreiten. Die Ricottamasse darauf verstreichen. Die Crêpes aufrollen und in fingerdicke Scheiben schneiden. Die Scheiben in die gebutterte Form legen. Nach Wunsch entweder mit Tomatensauce oder mit Béchamel überziehen (oder mit beiden, wenn Sie eine üppigere Version anbieten wollen) und im heißen Ofen goldbraun überbacken (rund 20 Minuten). Vor dem Anschneiden 3–4 Minuten ruhen lassen.

Tipp: Im Originalrezept werden die Rodoeti nur mit Béchamel überbacken, was zwar sehr gut schmeckt, aber etwas langweilig aussieht. Garnieren Sie die Rodoeti dann mit ein paar Tomatenwürfelchen oder sorgen Sie mit etwas gedünstetem Blattspinat in der Füllung für Farbe.

Spaghetti alla siciliana
Spaghetti mit Knoblauchöl und Semmelbröseln – Sizilien

Zutaten für 4 Personen:
8 EL Olivenöl, 4 Knoblauchzehen, 1 Peperoncino, 4–6 altbackene Weißbrotscheiben, Salz, 400 g Spaghetti, 4 EL gehackte Petersilie, 4 EL geriebener Pecorino
Zubereitungszeit: 30 Minuten

Das Olivenöl in einer Pfanne erhitzen. Die ganzen, geschälten Knoblauchzehen und den Peperoncino hineingeben und dünsten, bis der Knoblauch eine goldgelbe Farbe annimmt. Knoblauch und Peperoncino wieder entfernen.
Das Weißbrot grob zerkrümeln und im heißen Öl goldbraun rösten.
In der Zwischenzeit die Spaghetti in Salzwasser knapp al dente garen. Abgießen und tropfnass zu den gerösteten Brotkrümeln in die Pfanne geben. Kurz darin schwenken und mit der gehackten Petersilie bestreuen. Auf Teller verteilen und mit Pecorino bestreut zu Tisch bringen.

Spaghetti allo scoglio
Spaghetti mit Meeresfrüchten – Julisch Venetien

Scoglio heißen die Felsen an der Küste, die steil ins Meer abfallen und vielen Muscheln und anderen Meerestieren einen Lebensraum bieten. Früher »pflückte« man diese Meeresfrüchte einfach vom Felsen und ließ sie in einer bunten Zusammenstellung in den Kochtopf wandern. Da die Funde immer wieder anders ausfielen, müssen auch Sie sich nicht akribisch an die Angaben in diesem Rezept halten. Sie können eine Muschelsorte durch eine andere ersetzen oder beispielsweise mehr Scampi oder auch Tintenfische mitkochen.

Zutaten für 4 Personen:
350 g Miesmuscheln, 250 g Venusmuscheln, 8 kleine Scampi, 1 Knoblauchzehe, 2 EL Olivenöl, 250 g Tomatenpüree, Salz und Pfeffer, 2 EL gehackte Petersilie, 400 g Spaghetti
Zubereitungszeit: 45 Minuten

Die Muscheln unter fließendem Wasser säubern und verlesen. Offene oder beschädigte Muscheln wegwerfen. Die Scampi schälen und längs halbieren. Den Knoblauch hacken und in Olivenöl hellgelb dünsten. Das Tomatenpüree einrühren, salzen und pfeffern. Die Meeresfrüchte dazugeben und rund 5 Minuten mitgaren, bis sich die Muscheln öffnen. Muscheln, die sich nicht geöffnet haben, wegwerfen. Zum Schluss die Petersilie in die Sauce rühren. Während Sie die Sauce zubereiten, die Spaghetti in Salzwasser al dente garen. Abgießen und mit den Meeresfrüchten anrichten.

Spaghetti con cozze, porri e zucchine
Spaghetti mit Muscheln, Lauch und Zucchini – Sizilien

Die sizilianischen Fischer sind ihrem Schutzpatron, dem heiligen Petrus, sehr zugetan. Nur von seiner angeblich sehr garstigen Mutter halten sie nicht besonders viel. Wie zum Beweis erzählt man sich folgende Geschichte: Petrus' Mutter saß eines Tages vor dem Haus und putzte Fische und Gemüse fürs Abendessen. Ein Bettler kam vorbei und bat um ein Stückchen Brot. Die Mutter gab ihm jedoch nur die harten dunkelgrünen Blätter einer Lauchstange. Wenige Tage später starb die Mutter unerwartet und sauste natürlich geradewegs in die Hölle hinab. Petrus war untröstlich und bat Jesus, seiner Mutter zu verzeihen. Der gute Jesus wies ihn an, ein Stück Lauch in die Hölle zu halten, damit die Mutter wie an einer Strickleiter daran emporsteigen könne – schließlich hatte sie mit dem Lauch die einzig halbwegs gute Tat ihres Lebens vollbracht. Petrus tat wie ihm geheißen, und als die Mutter das Lauchstück hinaufkletterte, hängten sich die anderen armen Seelen an ihre Rockschöße, um der Hölle ebenfalls zu entfliehen. Die garstige Frau stieß sie jedoch weg und schrie: »Was glaubt ihr denn, der Apostel ist mein Sohn und nicht eurer, und der Lauch ist nur für mich da!« Daraufhin riss das Lauchstück jedoch entzwei, und Petrus' Mutter stürzte mit lautem Getöse wieder in die Höllenfeuer hinab.

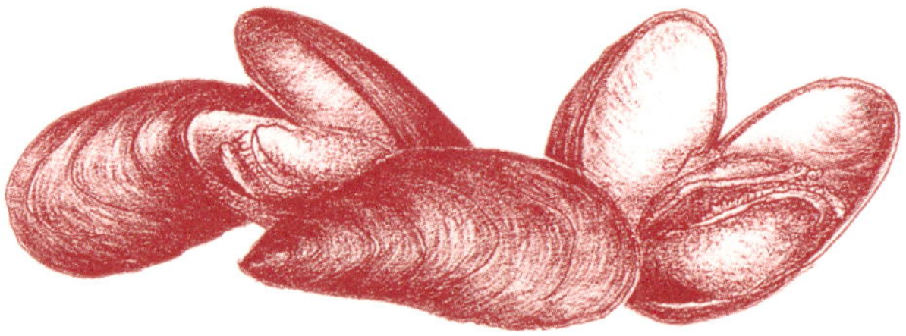

Zutaten für 4 Personen:
800 g Miesmuscheln, 100 ml trockener Weißwein, 1 kleine Zwiebel, 1 kleine Lauchstange, 2 EL Olivenöl, 250 g Tomatenpüree, Salz und Pfeffer, 250 g Zucchini, 2 EL gehackte Petersilie, 400 g Spaghetti
Zubereitungszeit: 60 Minuten

Die Muscheln unter fließendem Wasser säubern und verlesen. Offene und beschädigte Muscheln wegwerfen. Die guten Muscheln mit Weißwein und 150 ml Wasser in einen Topf geben und dünsten, bis sie sich öffnen (rund

5 Minuten). Dabei ab und zu am Topf rütteln. Die Muscheln vom Herd nehmen und ein wenig abkühlen lassen.
Inzwischen Zwiebel und Lauch putzen, klein schneiden und in einem Esslöffel Olivenöl andünsten. Das Tomatenpüree einrühren und langsam heiß werden lassen. Salzen und pfeffern.
Die Zucchini putzen und fein würfeln. Im restlichen Olivenöl andünsten, aber nicht bräunen. Leicht salzen und pfeffern.
Nun die Muscheln aus ihren Schalen lösen. Ungeöffnete Muscheln wegwerfen. Den Kochsud der Muscheln durchseihen und in die Tomatensauce rühren. Zucchiniwürfel und Muschelfleisch ebenfalls dazugeben. Einige Minuten leise köcheln lassen, damit sich die Aromen verbinden. Nachwürzen und mit Petersilie bestreuen.
Während Sie Muscheln und Gemüse vorbereiten, die Spaghetti im sprudelnden Wasser al dente garen. Abgießen und mit der Sauce anrichten.

Spinatknödel – Südtirol

Zutaten für 4 Personen:
3–4 altbackene Brötchen, 125 ml Milch, 250 g Blattspinat, 1 kleine Zwiebel, 1 EL Butter, 1 Prise frisch geriebener Muskat, Salz und Pfeffer, 2 Eier, 2 EL Mehl, 2 EL Semmelbrösel, 100 g zerlassene Butter und 4 EL geriebener Parmesan zum Servieren
Zubereitungszeit: 60 Minuten

Die Brötchen grob zerpflücken und in Milch einweichen.
Inzwischen den Blattspinat sorgfältig waschen und verlesen. Die Zwiebel fein hacken.
Die Butter in einer Pfanne aufschäumen lassen. Die Zwiebel darin hellgelb dünsten, den Spinat hinzufügen und rasch zusammenfallen lassen. Mit Muskat, Salz und Pfeffer würzen. Aus der Pfanne heben und gut abtropfen lassen, dann sehr fein hacken oder mit dem Pürierstab zerkleinern.
Die Brötchen aus der Milch heben, abtropfen lassen und in eine Schüssel geben. Die verquirlten Eier und den Spinat hinzufügen und alle Zutaten zu einer glatten Masse verarbeiten. Mit Mehl und Semmelbröseln binden und zu Knödeln formen.
In der Zwischenzeit einen großen Topf Salzwasser zum Kochen bringen. Die

Knödel ins sanft wallende Wasser geben und 15–20 Minuten leise gar ziehen lassen. (Das Wasser darf auf keinen Fall wild sprudeln, weil die Knödel sonst zerkochen!)
Die Knödel mit einem Sieblöffel herausheben, abtropfen lassen und auf tiefe Teller verteilen. Mit der zerlassenen Butter und geriebenem Parmesan servieren.

Taglierini rustici
Taglierini mit Specksauce – Marken

In den Marken teilt man die Saucen, die die Pasta begleiten, in drei Gruppen ein. Die edlen *Sughi veri,* also »echten« Saucen mit Fleisch, Innereien oder Wurstbrät, die *Sughi finti* oder »falschen« Saucen, die ohne Fleischeinlage auskommen müssen, und schließlich die ganz einfachen und rustikalen, die sogar auf Olivenöl verzichten.

Zutaten für 4 Personen:
50 g Speck, 1 Knoblauchzehe, 4 große Champignons, 4 Fleischtomaten, Salz und Pfeffer, 400 g Eiernudeln, 4 EL geriebener Pecorino
Zubereitungszeit: 30 Minuten

Speck und Knoblauch fein hacken, die Champignons putzen und blättrig aufschneiden, die Tomaten häuten, entkernen und fein würfeln.
Den Speck in einer Pfanne ausbraten, den Knoblauch und die Pilze hinzufügen und einige Minuten andünsten. Die Tomaten dazugeben, salzen und pfeffern. Auf kleiner Flamme 20 Minuten köcheln lassen.
Die Nudeln in Salzwasser al dente garen. Abgießen und mit der Specksauce anrichten. Mit frisch geriebenem Pecorino servieren.

Tajarin al ragù d'anatra
Schnittnudeln mit Entenragout – Piemont

Zutaten für 4 Personen:
Für den Teig: 400 g Mehl, 4 Eier, 1–2 EL Olivenöl, 1 Prise Salz
Für das Ragout: 1 Entenbrust, 1 Zwiebel, 1 kleiner Rosmarinzweig, 2 EL Olivenöl, 1 Knoblauchzehe, 1 Lorbeerblatt, Salz und Pfeffer, 50 ml trockener Rotwein, 4 EL dunkler Bratenfond aus dem Glas
Zubereitungszeit: 90 Minuten

Das Mehl auf einer Arbeitsfläche zum Kegel aufschütten. In die Mitte eine Mulde drücken und die Eier, Öl und Salz und ein paar Tropfen lauwarmes Wasser hineingeben. Nach und nach vom Rand her das Mehl mit den übrigen Zutaten vermischen und zu einem glatten und elastischen Teig verarbeiten. 10 Minuten durchkneten, dann zur Kugel rollen und abgedeckt 20 Minuten ruhen lassen.
Inzwischen das Ragout zubereiten: Die Entenbrust häuten und fein würfeln. Zwiebel und Rosmarin fein hacken.
Das Olivenöl in einer Pfanne erhitzen. Zwiebel, Rosmarin, die ganze, geschälte Knoblauchzehe und das Lorbeerblatt 3–4 Minuten darin andünsten. Die Fleischwürfel hinzufügen und rundum anbraten. Salzen und pfeffern. Rotwein und Bratenfond hinzugießen und leise gar köcheln lassen.
Den Pastateig dünn ausrollen, mit Mehl bestäuben und wie einen Strudel aufwickeln. Mit einem scharfen Messer hauchfeine Nudeln abschneiden. Die Tajarin wenige Sekunden in sprudelndem Salzwasser al dente garen. Abgießen und mit dem Entenragout anrichten.

Testaroli ai funghi
Testaroli mit Pilzsauce – Toskana

Testaroli gehören zu den ganz klassischen Spezialitäten der Toskana und anderen Teilen Mittelitaliens. Die dünnen Teigfladen sind nach dem Instrument benannt, auf dem sie gebacken werden. Dieser *testo* ist praktisch die italienische Version eines Waffeleisens und besteht aus zwei Platten aus Gusseisen oder Terrakotta, die über ein Scharnier verbunden sind. Man gießt den crêpeähnlichen Teig hinein und läßt ihn zwischen den beiden heißen Platten abbacken. Wenn Sie keinen echten Testo besitzen, können Sie sich mit einem Pizzastein behelfen oder die Testaroli wie Crêpes in der Pfanne backen.

Zutaten für 4 Personen:
125 g Mehl, 1 Prise Salz, ca. 200 ml Wasser, 250 g gemischte Pilze,
1 Knoblauchzehe, 2 EL Olivenöl, Salz und Pfeffer, 1 EL gehackte Petersilie
Zubereitungszeit: 60 Minuten

Aus Mehl, Salz und Wasser einen relativ flüssigen Backteig herstellen. 30 Minuten ruhen lassen. Inzwischen den Testo oder Pizzastein im sehr heißen Ofen anheizen.
Während der Teig ruht, die Pilze putzen und blättrig aufschneiden. Den Knoblauch fein hacken.
Den Backteig nun portionsweise in die Form gießen und auf beiden Seiten goldgelb braten. Die Testaroli auf einen Teller schichten und etwas abkühlen lassen. In etwa 5 Zentimeter große Stücke schneiden und beiseite stellen.
Das Olivenöl in einer Pfanne erhitzen. Knoblauch und Pilze über lebhafter Hitze braten, bis der gezogene Saft verdunstet. Salzen und pfeffern.
Während die Pilze braten, einen Topf Salzwasser zum Kochen bringen. Die Teigflecken 2 Minuten im sprudelnden Salzwasser blanchieren. Abgießen und unter die Pilze heben. Mit Petersilie bestreuen und servieren.

Topini di patate
Kartoffelmäuschen – Toskana

Wie kleine Mäuschen sehen diese vielseitigen Kartoffelklößchen aus, finden die Toskaner. Je nach Jahreszeit lassen sie sich immer wieder anders präsentieren: Im Winter gibt es dazu ein Wildragout oder Steinpilze, im Sommer schmecken sie herrlich leicht mit einer frischen Tomatensauce oder Pesto.

Zutaten für 4 Personen:
1 kg vorwiegend mehlig kochende Kartoffeln, ca. 300 g Mehl, 50 g geriebener Parmesan, 1 Prise Salz
Zubereitungszeit: 60 Minuten

Die Kartoffeln mit der Schale weich kochen, abgießen und noch heiß schälen. Durch ein Kartoffeleisen pressen und etwas abkühlen lassen.
Mehl, Parmesan und Salz in die Kartoffelmasse einarbeiten und einen glatten Teig herstellen. Die genaue Menge Mehl hängt stark von der verwendeten Kartoffelsorte ab. Geben Sie das Mehl portionsweise in den Teig und verwenden Sie nach Bedarf etwas mehr oder weniger. Der Teig hat die richtige Konsistenz, wenn er nicht mehr an den Händen klebt.
Den Kartoffelteig zu Rollen mit 3 Zentimeter Durchmesser formen und etwa 3 Zentimeter lange Stücke davon abschneiden. Diese Topini 3–4 Minuten in reichlich sprudelndem Salzwasser garen, bis sie an die Oberfläche steigen. Vorsichtig abgießen und mit einer Sauce nach Wahl anrichten (siehe z.B. Rezepte auf den Seiten 246–259).

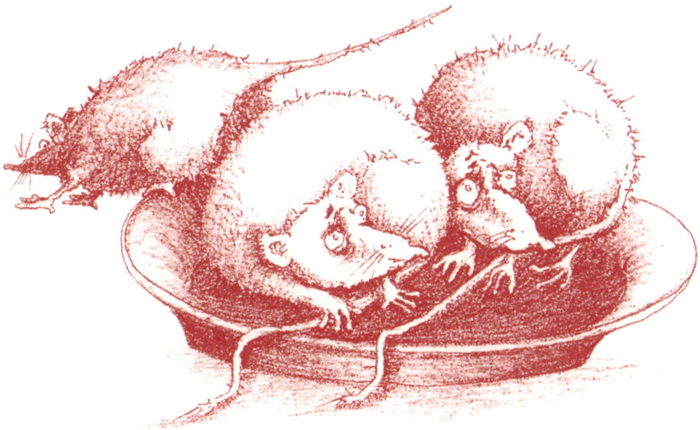

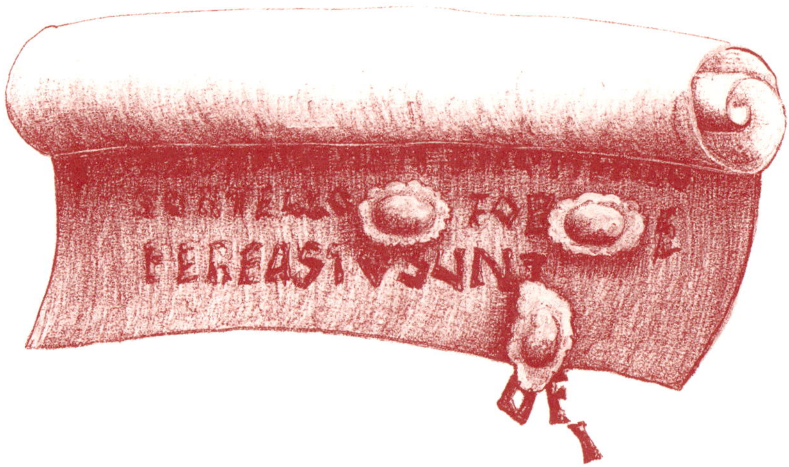

Tortellini bolognesi
Tortellini mit Fleischfüllung – Emilia

Tortellini sind in Bologna bereits seit dem Mittelalter bekannt. Das Wort *tortello* taucht erstmals in einer Urkunde aus dem Jahr 1289 auf. Aus kulinarischen Schriften weiß man, dass die Tortellini auch während der Renaissancezeit sehr beliebt waren, im 17. und 18. Jahrhundert jedoch etwas in Vergessenheit gerieten. Vermutlich waren sie damals für die Tafel der Reichen zu gewöhnlich und für die Armen zu üppig. Erst mit dem Aufkommen des Mittelstands kamen die Tortellini wieder in Mode und erfreuen sich seither ungebrochener Beliebtheit.

Zutaten für 6 Personen:
Für den Teig: 500 g Mehl, 4 Eier, 1 Prise Salz
Für die Füllung: 100 g Putenschnitzel, 50 g Schweineschnitzel, 50 g Parmaschinken, 50 g Mortadella, 1 EL Butter, 100 g geriebener Parmesan, 1 Ei, Muskat, Salz und Pfeffer
Zubereitungszeit: 2 Stunden

Mehl, Eier und Salz wie auf Seite 94 beschrieben zu einem glatten Nudelteig verarbeiten und mindestens 30 Minuten ruhen lassen.
Inzwischen die Füllung zubereiten. Fleisch, Schinken und Mortadella grob würfeln. Die beiden Fleischsorten kurz in heißer Butter bräunen. Herause-

ben und zusammen mit den Schinken- und Mortadellawürfeln durch den Fleischwolf drehen.
Die Fleischmasse in eine Schüssel füllen und mit Parmesan, Ei und Gewürzen zu einer glatten Farce verarbeiten.
Den Nudelteig nun portionsweise möglichst dünn ausrollen. Den nicht benötigten Teig inzwischen abdecken, damit er nicht austrocknet. Quadrate mit ungefähr 4 Zentimeter Kantenlänge ausschneiden. Auf jedes Teigquadrat eine kleine Portion Füllmasse setzen. Die überstehenden Teigränder diagonal zusammenklappen und gut festdrücken. Die Dreiecke nun mit der Spitze nach oben und der gewölbten Seite nach außen um den kleinen Finger wickeln und die beiden Enden zusammendrücken. Die ausgeformten Tortellini auf ein bemehltes Blech setzen und abdecken.
Die Tortellini entweder ganz klassisch in Brühe garen und servieren oder in Salzwasser garen und mit einer Sauce nach Wahl anrichten.

Tortelloni di fagioli
Tortelloni mit Bohnenfüllung – Emilia

Zutaten für 4 Personen:
Für den Teig: 400 g Mehl, 4 Eier, 1 Prise Salz, 2 EL Olivenöl
Für die Füllung: 300 g getrocknete Bohnenkerne, 1 Knoblauchzehe, 2 kleine Rosmarinzweige, 1 EL Olivenöl, 150 g Ricotta, Salz und Pfeffer
Zubereitungszeit: 2½ Stunden

Die Bohnen mit kaltem Wasser bedecken und mindestens 6 Stunden oder über Nacht einweichen lassen.
Knoblauch und Rosmarinnadeln fein hacken. Olivenöl in einem großen Topf erhitzen. Den Knoblauch und die Hälfte des Rosmarins darin andünsten. Die Bohnen abgießen, kurz abbrausen und in den Topf schütten. Zweifingerbreit mit Wasser bedecken und zum Kochen bringen. Bei mäßiger Hitze in rund 90 Minuten weich kochen.
Inzwischen den Nudelteig vorbereiten. Das Mehl auf einer Arbeitsfläche zum Kegel aufschütten. In die Mitte eine Vertiefung drücken und Eier, Salz und Olivenöl hineingeben. Nach und nach vom Rand her das Mehl mit den übrigen Zutaten verarbeiten und einen glatten Teig herstellen. 10 Minuten durchkneten, dann abdecken und 15–30 Minuten ruhen lassen.

Die Bohnen abgießen und ein wenig abkühlen lassen. Pürieren und mit dem Ricotta, den gehackten Rosmarinnadeln, Salz und Pfeffer zu einem glatten Mus verrühren.
Den Nudelteig nun portionsweise möglichst dünn ausrollen. Den nicht benötigten Teig inzwischen abdecken, damit er nicht austrocknet. Quadrate mit etwa 6 Zentimeter Kantenlänge ausschneiden. Das Bohnenmus auf den Teigquadraten verteilen. Die überstehenden Teigränder zusammenklappen und gut festdrücken. Die ausgeformten Tortelloni auf ein bemehltes Blech setzen und abdecken.
Tortelloni in Salzwasser al dente garen und mit einer herzhaften Sauce (s. Rezepte auf den Seiten 246–259) anrichten.

Tortelloni di noci
Tortelloni mit Walnussfüllung – Romagna

Zutaten für 6 Personen:
Für den Teig: 500 g Vollkornmehl, 100 g Weizenmehl Type 405, 8 Eier, 1 Prise Salz
Für die Füllung: 100 g Pinienkerne, 150 g Walnüsse, 500 g Ricotta, 100 g geriebener Parmesan, Muskat, Salz und Pfeffer
Zubereitungszeit: 90 Minuten

Die beiden Mehlsorten vermischen und mit Eiern und Salz zu einem glatten Teig verarbeiten. 30 Minuten ruhen lassen.
Während der Teig ruht, die Füllung vorbereiten. Pinienkerne und Walnüsse fein mahlen und mit Ricotta und Parmesan vermischen. Mit frisch geriebenem Muskat, Salz und Pfeffer abschmecken.
Den Teig nun wie im vorhergehenden Rezept beschrieben ausrollen, füllen und ausformen.

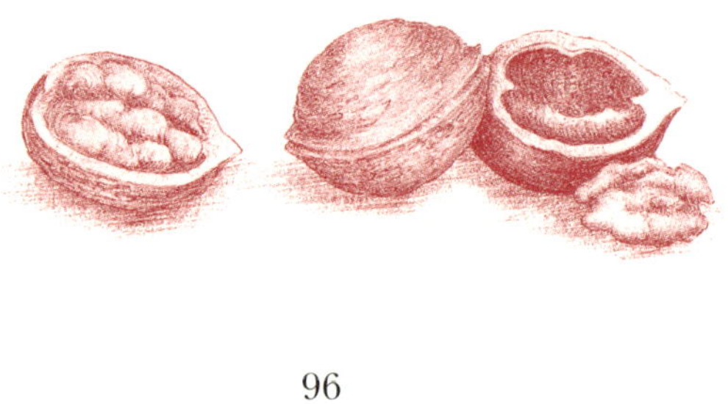

Die Tortelloni in reichlich sprudelndem Salzwasser al dente garen. Durch das Vollkornmehl besitzen sie eine etwas längere Garzeit als herkömmliche Tortelloni.
Tortelloni vorsichtig abgießen und mit zerlassener Butter und Parmesan oder einer Sauce nach Wahl anrichten.

Tortiglioni alla moda di Maratea
Tortiglioni mit Tomaten und Rucola – Basilikata

Zutaten für 4 Personen:
2 Knoblauchzehen, 1 getrockneter Peperoncino, 5 EL Olivenöl,
500 g Tomatenpüree, Salz und Pfeffer, 1 Bund Rucola, 400 g Tortiglioni
oder andere kurze, dicke Röhrennudeln (z.B. Rigatoni), 4 EL geriebener Pecorino
Zubereitungszeit: 40 Minuten

Den Knoblauch fein hacken. Den Peperoncino zerkrümeln und nach Wunsch die Kerne, in denen die meiste Schärfe sitzt, entfernen.
1–2 Esslöffel Olivenöl in einem Topf erhitzen. Die Hälfte des Knoblauchs sowie den Peperoncino darin andünsten. Wenn der Knoblauch eine hellgelbe Farbe annimmt, das Tomatenpüree hinzugießen, salzen und pfeffern. Zum Kochen bringen, dann auf kleiner Flamme 20–30 Minuten köcheln lassen. Dabei ab und zu umrühren.
Inzwischen die Rucola putzen und grob hacken. In eine große Servierschüssel füllen. Mit dem restlichen Knoblauch und Olivenöl vermischen, salzen und pfeffern.
Die Tortiglioni in reichlich Salzwasser al dente garen. Abgießen und über die Rucola geben, die durch die heißen Nudeln sofort durchgart. Mit der Tomatensauce überziehen und gründlich vermischen. Die Pasta auf Teller verteilen und mit frisch geriebenem Pecorino servieren.

Vermicelli con acciughe
Vermicelli mit Sardellen – Sizilien

Zutaten für 4 Personen:
400 g sommerreife Tomaten, 12 schwarze Oliven ohne Stein, 1 Büschel Basilikum, 4 Sardellenfilets, 4 EL Olivenöl, 400 g Vermicelli, 2 EL Zitronensaft, Salz und Pfeffer
Zubereitungszeit: 45 Minuten

Die Tomaten häuten, entkernen und fein würfeln. In ein Sieb geben und abtropfen lassen.
Die Oliven und das Basilikum grob hacken und mit den Tomatenwürfeln vermischen.
Die Sardellenfilets eventuell entsalzen und fein hacken. Bei schwacher Hitze in Olivenöl dünsten, bis sie sich auflösen. Die Tomaten-Oliven-Mischung hinzufügen, kurz in der Pfanne schwenken und wieder vom Herd nehmen.
Während Sie die Tomatensauce vorbereiten, die Vermicelli in sprudelndem Salzwasser al dente garen. Abgießen, kalt abschrecken und in eine Servierschüssel füllen. Sorgfältig mit der Tomatensauce vermischen. Mit Zitronensaft, Salz und Pfeffer anmachen und zu Tisch bringen.

Ziti con funghi porcini
Ziti mit frischen Steinpilzen – Kalabrien

»Junggesellen« heißen die langen, glatten Röhrennudeln, die in der süditalienischen Pastakultur fest verankert sind. Wie sie zu ihrem Namen gekommen sind, ist nicht ganz geklärt. Manchmal findet man auch die weibliche Form *zite*, was spöttisch »alte Jungfern« bedeutet.

Zutaten für 4 Personen:
200 g frische Steinpilze, 1 Knoblauchzehe, 2 EL Olivenöl, Salz und Pfeffer, 400 g Ziti, 2 EL gehackte Petersilie
Zubereitungszeit: 45 Minuten

Die Steinpilze mit einem feuchten Tuch abreiben und putzen, dann blättrig aufschneiden. Den Knoblauch fein hacken.
Das Olivenöl in einer Pfanne erhitzen. Den Knoblauch hellgelb dünsten, dann die Pilze hinzufügen und weich braten. Salzen und pfeffern.
Während die Pilze braten, die Pasta in Salzwasser al dente garen. Abgießen und kurz in der Pilzpfanne schwenken. Mit der gehackten Petersilie bestreuen und servieren.

Brodi e zuppe – Suppen und Eintöpfe

Ciuppin
Ligurische Fischsuppe – Ligurien

Zutaten für 4 Personen:
1 kg gemischte, küchenfertige Fische, 4 reife Tomaten, 1 Bund Petersilie, 2 Knoblauchzehen, 1 kleine Zwiebel, 1 kleine Mohrrübe, 1 Selleriestängel, 6–7 EL Olivenöl, 100 ml trockener Weißwein, Salz und Pfeffer, 1 Prise getrockneter Oregano
Zubereitungszeit: 45 Minuten

Die Fische in mundgerechte Stücke schneiden. Tomaten häuten, entkernen und würfeln.
Aus Petersilie, Knoblauch und Zwiebel, Mohrrübe und Sellerie ein feines Gemüsehack herstellen und dieses in etwa 3 Esslöffeln Olivenöl goldgelb dünsten. Mit Weißwein ablöschen und bei mittlerer Hitze einkochen lassen. Nun die Tomaten hinzufügen und unter Rühren zum Kochen bringen. Diese Sauce auf kleiner Flamme rund 10 Minuten vor sich hin köcheln lassen. Mit 1½ Liter Wasser auffüllen und aufkochen lassen. Die Fischstücke hineingeben, salzen und pfeffern.
Zugedeckt auf kleiner Flamme wallen lassen, bis die Fischstücke zu zerfallen beginnen. Einige festere Fischstücke herausheben und beiseite stellen. Die restliche Suppe durch ein Sieb streichen und wieder auf den Herd stellen.

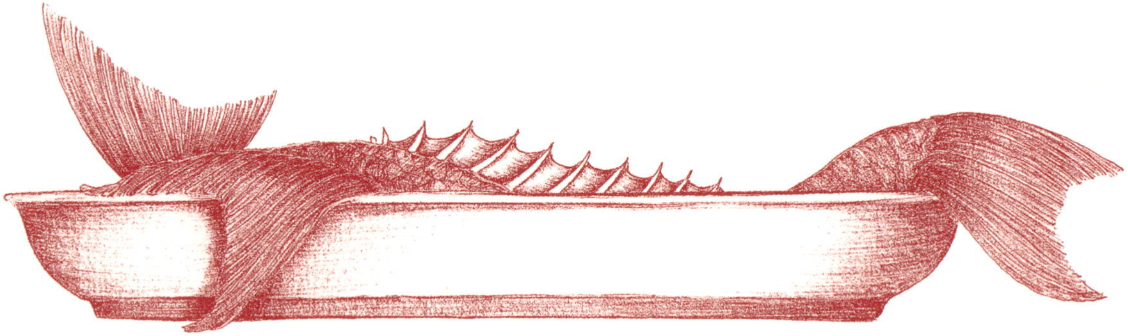

Die Suppe sollte jetzt eine sämige Konsistenz haben. Wenn sie für Ihren Geschmack zu dicklich geraten ist, mit etwas lauwarmem Wasser zur gewünschten Konsistenz verdünnen. Die einzelnen Fischstücke wieder hineinsetzen. Suppe mit Salz und Pfeffer und Oregano abschmecken und vor dem Servieren 5 Minuten ziehen lassen.
Mit geröstetem Weißbrot servieren.

Fagiolini e cotiche
Bohneneintopf mit Schweineschwarten – Lombardei

Wenn die Mailänder von einem kalten und nebligen Friedhofsbesuch zurückkehren, dürfen sie sich auf diesen deftigen Eintopf freuen. Traditionsgemäß wird er am Allerheiligentag in den Osterie kostenlos ausgegeben.

Zutaten für 4 Personen:
350 g getrocknete Bohnenkerne, 400 g Schweineschwarten, 1 Mohrrübe, 1 Knoblauchzehe, 1 Zwiebel, 1 Selleriestängel, 2 EL Butter, 50 ml trockener Marsala, 2 EL Tomatenmark, 200 ml Fleischbrühe, Salz und Pfeffer, geriebener Parmesan zum Servieren
Zubereitungszeit: 2–3 Stunden

Die Bohnen über Nacht in kaltem Wasser einweichen.
Schweineschwarten etwa 2 Stunden in leicht gesalzenem Wasser weich kochen. Herausheben, das überschüssige Fett entfernen und Schwarten in feine Streifen schneiden.
Die Bohnen abgießen, in einen Topf schütten, zweifingerbreit mit Wasser bedecken und in rund 45 Minuten halb garen.
In der Zwischenzeit das Gemüse putzen und fein hacken. In der Butter andünsten, dann mit Marsala löschen.
Die fein geschnittenen Schwarten und die abgegossenen Bohnen hinzufügen. Salzen und pfeffern und das Tomatenmark einrühren. Die Brühe hinzugießen und den Eintopf auf kleiner Flamme weich garen. Mit geriebenem Parmesan servieren.

Minestra alla leccese
Artischockensuppe nach der Art von Lecce – Apulien

Zutaten für 4 Personen:
5 Artischocken, 2 EL Zitronensaft, 250 g junge Maizwiebeln, 1 Selleriestängel, 500 g frische Puffbohnenkerne (geschält und enthäutet), Salz und Pfeffer, Olivenöl zum Servieren
Zubereitungszeit: 60 Minuten

Die Artischocken putzen. Dazu die harten äußeren Blätter entfernen, dann die Blüte auseinanderspreizen und den pelzigen Teil ausschaben. Den Boden und die weichen Teile der Blätter in Streifen oder Spalten schneiden und sofort in mit Zitronensaft gesäuertes Wasser legen, damit sie sich nicht verfärben.
Die Zwiebeln putzen und je nach Größe halbieren oder vierteln. Sellerie putzen und würfeln.
Das vorbereitete Gemüse sowie die Puffbohnen mit gut einem Liter Wasser aufsetzen und in 30 Minuten leise gar köcheln. Mit Salz und Pfeffer herzhaft abschmecken. Die Suppe auf Teller verteilen und mit einem Schuss Olivenöl servieren.

Minestra di lenticchie e patate
Kartoffel-Linsen-Suppe – Abruzzen

Zutaten für 4–6 Personen:
250 g getrocknete Linsen, 200 g Kartoffeln, 1 Zwiebel, 3 EL Olivenöl, 100 g geschälte Tomaten, 1 getrockneter Peperoncino, Salz und Pfeffer, geriebener Pecorino zum Servieren (nach Wunsch)
Zubereitungszeit: 60 Minuten

Die Linsen je nach Sorte und Qualität vor der Verwendung einige Stunden in kaltem Wasser einweichen. Abgießen und sorgfältig abbrausen. In einen Topf schütten und zweifingerbreit mit Wasser bedecken. Zum Kochen bringen, dann auf kleiner Flamme sanft gar köcheln lassen (je nach Sorte 20–40 Minuten).
In der Zwischenzeit die Kartoffeln schälen und würfeln. Etwa 10 Minuten vor Ende der Garzeit zu den Linsen geben und mitkochen.
Die Zwiebel schälen und fein hacken. Das Olivenöl in einem Pfännchen erhitzen und die Zwiebel darin hellgelb dünsten. Tomaten und Peperoncino hinzufügen und 10 Minuten mitdünsten. Diesen Sugo unter die Linsensuppe rühren. Kräftig mit Salz und Pfeffer abschmecken und noch 5 Minuten leise durchköcheln lassen, damit sich die Aromen schön verbinden.
Die Suppe auf Teller verteilen und nach Wunsch mit geriebenem Pecorino servieren.

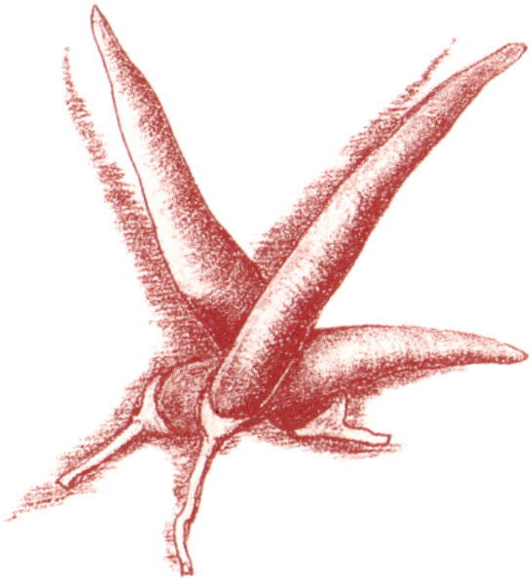

Minestra di pane
Brotsuppe – Toskana

Das Beste an diesem Rezept, behaupten die Toskaner, seien die Reste, die am nächsten Tag noch einmal aufgekocht werden und dann die berühmte toskanische Ribollita ergeben. Das typische Toskanabrot eignet sich für diese bunten Suppen besonders gut, weil es ohne Salz gebacken wird und daher den Eigengeschmack der übrigen Zutaten wunderbar zur Geltung bringt. Das Brot hält sich außerdem einige Tage lang; für eine Brotsuppe nehmen Sie deshalb am besten abgelagertes, aber noch nicht hartes Toskanabrot.

Zutaten für 4–6 Personen:
250 g getrocknete Bohnenkerne, 1 Lorbeerblatt, 1 Zwiebel, ¼ Wirsingkohl, 1 Schwarzkohl, 500 g Mangold, 1 Mohrrübe, 1 Selleriestängel, 1 Bund Petersilie, 10 Basilikumblätter, 1 TL Oreganoblättchen, 6 EL Olivenöl, 400 g geschälte Tomaten, Salz und Pfeffer, 1 Laib altbackenes Toskanabrot
Zubereitungszeit: 2–3 Stunden

Bohnenkerne einige Stunden oder über Nacht in kaltem Wasser einweichen. Abgießen, in einen Topf schütten und zweifingerbreit mit kaltem Wasser bedecken. Das Lorbeerblatt hinzufügen und Bohnen zum Kochen bringen. Die Bohnen leise wallend knapp weich garen (rund 90 Minuten).
Die Zwiebel schälen und fein hacken, das restliche Gemüse putzen und grob zerkleinern, die Kräuter waschen und fein hacken.
4 Esslöffel Olivenöl in einem großen Topf erhitzen. Die Zwiebel darin goldgelb dünsten. Das vorbereitete Gemüse, die Tomaten und Kräuter sowie die vorgekochten Bohnen mit ihrem Kochwasser hinzufügen. Kräftig salzen und pfeffern und rund 30 Minuten durchkochen.
Das Toskanabrot in Scheiben schneiden. Den Boden einer Suppenterrine mit einigen Brotscheiben auslegen. Etwas Gemüsesuppe darüber verteilen und mit Brotscheiben abdecken. Wiederholen, bis alle Zutaten aufgebraucht sind.
Mit dem restlichen Olivenöl beträufeln und zu Tisch bringen.

Tipp: An den angegebenen Mengen erkennen Sie bereits, dass hier tatsächlich etwas für die berühmte Ribollita übrig bleibt. Dafür die Suppe und das durchgeweichte Brot unter ständigem Rühren erhitzen und kurz durchkochen. Herzhaft abschmecken und mit einem Schuss Olivenöl servieren.

Minestra di passatelli
Nudelsuppe – Romagna

Passatelli heißt die typische Pastaform aus der mittelitalienischen Romagna. Der Name leitet sich vom Wort *passare* ab, denn der relativ weiche Teig – mit Parmesan verfeinert – wird durch ein Sieb direkt in die kochende Brühe gestrichen.

Zutaten für 4 Personen:
Für die Suppe: 1 Selleriestängel, 1 Möhre, 1 Zwiebel, 1 Hähnchen oder Suppenhuhn, 500 g Suppenfleisch, etwas Rindermark, ½ TL schwarze Pfefferkörner
Für die Passatelli: 2 Eier, Muskat, Salz und Pfeffer, 200 g geriebener Parmesan, 100 g Semmelbrösel, 1 gestrichener EL Mehl, 20 g Rindermark, 1 TL Butter, die abgeriebene Schale einer unbehandelten Zitrone
Zubereitungszeit: 2–3 Stunden

Das Suppengemüse putzen, das Fleisch sorgfältig unter fließendem Wasser waschen und trockentupfen. Sämtliche Zutaten für die Suppe in einen großen Topf geben und mit kaltem Wasser bedecken. Zum Kochen bringen, dann auf kleiner Flamme 2–3 Stunden leise wallen lassen.
Gegen Ende der Garzeit die Passatelli zubereiten. Dazu die Eier in eine Schüssel schlagen und mit einer Prise frisch geriebenem Muskat sowie Salz und Pfeffer verrühren. Nach und nach Parmesan, Semmelbrösel und Mehl einarbeiten. Das Rindermark in heißer Butter auflösen und mit der abgeriebenen Zitronenschale unter den Teig ziehen. Der Teig sollte sich weich und elastisch anfühlen. Eventuell noch etwas Parmesan und Semmelbrösel (stets im Verhältnis zwei zu eins) unterheben.
Den Teig durch ein Spätzlesieb oder eventuell durch ein Kartoffeleisen pressen und direkt in die kochende Brühe gleiten lassen. Sobald die Passatelli an die Oberfläche steigen, sind sie gar. Mit der Brühe servieren.

Minestra di pesce
Fischsuppe – Marken

Dieses denkbar einfache Rezept ist für die Fischer auf den Fangkuttern gedacht. Nur der Fisch ist absolut frisch, die Beigaben setzen sich aus den haltbaren Konserven und Zutaten zusammen, die in jeder italienischen Schiffskombüse stehen: Tomatenmark, Salz und Pfeffer, Olivenöl und getrocknete Pasta. Zu Hause können Sie die Suppe mit frischem Gemüse verfeinern.

Zutaten für 4 Personen:
500 g gemischter frischer Fisch (z.B. küchenfertige Makrelen, Barben, Sardinen), 1 Knoblauchzehe, 1 EL Olivenöl, ½ EL Tomatenmark, 300 g Spaghetti, Salz und Pfeffer, 2 EL gehackte Petersilie zum Garnieren
Zubereitungszeit: 45 Minuten

Die Fische sorgfältig waschen. In leicht gesalzenes Wasser legen, zum Kochen bringen und 10 Minuten leise wallen lassen.
In der Zwischenzeit die Knoblauchzehe fein hacken und zusammen mit dem Tomatenmark in Olivenöl andünsten.
Die Fische aus dem Sud heben und ein wenig abkühlen lassen. Spaghetti grob zerkleinern und im kochenden Fischsud al dente garen. Den Sud salzen und pfeffern.
Die Fische häuten und entgräten und in mundgerechte Stücke teilen.
Sobald die Spaghetti al dente sind, die Fischstückchen sowie die angedünstete Knoblauchzehe in den Sud rühren.
Die Minestra auf Suppenschalen verteilen und mit der gehackten Petersilie bestreuen.

Minestrone alla genovese
Genueser Gemüsesuppe – Ligurien

Dieser Minestrone schmeckt warm oder kalt. Er wurde früher von den *cadrai,* den »schwimmenden Wirten«, die auf Küchenbooten im Hafen von Genua vor Anker lagen, feilgeboten und war bei den Matrosen aus fernen Ländern sehr beliebt.
Je nach Saison oder nach Ihrem eigenen Geschmack können Sie das Gemüse für diese Suppe unterschiedlich zusammenstellen.

Zutaten für 4 Personen:
Bunt gemischtes Gemüse, z.B. 1/4 Wirsing, 2 Lauchstangen, 2 Mohrrüben, 2 Kartoffeln, 2 gehäutete Tomaten, 2 Zucchini, 1 Selleriestängel, 1 Zwiebel, 1 Knoblauchzehe, 1 kleines Bund Petersilie, 1 Stück Parmesanrinde, 3 EL Olivenöl, Salz und Pfeffer, 150 g kleinformatige Nudeln (z.B. Tubetti, Ditalini), 1 EL Basilikumpesto
Zubereitungszeit: 90 Minuten

Das Gemüse waschen, putzen und zerkleinern. Einen Topf Salzwasser zum Kochen bringen (veranschlagen Sie etwa 2 Liter Wasser für 1500 Gramm Gemüse). Das Gemüse ins lebhaft kochende Wasser werfen. Die Wärmezufuhr drosseln und das Gemüse auf kleiner Flamme 40 Minuten leise köcheln lassen, bis es zu zerfallen beginnt. Ab und zu umrühren, damit das Gemüse nicht anbrennt. Nach etwa 25 Minuten die Parmesanrinde und einen Schuss Olivenöl hinzufügen, salzen und pfeffern. Die Kartoffeln mit einem Holzlöffel zerstoßen, damit die Suppe eindickt.

Sobald die Suppe eine cremige Konsistenz annimmt, die Pasta hinzufügen und in der Suppe al dente garen. Minestrone mit einem Klecks Pesto verfeinern, auf Teller verteilen und zu Tisch bringen.

Minestrone alla trentina
Tridentiner Perlgraupensuppe – Trentino

Zutaten für 4 Personen:
200 g Perlgraupen, 1 dicke Scheibe geräucherter Schinken, 1 Bund Petersilie, 1 TL frische Oreganoblättchen, 1 TL Rosmarinnadeln, 1 große Kartoffel, 1 Mohrrübe, 1 Stück Knollensellerie, 1 Zwiebel, 2 EL Olivenöl, 250 ml heiße Fleisch- oder Gemüsebrühe, Salz und Pfeffer, geriebener Grana oder Parmesan zum Servieren
Zubereitungszeit: 75 Minuten

Die Perlgraupen in ein Sieb geben und unter fließendem Wasser abbrausen, bis das Wasser klar herausrinnt. In einen Topf schütten und mit einem Liter kaltem Wasser aufsetzen. Langsam zum Kochen bringen.
Inzwischen den Schinken in feine Streifen schneiden, die Kräuter waschen und fein hacken. Kartoffel schälen und würfeln, Mohrrübe und Sellerie putzen und ebenfalls in Würfel schneiden. Die Zwiebel in Ringe hobeln.
Das Olivenöl in einer Pfanne heiß werden lassen. Die Zwiebelringe und Kräuter darin sanft andünsten. Wenn die Zwiebel eine goldgelbe Farbe angenommen hat, die Mischung unter die Perlgraupen rühren. Das zerkleinerte Gemüse ebenfalls hinzufügen und wieder zum Kochen bringen. Die heiße Brühe dazugießen, salzen und pfeffern und bei mäßiger Hitze eine knappe Stunde köcheln lassen. Ab und zu umrühren.
Den Minestrone auf Teller verteilen und mit geriebenem Käse servieren.

Minestrone rustico alla lombarda
Rustikale Maissuppe – Lombardei

Zutaten für 4 Personen:
100 g getrocknete Kichererbsen, 100 g getrocknete weiße Bohnenkerne, 2 Lorbeerblätter, 1 Knoblauchzehe, 1 kleine Zwiebel, 1 rote Paprikaschote, 1 EL Rosmarinnadeln, 5 EL Olivenöl, Salz und Pfeffer, 250 g Zuckermais, eventuell 250 ml heiße Gemüse- oder Geflügelbrühe, 100 g kleine Nudeln (z.B. Ditalini, Conchigliette)
Zubereitungszeit: 2–3 Stunden

Die Kichererbsen und Bohnen in zwei Schüsseln geben und großzügig mit kaltem Wasser bedecken. Über Nacht einweichen lassen. Abgießen und in zwei Töpfe geben. Jeweils zweifingerbreit mit Wasser bedecken und ein Lorbeerblatt hinzufügen. Zum Kochen bringen, dann leise sprudelnd knapp gar kochen (je nach Frische benötigen die Kichererbsen rund 2 Stunden, die Bohnen rund 90 Minuten).
Inzwischen Knoblauch und Zwiebel abziehen und fein hacken. Die Paprikaschote putzen und fein würfeln. Die Rosmarinnadeln fein hacken.
Sobald die Hülsenfrüchte knapp gar werden, 4 Esslöffel Olivenöl in einem dritten Topf erhitzen. Knoblauch, Zwiebel und Rosmarin rund 5 Minuten darin andünsten. Salzen und pfeffern. Die Hülsenfrüchte mit ihrem Kochwasser hinzufügen und gut verrühren. Die Lorbeerblätter entfernen. Den Mais hinzufügen und in der Suppe rund 20 Minuten garen. Eventuell die Suppe mit der Brühe auffüllen.
Während die Suppe kocht, die Nudeln in Salzwasser al dente garen und abgießen. Die Paprikawürfelchen im restlichen Olivenöl weich dünsten, salzen und pfeffern. Die Hälfte der Paprikawürfel unter die Suppe heben.
Die Nudeln auf Suppenschalen verteilen. Mit Suppe auffüllen, und jede Portion mit den restlichen Paprikawürfeln als Farbtupfer garnieren.
Heiß servieren.

Herzhaft-würziges Bauernbrot und Speck machen selbst ein bescheidenes und einfaches Resteessen aus der armen Bergbauernküche zu einem Geschmackserlebnis. In dieser oder ähnlicher Form ist diese Suppe in allen östlichen Alpenregionen Italiens zu Hause. In Südtirol verfeinert man die Suppe mit Speck, in Friaul, wo die Suppe ganz ähnlich *Panade* genannt wird, würzt man sie mit Fenchelsamen und Lorbeerblättern.

Zutaten für 4 Personen:
150 g würziges Brot, 100 g durchwachsener Speck, 1 Zwiebel, 1 EL Butter, 1¼ l Wasser oder Brühe, 1 Ei, Salz und Pfeffer, gehackter Schnittlauch zum Garnieren
Zubereitungszeit: 30 Minuten

Brot und Speck in feine Würfel schneiden. Die Zwiebel schälen und fein hacken. Den Speck in einem Topf knusprig ausbraten. Herausheben und auf Küchenkrepp abtropfen lassen. Einen Teelöffel ausgebratenes Fett abschöpfen, den Rest wegschütten.
Butter und das ausgebratene Fett in dem Topf erhitzen. Zwiebel und Brotwürfel darin anrösten. Mit Wasser oder Brühe auffüllen und einige Minuten durchköcheln lassen.
Das Ei in einem Schälchen verquirlen und in die Suppe einlaufen lassen. Salzen und pfeffern und mit dem Schneebesen aufrühren. Zum Schluss den ausgebratenen Speck wieder unterheben.
Die Suppe auf Teller verteilen und mit Schnittlauch bestreut servieren.

Pastarèsa
Klare Brühe mit Parmesanpasta – Emilia

Bereits Boccaccio schwärmt in seinem *Il Decamerone* von Parmesan: »In einer Grafschaft, die sich Bengodi nannte und wo die Reben mit Würsten festgebunden werden und man eine Gans für eine Münze und eine Ente dazubekommt, gab es einen Berg aus geriebenem Parmesan, auf dem Leute standen, die nichts anderes taten als Maccheroni zu essen …«

Zutaten für 4 Personen:
6 EL Semmelbrösel, 8 EL geriebener Parmesan, 2–3 Eier,
1 Prise frisch geriebener Muskat, Salz und Pfeffer, 1 l Geflügelbrühe
Zubereitungszeit: 30 Minuten

Semmelbrösel und Parmesan in einer großen Schüssel vermischen. Nach und nach die Eier einarbeiten. Den Teig anschließend mit Muskat, Salz und Pfeffer kräftig würzen. Der Teig muss so fest sein, dass er sich auf einer Reibe reiben lässt. Wenn der Teig noch zu weich ist, etwas mehr Semmelbrösel und Parmesan einarbeiten.
Die Geflügelbrühe zum Kochen bringen. Den Teig über die großen Öffnungen einer normalen Haushaltsreibe direkt in die kochende Brühe reiben. Sobald die Pastarèsa an die Oberfläche steigt, die Suppe vom Herd nehmen und servieren.

Sope de Cjaval
Süße Rotweinsuppe – Friaul

Vermutlich ist diese Suppe in Zeiten entstanden, in denen man die Chemie der Weinherstellung noch nicht so ganz unter Kontrolle hatte. Das Ergebnis blieb meistens dem Zufall überlassen, der Ausschuss war entsprechend groß. Um den verunglückten Wein jedoch nicht ganz abschreiben zu müssen, ersonn man Mittel und Wege, ihn zumindest in der Küche zu verarbeiten.
Heute sollten Sie für dieses Rezept zwar keinen Spitzenwein, zumindest aber einen ordentlichen Rotwein für jeden Tag verwenden.

Zutaten für 4 Personen:
1 Flasche Rotwein, 1 EL Zucker, 2 Gewürznelken, 1 Zimtstange, 8 Weißbrotscheiben, 50 g zerlassene Butter
Zubereitungszeit: 20 Minuten

Den Rotwein mit Zucker und Gewürzen in einen Topf geben und langsam erhitzen.
Inzwischen die Brotscheiben auf ein Backblech breiten und im 200 Grad heißen Ofen goldgelb rösten.
Jeweils 2 geröstete Brotscheiben in einen Suppenteller legen. Mit der zerlassenen Butter beträufeln und mit dem heißen Wein übergießen.

Tagliolini in brodo con gli inciampi
Nudelsuppe mit Hühnerlebern – Toskana

Wenn sich hoher Besuch angesagt hatte oder wenn man wirklich Eindruck schinden wollte, dann machte man in der Toskana diese Nudelsuppe. Denn auf diese Weise umging man die köstlichen, aber als gewöhnlich betrachteten Zubereitungen der Bauernküche wie Ribollita (s. Seite 104) und konnte einer einfachen Nudelsuppe mit den Hühnerlebern etwas mehr Substanz verleihen.

Zutaten für 6 Personen:
200 g Mehl, 2 Eier, 1 TL Olivenöl, Salz, 300 g Hühnerlebern, 1½ l Geflügelbrühe
Zubereitungszeit: 60 Minuten

Aus Mehl, Eiern, Olivenöl und einer Prise Salz einen glatten Nudelteig herstellen. Den Nudelteig in Haushaltsfolie schlagen und 20–30 Minuten ruhen lassen.
In der Zwischenzeit die Hühnerlebern putzen und fein würfeln.
Den Nudelteig dünn ausrollen. Das Teigblatt wie einen Strudel aufrollen und mit einem scharfen Messer hauchfeine Schnittnudeln (Tagliolini) abschneiden.

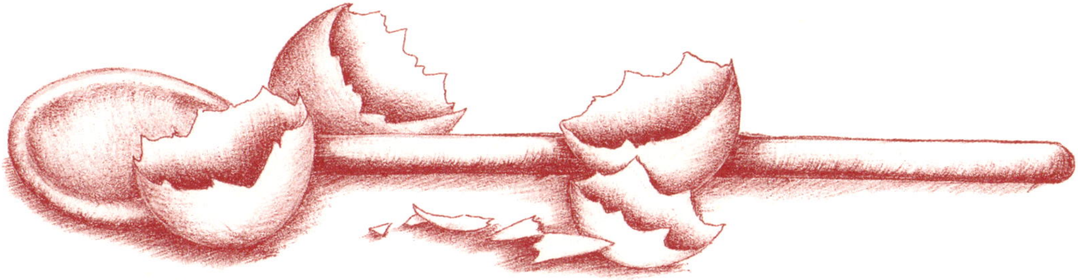

Während Sie die Pasta zubereiten, die Geflügelbrühe erhitzen. Hühnerlebern und Tagliolini in die kochende Brühe werfen und in Minutenschnelle garen. Vom Herd nehmen und servieren.

Trippa e fagioli
Kuttelsuppe mit dicken Bohnen – Ligurien

In der Küche Liguriens bildeten Kutteln lange Zeit das Hauptnahrungsmittel für die ärmeren Bevölkerungsschichten. Hafenarbeiter und Bauern schätzten stets eine Schale mit der preiswerten und zudem nahrhaften Kost. In Genua gab es auch Garküchen, die sich ganz auf Kutteln spezialisiert hatten und bereits vom frühen Morgen an diese Suppe feilboten.

Zutaten für 4–6 Personen:
1 kg gemischte, küchenfertige (d.h. vorgekochte) Kutteln, 1 Selleriestängel, 1 Mohrrübe, 1 Zwiebel, 2 Knoblauchzehen, einige Petersilienzweige, 1 Rosmarinzweig, 2 EL Olivenöl, 2 Lorbeerblätter, 1 zerstoßene Gewürznelke, 1 kleiner Peperoncino, 250 ml trockener Weißwein, 1½ l Fleisch- oder Gemüsebrühe, 1 EL Tomatenmark, 150 g gekochte weiße Bohnen, Salz und Pfeffer, geriebener Grana oder Parmesan zum Servieren
Zubereitungszeit: 2–3 Stunden

Die vorgekochten Kutteln in feine Streifen schneiden.
Gemüse und Kräuter putzen und fein hacken. Das Olivenöl in einem großen Suppentopf erhitzen, Kräuter und Gewürze darin anschwitzen. Dann das Gemüse hinzufügen und einige Minuten andünsten. Salzen und pfeffern. Die Kuttelstreifen hinzufügen und 10 Minuten in der Kräuter-Gemüse-Mischung dünsten. Mit Weißwein ablöschen, dann mit der Brühe auffüllen

und zum Kochen bringen. Das Tomatenmark in etwas Brühe auflösen und in die Suppe rühren. Die Suppe zugedeckt 2 Stunden köcheln lassen. 10 Minuten vor Ende der Garzeit die Bohnen hinzufügen und wieder zum Kochen bringen. Herzhaft salzen und pfeffern.
Die Suppe auf Teller verteilen und mit einer Runde Pfeffer aus der Mühle übermahlen. Mit geriebenem Grana servieren.

Tipp: Wenn Sie nur rohe Kutteln bekommen, diese mit Wasser und Zitronensaft waschen und 60 Minuten in Salzwasser vorgaren.

Tritoli in brodo
Tritolisuppe – Abruzzen

Tritoli sind kleine, einfache Teigwaren aus Mehl und Wasser. In den Abruzzen verwendete man sie meist als Einlage für eine Suppe mit gebratenem Speck oder Zwiebeln. Diese Suppe verabreichte man Wöchnerinnen, weil man glaubte, dass sie den Milchfluss fördere.

Zutaten für 4 Personen:
200 g Mehl, Salz, 100 g durchwachsener Speck, 1 Zwiebel, 1 EL Olivenöl,
1 l Fleisch- oder Gemüsebrühe
Zubereitungszeit: 40 Minuten

Das Mehl auf eine Arbeitsfläche häufen und tröpfchenweise mit warmem, leicht gesalzenem Wasser verarbeiten, bis kleine Mehlkügelchen entstehen.
Diese Tritoli auf einem Brett ausbreiten und kurz antrocknen lassen.
Inzwischen den Speck würfeln und die Zwiebel fein hacken. Beides in heißem Olivenöl knusprig braten.
Die Brühe erhitzen. Die Tritoli hineingeben und einmal aufkochen lassen.
Gebratenen Speck und Zwiebel einrühren und servieren.

Zuppa alla fiorentina
Florentiner Kohlsuppe – Toskana

Zutaten für 4 Personen:
200 g getrocknete weiße Bohnenkerne, 1 Lorbeerblatt, 1 Knoblauchzehe, 1 kleine Zwiebel, 1 Mohrrübe, 1 Lauchstange, 300 g Schwarz- oder Grünkohl, 3 Tomaten, 1 dicke Scheibe Schinken (ca. 100 g), 4 EL Olivenöl, 500 ml Fleisch- oder Gemüsebrühe, 1 TL frisch gehackter Rosmarin, Salz und Pfeffer
Zubereitungszeit: 2 Stunden

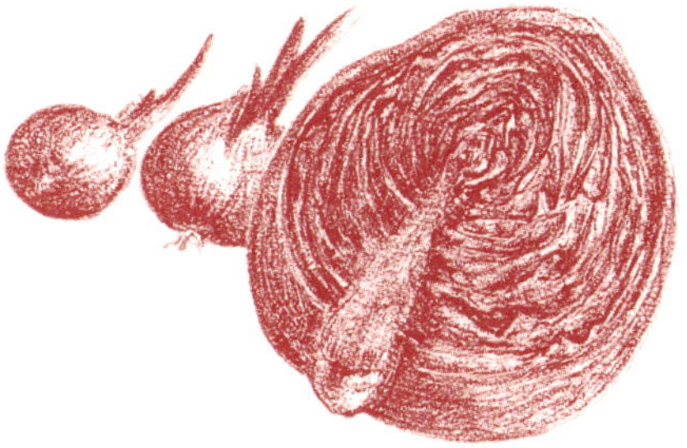

Die Bohnen 6 Stunden oder über Nacht in kaltem Wasser einweichen. Abgießen und in einen Topf füllen. Zweifingerbreit mit Wasser bedecken. Das Lorbeerblatt hinzufügen. Zum Kochen bringen. Zugedeckt leise sprudelnd gar kochen (rund 90 Minuten).
In der Zwischenzeit das Gemüse putzen und zerkleinern: Knoblauch, Zwiebel und Mohrrübe fein hacken, den Lauch in feine Ringe schneiden. Kohlblätter von den dicken Blattrippen befreien und in Streifen schneiden. Die Tomaten häuten, entkernen und würfeln. Den Schinken in kleine Würfel schneiden.
2 Esslöffel Olivenöl in einem Topf erhitzen. Knoblauch, Zwiebel, Mohrrübe und Lauch darin andünsten. Mit einer Kelle Brühe ablöschen und rund 10 Minuten schmurgeln lassen. Nun Kohl, Tomaten- und Schinkenwürfel dazugeben und die restliche Brühe angießen. Die Suppe eine knappe Stunde durchkochen lassen. Zum Schluss den gehackten Rosmarin einrühren.
Die Bohnen abgießen. Das Kochwasser auffangen und je nach gewünschter Konsistenz einen Teil davon zur Kohlsuppe gießen. Dreiviertel der Bohnen pürieren. Die ganzen Bohnen und das Bohnenpüree unter die Kohlsuppe rühren. Suppe herzhaft abschmecken und 4–5 Minuten durchköcheln lassen. Vom Herd nehmen und auf Suppenschalen verteilen. Die einzelnen Portionen mit dem restlichen Olivenöl beträufeln und mit einer Runde Pfeffer übermahlen.

Zuppa d'orzo ai finferli
Perlgraupensuppe mit frischen Pfifferlingen – Trentino

Zutaten für 4 Personen:
125 g Perlgraupen, Salz und Pfeffer, 250 g frische Pfifferlinge, 1 l Geflügelbrühe, 1 Schalotte, 2 EL Butter, gehackte Petersilie zum Garnieren
Zubereitungszeit: 45 Minuten

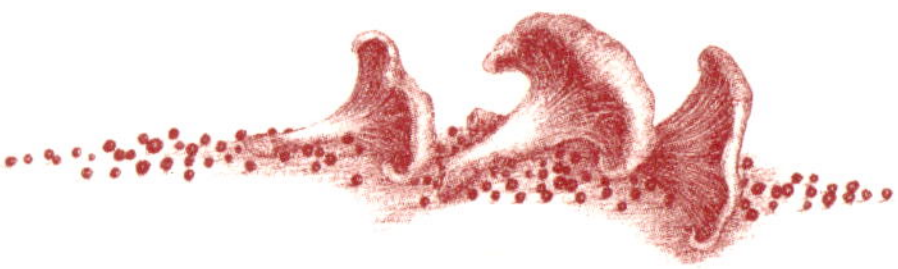

Die Perlgraupen in reichlich Salzwasser rund 40 Minuten al dente garen.
In der Zwischenzeit die Pilze sorgfältig putzen und je nach Größe halbieren oder vierteln. Die Brühe erhitzen.
Die Schalotte fein hacken und in Butter andünsten. Die Pilze hinzufügen und auf lebhafter Flamme rasch anrösten. Salzen und pfeffern und insgesamt 4–5 Minuten dünsten.
Die Perlgraupen abgießen und auf Suppenschalen verteilen. Die Pilze hinzufügen. Mit heißer Brühe auffüllen und mit Petersilie bestreut zu Tisch bringen.

Zuppa di pesce alla pescarese
Fischtopf nach der Art von Pescara – Abruzzen

Für diese »goldrote Suppe«, wie sie ein italienischer Feinschmecker in den dreißiger Jahren nannte, eignet sich eine bunte Mischung von einfachen Speisefischen, die Sie problemlos bei Ihrem Fischhändler bekommen können. Wandeln Sie sie je nach aktuellem Angebot immer wieder ein wenig ab.

Zutaten für 4 Personen:
1 Paprikaschote, 3 Knoblauchzehen, 100 ml Olivenöl, 1 kg küchenfertige, gemischte Speisefische, 100 g geschälte Tomaten, 250 ml Wasser oder Fischfond, 2 TL Aceto balsamico, Salz und Pfeffer
Zubereitungszeit: 60 Minuten

Backofengrill anheizen. Die Paprikaschote putzen und längs halbieren. Eine Knoblauchzehe fein hacken und mit einem Esslöffel Olivenöl verrühren. Die Paprikahälften damit einpinseln und unter dem heißen Backofengrill rösten, bis sie bräunen und Blasen werfen. Herausnehmen und zugedeckt in einer Schüssel nachdämpfen lassen. Dann häuten und im Mörser zu einer cremigen Paste zerstoßen.

Fische gründlich waschen und trockentupfen.

Die beiden anderen Knoblauchzehen fein hacken. Das restliche Olivenöl in einem Topf erhitzen und die beiden Knoblauchzehen darin andünsten. Das Paprikapüree sowie die Tomaten einrühren und mit Wasser oder Fischfond aufgießen. Auf kleiner Flamme 10 Minuten schmurgeln lassen. Nun die Fische hineingeben, mit Balsamessig beträufeln, salzen und pfeffern. Ungefähr 10 Minuten in der Tomatensuppe garen. Heiß servieren.

Zuppa di riso e verze
Reissuppe mit Wirsing – Lombardei

Zutaten für 4 Personen:
1 Selleriestängel, 1 Knoblauchzehe, 1 Bund Petersilie, 50 g durchwachsener Speck, 1 kleiner Wirsingkohl, 1 EL Olivenöl, gut 1 l heiße Fleischbrühe, 150 g Reis, Salz und Pfeffer, 2 EL geriebener Parmesan zum Servieren
Zubereitungszeit: 50 Minuten

Sellerie, Knoblauch und Petersilie putzen und fein hacken. Den Speck winzig fein würfeln. Den Wirsing putzen und entblättern. Die Blätter bündeln und in feine Streifen schneiden.

Den Speck, das Olivenöl sowie das Hack aus Sellerie, Knoblauch und Petersilie in einem Topf anschwitzen. Die Wirsingstreifen hinzufügen und zusammenfallen lassen. Die heiße Brühe hinzugießen und zum Kochen bringen. Den Reis einstreuen und in der lebhaft sprudelnden Suppe al dente garen. Mit Salz und Pfeffer herzhaft abschmecken.

Die Suppe mit geriebenem Parmesan servieren.

Zuppa di zucca
Kürbissuppe – Ligurien

Zutaten für 4 Personen:
500 g Kürbisfleisch, 250 g Kartoffeln, 4 EL Olivenöl, 2 Knoblauchzehen, 1 Gewürznelke, 1 Lorbeerblatt, 1 Prise frisch geriebener Muskat, Salz und Pfeffer, 250 g gekochte dicke Bohnen, 1 EL Mehl, 1 EL Butter, Olivenöl und geriebener Parmesan zum Servieren
Zubereitungszeit: 45 Minuten

Das Kürbisfleisch fein würfeln, die Kartoffeln schälen und ebenfalls in kleine Würfel schneiden.

Das Olivenöl in einem Suppentopf erhitzen. Die beiden geschälten, ganzen Knoblauchzehen darin hellgelb dünsten. Kürbis- und Kartoffelwürfel hinzufügen und im heißen Öl schwenken, bis sie rundum glasig glänzen. Die Ge-

würze hinzufügen, und das Ganze mit Wasser bedecken. Zum Kochen bringen, dann etwa 20 Minuten leise sprudelnd garen. Kurz vor Ende der Garzeit die gekochten Bohnen hinzufügen und heiß werden lassen.

Das Mehl in der Butter hell anschwitzen und die Suppe damit andicken.

Die Suppe mit einem Schuss Olivenöl und geriebenem Parmesan servieren.

Zuppa lombarda
Knoblauch-Bohnen-Suppe – Toskana

Auf den ersten Blick mag es überraschen, dass dieses Rezept aus der Toskana stammt. Angeblich entstand dieses Gericht zur Zeit des Dombaus in Florenz. Am Bau des prächtigen Gotteshauses waren aber auch zahlreiche Steinmetzen aus der lombardischen Stadt Bergamo beteiligt, denen neben dem Lohn auch täglich eine Schale Suppe zustand – eben die »Suppe für die Lombarden«.

Zutaten für 4 Personen:
200 g getrocknete Bohnenkerne, 1 Knolle + 3 Zehen Knoblauch, 1 Büschel Salbeiblätter, 1 EL Olivenöl, 1 Prise Salz, 6 Weißbrotscheiben, 1 Schuss Aceto balsamico
Zubereitungszeit: 90 Minuten

Die Bohnen 6 Stunden oder über Nacht in kaltem Wasser einweichen. Abgießen und in einen Topf füllen. Die geschälte Knoblauchknolle, die Salbeiblätter, das Olivenöl und Salz hinzufügen. Die Bohnen zweifingerbreit mit Wasser bedecken und zum Kochen bringen. Zugedeckt leise sprudelnd gar kochen (rund 90 Minuten).
Inzwischen die übrigen Knoblauchzehen halbieren und mit der Schnittfläche die Brotscheiben einreiben. Das Brot im Ofen rösten und auf Suppenschalen verteilen.
Die Bohnensuppe zum Schluss mit Balsamessig und Salz abschmecken. Über die Brotscheiben gießen und heiß servieren.

Piatti di riso – Reisgerichte

Frittelle di riso
Reisküchlein – Latium

Für diese Frittelle brauchen Sie eine Reissorte, die gut klebt. Nehmen Sie am besten den einfachen italienischen Riso originario, der sich durch kurze und kleine Körner auszeichnet und rasch gart. Langkornreis, der beim Kochen locker und körnig bleibt, ist für diese Art der Zubereitung ungeeignet.

Zutaten für 4–6 Personen:
1 l Milch, 1 Prise Salz, 300 g Reis, 2 Eier, Mehl zum Binden,
die abgeriebene Schale von 1 Orange und 1 Zitrone, Öl oder Schmalz zum Ausbacken
Zubereitungszeit: 60 Minuten

Einen halben Liter Milch in einem Topf zum Kochen bringen und salzen. Die restliche Milch in einem zweiten Töpfchen erhitzen.
Den Reis in die gesalzene Milch streuen und unter ständigem Rühren kochen. Sobald der Reis die Flüssigkeit aufgesogen hat, nach und nach die restliche Milch hinzufügen. Den Reis unter Rühren sehr weich garen.
Vom Herd nehmen und etwas abkühlen lassen. Eier einarbeiten und die Masse mit etwas Mehl binden. Mit den abgeriebenen Zitrusschalen verfeinern und alle Zutaten gut vermengen.
Öl oder Schmalz in einem Topf erhitzen. Mit einem Esslöffel kleine Küchlein von der Reismasse abstechen und portionsweise im heißen Fett goldbraun ausbacken. Auf Küchenkrepp abtropfen lassen und heiß servieren.

Gran risotto alla borghese
Großer Hähnchenrisotto bürgerliche Art – Piemont

In Piemont spielt die bürgerliche Küche eine weitaus größere Rolle als in den übrigen Regionen Italiens, wo die einfachere Bauernküche vorherrscht. So schätzt man in Piemont denn auch aufwendige Zubereitungen und Saucen, die in anderen Landesteilen unbekannt sind. Grund für diesen Unterschied ist zweifelsfrei der Einfluss der gehobenen Küche der französischen Nachbarn, an der sich das piemontesische Bürgertum gern orientierte.

Zutaten für 4–6 Personen:
Für das Hähnchen: 1 küchenfertiges Hähnchen (gut 1 kg), 1 Bund Suppengrün, 2 Lorbeerblätter, 1 Rosmarinzweig, 3 Salbeiblätter, 2 Wacholderbeeren, 1 Gewürznelke
Für den Risotto: 1 Zwiebel, 1 Selleriestängel, 200 g Rindermark, 100 g Butter, 150 ml trockener Weißwein, 400 g Risottoreis, Salz und Pfeffer, Muskat, 2 EL Sahne, 2 EL geriebener Parmesan, Saft und abgeriebene Schale einer Zitrone
Zum Anrichten: Fonduta (Rezept auf Seite 247)
Zubereitungszeit: 2½ Stunden

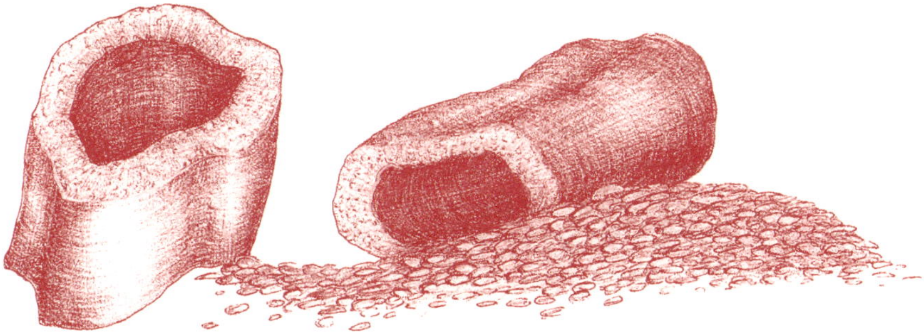

Das Hähnchen unter fließendem Wasser waschen und mit Suppengrün und Gewürzen in einen Topf geben. Mit Wasser bedecken (für den Risotto brauchen Sie rund 1½ Liter Brühe) und zum Kochen bringen. Das Hähnchen leise wallend eine knappe Stunde garen. Aus der Brühe heben und leicht abkühlen lassen. Das Hähnchen zerteilen, dann Haut und Knochen entfernen. Fleisch in mundgerechte Stücke schneiden und diese in der Brühe warm halten.
Für den Risotto zunächst die Zwiebel und den Selleriestängel sehr fein

hacken und beiseite stellen. Das Rindermark mit kochendem Wasser überbrühen, dann in kleine Stücke schneiden. Die Markstückchen in ein wenig Butter andünsten, mit einem Schuss Weißwein ablöschen und eindicken lassen.

Zwiebel und Sellerie nun in 4 Esslöffeln Butter in einem Topf andünsten. Den Reis hinzufügen und anschwitzen, bis die Körner rundum glasig glänzen. Mit Weißwein übergießen. Den Wein einkochen lassen, dafür nun eine Kelle Brühe angießen und diese wiederum einkochen lassen. Wieder Brühe nachfüllen und auf diese Weise fortfahren, bis der Reis al dente ist.

Den Risotto großzügig salzen und pfeffern und mit einer Prise frisch geriebenem Muskat würzen. Das Rindermark und die restliche Butter einarbeiten. Zum Schluss mit Sahne und Parmesan verfeinern.

Risotto 2–3 Minuten ruhen lassen, dann auf eine Platte häufen. Mit Hähnchenstücken umgeben und mit einem Hauch Zitronensaft und der abgeriebenen Zitronenschale verfeinern. Mit Fonduta überziehen und zu Tisch bringen.

Risotto ai finocchi
Fenchelrisotto – Lombardei

Zutaten für 4 Personen:
2 Fenchelknollen, 200 g Champignons, 2 junge Zwiebeln, 2 EL Butter, 2 EL Olivenöl, ½ TL getrockneter Oregano, Salz und Pfeffer, 350 g Risottoreis, ca. 600 ml warme Gemüsebrühe, 2 EL geriebener Parmesan
Zubereitungszeit: 40 Minuten

Fenchel putzen und längs in Spalten schneiden, etwas Blattgrün zum Garnieren aufheben. Champignons und Zwiebeln putzen und fein würfeln.

Das Gemüse in Butter und Olivenöl andünsten. Mit Oregano sowie Salz und Pfeffer bestreuen und 3 Minuten weiterdünsten. Nun den Reis hinzufügen und unter ständigem Wenden glasig rösten. Eine Kelle Brühe angießen und einkochen lassen. Den Vorgang wiederholen, bis der Reis al dente gegart ist.

Risotto vom Herd nehmen und den Parmesan einarbeiten. Mit Salz und Pfeffer abschmecken und 2–3 Minuten ruhen lassen. Risotto auf Teller verteilen, mit etwas Fenchelgrün garnieren und zu Tisch bringen.

Risotto alla certosina
Risotto mit Flusskrebsen nach Art der Kartäuser – Lombardei

Die Kartäusermönche in der berühmten Certosa di Pavia sollen dieses Rezept entwickelt haben. Der strenge Kartäuserorden verzichtete das ganze Jahr über auf Fleisch, aber das arbeitsintensive Klosterleben verlangte nach ausgewogener und nahrhafter Kost. So ersannen die Mönche ein ausgeklügeltes System von Kanälen, Gräben und Wasserläufen, die aufgrund einer genau berechneten Neigung auch im Winter nicht vereisten, und versorgten sich auf diese Weise jahrein, jahraus mit Fischen und Krustentieren. Die wertvollen Speisefische kamen zum Hauptgang auf den Tisch, während die weniger edlen Fische und Flusskrebse (die in früheren Zeiten als gewöhnlich galten) für Risotto verwendet wurden.

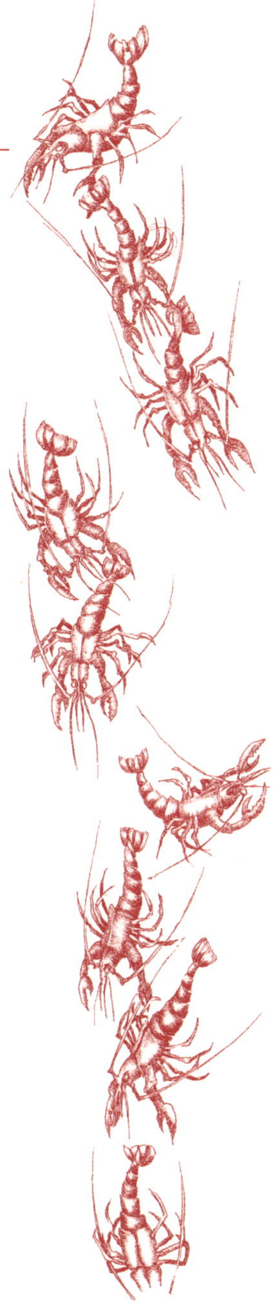

Zutaten für 4 Personen:
1 kg Süßwasserkrebse, Salz, 2 kleine Zwiebeln, 1 Selleriestängel, 1 Mohrrübe, 2 Knoblauchzehen, 1 Stück Zitronenschale, 2 EL Butter, 350 g Risottoreis, 100 ml trockener Weißwein, 2 EL gehackte Petersilie
Zubereitungszeit: 75 Minuten

Die Krebse sorgfältig waschen und beiseite stellen. Einen Liter leicht gesalzenes Wasser zum Kochen bringen und das Gemüse putzen. Die Krebse mit Zwiebeln, Sellerie, Mohrrübe und Zitronenschale rund 10 Minuten garen.
Die Krebse aus dem Sud heben. Die Schwänze abtrennen und auslösen. Beiseite stellen. Die Krebskarkassen grob zerkleinern und weitere 10–15 Minuten im Sud auskochen.
Die Brühe durch ein feinmaschiges Sieb gießen. Die Karkassen entfernen, das Gemüse durch eine Gemüsemühle passieren und beiseite stellen.
Die Butter in einem Topf erhitzen. Den Reis darin glasig dünsten. Mit Weißwein ablöschen. Das pürierte Gemüse einrühren. Mit dem Krebssud auffüllen und den Reis in dieser Mischung al dente garen (sollte die Flüssigkeit nicht ausreichen, mit heißem Wasser ergänzen). Unmittelbar vor Ende der Garzeit die ausgelösten Krebsschwänze in den Risotto geben (vier Stück zum Garnieren aufheben).
Risotto auf Teller verteilen und mit Petersilie bestreuen. Die Krebsschwänze obenauf setzen. Heiß servieren.

Risotto al nero di seppia
Risotto mit Tintenfischschwärze – Venetien

Zutaten für 4 Personen:
300 g ganze Tintenfische, 1 Schalotte, 4 EL Olivenöl, 50 ml trockener Weißwein, 2 geschälte Tomaten, Salz und Pfeffer, 350 g Risottoreis, 1 l heiße Fischbrühe
Zubereitungszeit: 60 Minuten

Die Tintenfische putzen. Kopf abtrennen, Tintenbeutel vorsichtig aus dem Körper lösen und die Tinte in einem Schälchen auffangen. Den glasigen Knochen herausdrehen. Die Tintenfische ausspülen und in Streifen oder mundgerechte Stücke schneiden.
Schalotte fein hacken und in 2 Esslöffeln Olivenöl andünsten. Die Tintenfische hinzufügen und kurz anbraten. Mit dem Weißwein ablöschen, die Tomaten hinzufügen und mit einer Gabel zerpflücken. Salzen und pfeffern. Nun auch die Tinte einrühren. Auf kleiner Flamme zugedeckt garen und ein wenig eindicken lassen.
Inzwischen das restliche Öl in einem Topf erhitzen. Den Reis darin glasig dünsten und mit Fischbrühe übergießen. Zum Kochen bringen und leise wallend al dente garen (je nach Reissorte 15–20 Minuten). Kurz vor Ende der Garzeit die Tintenfischsauce einrühren und einige Minuten mitköcheln, damit sich Farbe und Aromen gut verbinden können. Mit Salz und Pfeffer abschmecken. Auf Teller verteilen und heiß servieren.

Tipp: Wenn Ihnen der Risotto zu schwarz und finster vorkommt, können Sie ihn mit ein paar Tomatenwürfelchen oder gehackten Kräutern garnieren und lebhafte Farbakzente setzen.

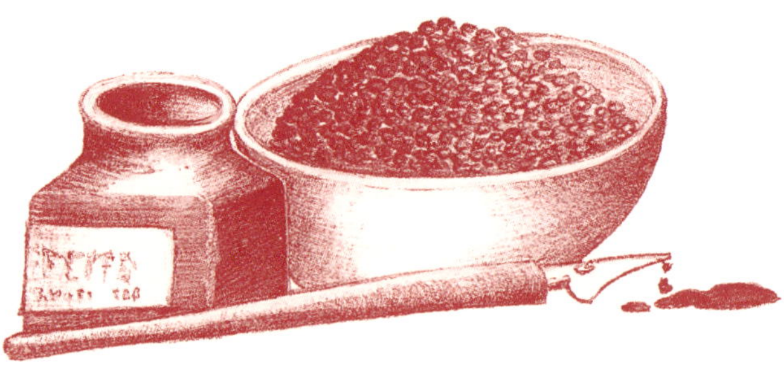

Risotto alla primogenita
Hackfleischrisotto nach Art der Erstgeborenen – Emilia

Wie dieses Rezept zu seinem Namen kam, ist nicht ganz geklärt. Möglicherweise wollte man den Mann, der um die Hand der erstgeborenen Tochter anhielt, mit diesem aufwendigen Gericht beeindrucken.

Zutaten für 4–6 Personen:
Für die Sauce: 25 g getrocknete Pilze, 1 Zwiebel, 1 Selleriestängel, 1 Mohrrübe, 4 EL Butter, je 100 g Hackfleisch von Rind und Kalb, 50 g Schweinehack, 50 g fein gewürfelter Parmaschinken, Salz und Pfeffer, 250 g Tomatenpüree, 100 ml Fleischbrühe
Für den Risotto: 4 EL Butter, 400 g Risottoreis, gut 1 l heiße Fleischbrühe, 1 großzügige Prise Safranfäden, 100 g geriebener Parmesan
Zubereitungszeit: 2½ Stunden

Die getrockneten Pilze mit kochendem Wasser überbrühen und 15 Minuten einweichen lassen. Die Pilze über ein Sieb abgießen und fein hacken. Das Einweichwasser eventuell filtern und zum Kochen aufheben.
Zwiebel, Sellerie und Mohrrübe fein hacken und in der Butter andünsten. Das gesamte Fleisch und die Schinkenwürfel hinzufügen und scharf anbraten. Salzen und pfeffern. Nun Tomatenpüree, Fleischbrühe und 100 ml Pilzwasser einrühren. Zum Kochen bringen, dann zugedeckt auf kleiner Flamme knapp 2 Stunden schmurgeln lassen. Ab und zu umrühren und eventuell etwas Pilzwasser oder Brühe nachgießen, damit die Sauce nicht anbrennt.
Für den Risotto die Butter in einem Topf erhitzen. Den Reis unter ständigem Wenden darin glasig dünsten. Eine Kelle Brühe angießen und einkochen lassen. Den Vorgang wiederholen, bis der Reis al dente gegart ist (je nach Sorte 15–20 Minuten). Gegen Ende der Garzeit den Safran in ein wenig Brühe auflösen und unter den Reis rühren.
Zum Anrichten die Hälfte des Risotto auf eine Servierplatte geben. Mit der Hälfte der Hackfleischsauce bedecken und mit Parmesan bestreuen. Eine Lage Risotto darüber schichten und mit der restlichen Sauce überziehen. Großzügig mit Parmesan bestreuen und zu Tisch bringen.

Risotto alla sbirraglia
Risotto mit Hähnchenfleisch – Venetien

Wenn die *sbirri*, die Schergen fremder Besatzer, sich eines Gutshofs bemächtigten und sich dort niederließen, schlachteten sie als erstes ein paar Hühner und kochten Reissuppe, die sie mit deren Fleisch anreicherten. Daher heißt dieser Risotto etwas abschätzig »alla sbirraglia«, nach Schergenart.

Zutaten für 4 Personen:
1 kleine Zwiebel, 2 EL Olivenöl, 350 g Hähnchenschnitzel, Salz und Pfeffer, 350 g Risottoreis, gut 1 l heiße Geflügelbrühe, 1 EL Butter und 2–3 EL geriebener Parmesan zum Verfeinern
Zubereitungszeit: 30 Minuten

Zwiebel fein hacken und in Olivenöl andünsten. Das Hähnchenfleisch in mundgerechte Stücke schneiden und mit der Zwiebel anbraten. Salzen und pfeffern.
Wenn das Fleisch Farbe genommen hat, den Reis einrühren und etwa eine Minute unter ständigem Wenden anrösten.
Eine Kelle Brühe angießen und einkochen lassen, dabei ab und zu umrühren. Vorgang wiederholen, bis der Reis al dente ist.
Risotto vom Herd nehmen und mit Butter und geriebenem Parmesan verfeinern. Auf Teller verteilen und mit einer Runde Pfeffer übermahlen. Heiß servieren.

Risotto con animelle
Risotto mit Kalbsbries – Marken

Zutaten für 4 Personen:
200 g Kalbsbries, 1 Rosmarin- und 1 Thymianzweig, 2 Knoblauchzehen, 100 ml trockener Weißwein, Salz und Pfeffer, ca. 500 ml Fleischbrühe, 1 Zwiebel, 4 EL Butter, 350 g Risottoreis, 1 TL gehackter Rosmarin, 1 TL gehackter Thymian, milder Pecorino oder Parmesan zum Servieren
Zubereitungszeit (ohne Ruhezeit): 90 Minuten

Das Kalbsbries 4–6 Stunden in kaltes Wasser legen, danach abgießen, mit einem scharfen Messer putzen und das hauchdünne Häutchen abziehen.
Einen Liter Wasser mit Rosmarin und Thymian, Knoblauch, 50 ml Weißwein, etwas Salz und Pfeffer zum Kochen bringen und etwa 10 Minuten durchkochen lassen.
Kalbsbries in den kochenden Sud werfen und 4 Minuten darin blanchieren. Über ein Sieb abgießen. Das Bries beiseite stellen und abkühlen lassen. Den Sud mit Fleischbrühe auf knapp 1½ Liter ergänzen und für den Risotto bereit stellen.
Für den Risotto die Zwiebel fein hacken und in 2 Esslöffeln Butter anschwitzen. Reis hinzufügen und unter ständigem Wenden glasig dünsten. Mit Weißwein ablöschen. Eine Kelle Brühe angießen und einkochen lassen. Vorgang immer wiederholen, bis der Reis al dente gegart ist (je nach Sorte 15–20 Minuten).
In der Zwischenzeit das Kalbsbries in Scheibchen schneiden. Die restliche Butter und die gehackten Kräuter in einer Pfanne erhitzen. Bries hinzufügen und auf lebhafter Flamme bräunen. Vom Herd nehmen und kurz vor dem Servieren unter den Reis heben. Mit Salz und Pfeffer herzhaft abschmecken und servieren. Geriebenen Pecorino oder Parmesan dazu reichen.

Risotto con fiori di zucchina e basilico
Risotto mit Zucchiniblüten und Basilikum – Piemont

Dieser sommerliche Risotto besticht durch seine zarten Aromen. Wenn Sie einen Garten besitzen und Zucchini anbauen, können Sie die taufrischen Blüten in den frühen Morgenstunden pflücken. Nehmen Sie nur die männlichen Blüten, die an einem langen Stiel sitzen (die weiblichen Blüten sitzen am Ende der Früchte). Die Blüten auf Ungeziefer untersuchen und bis zur Verwendung in den Kühlschrank legen, dann vorsichtig abbrausen und trockentupfen.

Zutaten für 4 Personen:
200 g Zucchiniblüten, 200 g junge Zucchini, 1 dickes Büschel Basilikum, 2 Schalotten, 6 EL Butter, 350 g Risottoreis, gut 1 l heiße Gemüsebrühe, Salz und Pfeffer, 4 EL geriebener Parmesan
Zubereitungszeit: 60 Minuten

Die gewaschenen Zucchiniblüten in fingerbreite Streifen schneiden. Zucchini fein würfeln. Basilikum abbrausen und trockenschütteln, dann mit den Händen grob zerzupfen. Schalotten fein hacken.
4 Esslöffel Butter in einem Topf erhitzen. Schalotten darin glasig dünsten. Zucchini, ein Drittel der Blüten und Reis hinzufügen und einige Minuten andünsten. Mit etwas Gemüsebrühe ablöschen. Nach und nach die Brühe hinzugießen und einkochen lassen. Vorgang wiederholen, bis der Reis al dente gegart ist (je nach Sorte 15–20 Minuten).
Gegen Ende der Garzeit die restlichen Zucchiniblüten und das Basilikum unterheben. Risotto vom Herd nehmen und mit Salz und Pfeffer abschmecken. Die restliche Butter und Parmesan einarbeiten und vor dem Servieren 2 Minuten ruhen lassen.

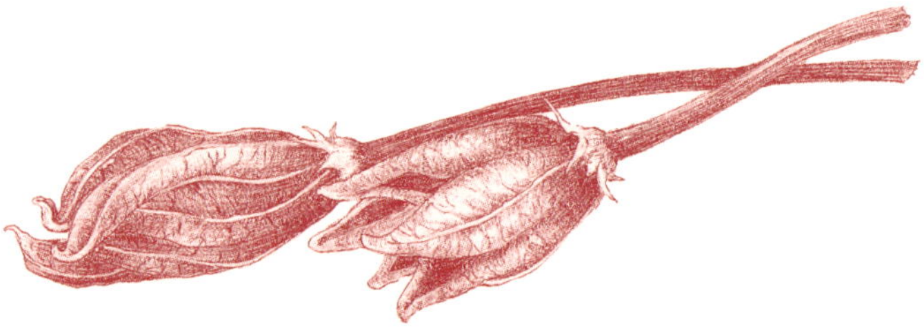

Risotto con seppie e vitalbe
Risotto mit Tintenfischen und Waldrebe – Marken

In Italien kocht man mit Vorliebe mit frischen und wild wachsenden Kräutern. Waldrebe ist eine Klematisart, die man im Frühjahr in den Marken entdecken kann. Da Sie außerhalb Italiens vermutlich Schwierigkeiten haben werden, diese Waldrebe zu finden, können Sie diesen Risotto auch mit jungem Spinat oder Borretsch nachkochen.

Zutaten für 4 Personen:
1 dickes Büschel Wiesenkräuter (ca. 300 g; s.o.), 1 Knoblauchzehe, 1 kleine Zwiebel, 150 g küchenfertige Tintenfischtuben, 3 EL Olivenöl, 2 EL Butter, 350 g Risottoreis, gut 1 l Fischbrühe, Salz und Pfeffer, 1 EL geriebener Parmesan
Zubereitungszeit: 60 Minuten

Kräuter abbrausen und 2 Minuten in kochendem Salzwasser blanchieren. Abgießen und sofort eiskalt abschrecken. Gut abtropfen lassen, dann fein hacken.
Knoblauch und Zwiebel fein hacken, die Tintenfische in mundgerechte Stückchen schneiden.
Die Kräuter und den Knoblauch in 2 Esslöffeln Olivenöl dünsten.
Je einen Esslöffel Öl und Butter in einem Topf erhitzen. Die Zwiebel darin weich dünsten. Den Reis hinzufügen und unter ständigem Wenden anglasen. Nach und nach die Brühe hinzugießen und einkochen lassen. Den Reis auf diese Weise al dente garen (je nach Reissorte 15–20 Minuten). 10 Minuten vor Ende der Garzeit Kräuter und Tintenfischstückchen unterheben. Salzen und pfeffern.
Risotto vom Herd nehmen und abschmecken. Die restliche Butter und den Parmesan einarbeiten und 2 Minuten ruhen lassen. Heiß servieren.

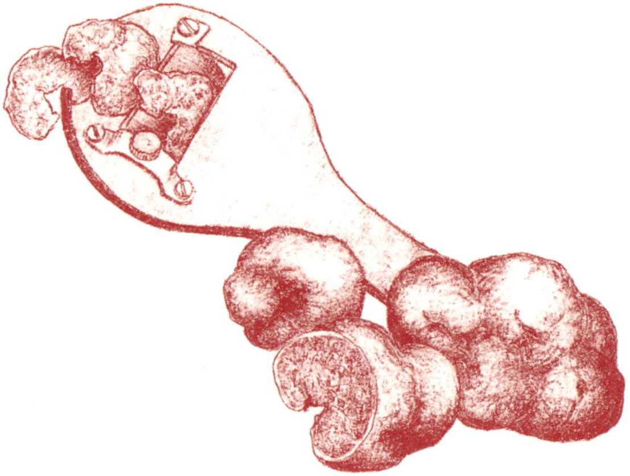

Risotto tartufato
Trüffelrisotto – Piemont

Zutaten für 4 Personen:
1 kleine Zwiebel, 2 EL Olivenöl, 1 EL Butter, 350 g Risottoreis, 1 l warme Milch, Salz und Pfeffer, 100 g Murazzanokäse, 30 g weiße Albatrüffel, 4 EL geriebener Parmesan
Zubereitungszeit: 45 Minuten

Zwiebel fein hacken und in Olivenöl und Butter anschwitzen. Reis hinzufügen und 2–3 Minuten unter ständigem Wenden glasig dünsten. Eine Kelle Milch angießen, salzen und pfeffern. Sobald die Milch einkocht, wieder ergänzen und erneut einkochen lassen. Reis auf diese Weise in 15–20 Minuten al dente garen.
Unterdessen den Murazzano in feine Streifen schneiden. Die Trüffel vorsichtig mit einem Tuch abreiben und auf einem Trüffelhobel fein raspeln.
Den gegarten Reis vom Herd nehmen. Die beiden Käsesorten und die Hälfte der Trüffelraspel unterheben. Risotto 2–3 Minuten ruhen lassen, dann auf Teller verteilen. Mit den restlichen Trüffelraspeln garnieren und zu Tisch bringen.

Riso e fagioli
Reis mit dicken Bohnen – Venetien

Die Kombination von dicken Bohnen und Reis ist noch älter als die heute bekanntere Version mit Bohnen und Pasta. Die Suppe aß man nur leicht temperiert, im Sommer auch kalt. Reis- und Erntearbeiter konnten die Suppe somit von zu Hause aufs Feld mitnehmen und kamen in den Genuss einer nahrhaften Mittagsmahlzeit. Meist wurde die Suppe auch noch mit dem angereichert, was gerade im Haus war: eine Scheibe Salami, ein paar Fischstückchen oder ein wenig Gemüse.

Zutaten für 4 Personen:
250 g getrocknete Bohnenkerne, 2 Zwiebeln, 2 Mohrrüben, 2 Selleriestängel, 6 EL Olivenöl, 1 Stück Schweineschwarte, 350 g Reis, evtl. 250 ml Brühe, Salz und Pfeffer
Zubereitungszeit (ohne Ruhezeit): 3 Stunden

Die Bohnenkerne 6 Stunden oder über Nacht in kaltem Wasser einweichen. Zwiebeln, Mohrrüben und Sellerie putzen und fein hacken. Das Gemüse in 4 Esslöffeln Olivenöl andünsten. Die Schweineschwarte hinzufügen. Die Bohnen abgießen und zum Gemüse geben. Großzügig mit Wasser bedecken und zum Kochen bringen. Bohnen auf kleiner Flamme in rund 2 Stunden sehr weich garen, bis sie zerfallen.
Schweineschwarte wieder entfernen. Gemüse und ein Drittel der Bohnen pürieren.
Das restliche Öl in einem Topf erhitzen. Den Reis hinzufügen und rundum glasig dünsten. Das Gemüsepüree einrühren, dann die ganzen Bohnen und ihren Sud hinzufügen. Sie brauchen für den Reis ungefähr einen Liter Flüssigkeit; eventuell mit Gemüsebrühe oder warmem Wasser ergänzen. Den Reis in 15–20 Minuten leise al dente köcheln. Mit Salz und Pfeffer abschmecken und servieren.

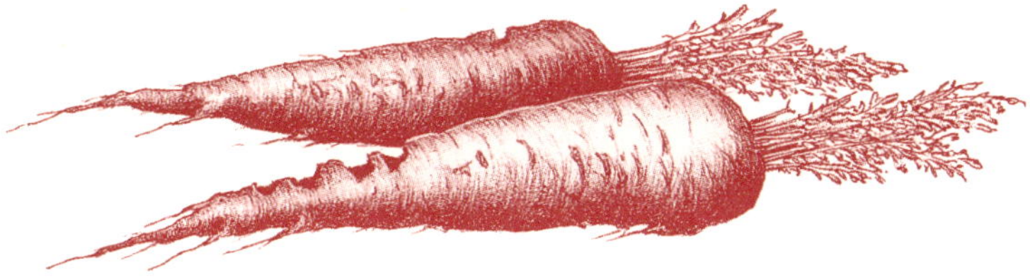

Timballo di riso con funghi e piselli
Reistimbale mit frischen Pilzen und Erbsen – Latium

Zutaten für 4 Personen:
Für den Risotto: 1 EL gehackte Zwiebel, 2 EL Butter, 250 g Risottoreis, 50 ml trockener Weißwein, 650 ml heiße Gemüse- oder Geflügelbrühe, 4 EL geriebener Parmesan, Salz und Pfeffer
Für die Timbale: 1 kleine Zwiebel, 100 g frische Pilze, 2 EL Butter, 100 g grobes Bratwurstbrät, 50 ml trockener Weißwein, 100 g frische Erbsen, 200 g Tomatenwürfel, Salz und Pfeffer
Außerdem: Butter und Semmelbrösel für die Förmchen
Zubereitungszeit: 90 Minuten

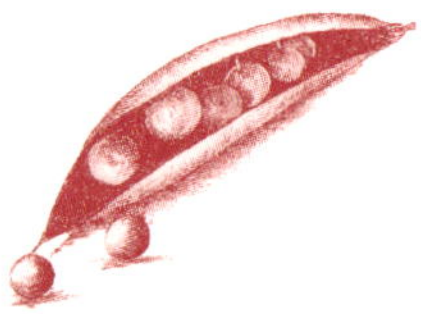

Zunächst den Risotto zubereiten. Die gehackte Zwiebel in Butter anschwitzen, Reis hinzufügen und unter ständigem Wenden glasig dünsten. Mit Weißwein ablöschen. Portionsweise die Brühe hinzugießen und einkochen lassen und den Reis auf diese Weise al dente garen (15–20 Minuten). Vom Herd nehmen und mit Parmesan verfeinern, salzen und pfeffern. Beiseite stellen und etwas abkühlen lassen.
Die Zwiebel für die Timbale fein hacken. Die Pilze putzen und fein würfeln. Beides in Butter andünsten. Das Wurstbrät hinzufügen und fein krümelig braten. Mit Weißwein ablöschen. Die Hälfte der Erbsen sowie die Tomatenwürfel hinzufügen, salzen und pfeffern. Zum Kochen bringen, dann auf kleiner Flamme 15–20 Minuten schmurgeln lassen.
Backherd auf 180 Grad vorheizen. 4 Portionsförmchen buttern und mit einem Hauch Semmelbrösel ausstreuen. Die restlichen Erbsen auf dem Boden der Förmchen verteilen. Den Reis in die Förmchen pressen. Den Reis in der Mitte aushöhlen und die Bratwurstfüllung hineingeben. Mit Reis verschließen und mit Semmelbröseln bestreuen. Im heißen Rohr 15 Minuten überbacken. 2–3 Minuten ruhen lassen, dann auf Teller stürzen und servieren.

Secondi Piatti

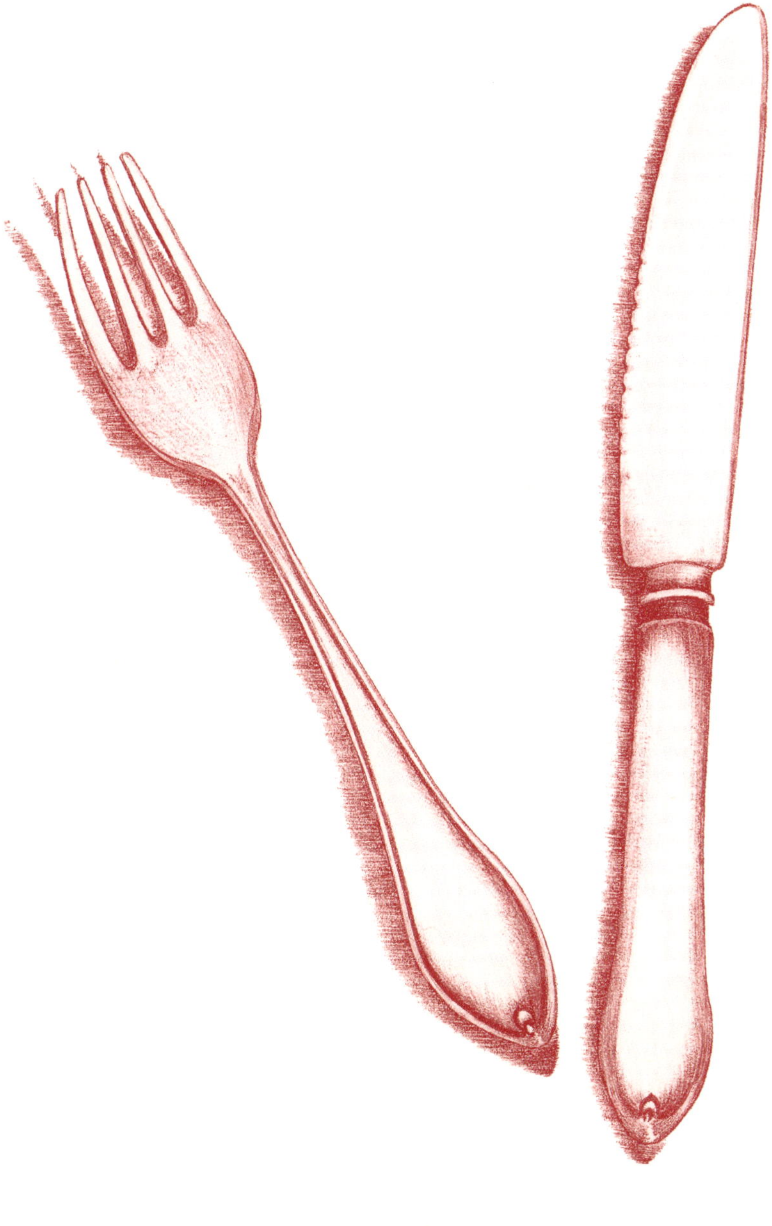

Carne – Fleischgerichte

Agnello aromatico
Lamm mit Kräuter-Speck-Füllung – Latium

Zutaten für 4 Personen:
1 EL Rosmarinnadeln, 2 Knoblauchzehen, 1 Bund Petersilie, 2 Selleriestängel mit Blattgrün, 75 g gekochter Schinken, 75 g Pancetta oder durchwachsener Speck, Salz und Pfeffer, 2 Mohrrüben, 1 Lammkeule ohne Knochen (ca. 800 g), 4 EL Olivenöl, 100 ml trockener Rotwein, ca. 250 ml Fleisch- oder Gemüsebrühe, evtl. 1 TL Speisestärke
Zubereitungszeit: 90 Minuten

Rosmarin, Knoblauch, Petersilie und das Blattgrün der Selleriestängel putzen und fein hacken. In eine Schüssel geben. Schinken und Pancetta fein würfeln und mit den Kräutern vermischen. Salzen und pfeffern. Selleriestängel und Mohrrüben fein hacken und beiseite stellen.
Die Lammkeule mit einem spitzen Messer rundherum einschneiden. Die Schlitze mit der Kräuter-Schinken-Mischung füllen und mit Küchenfaden verschließen.
Bratröhre auf 180 Grad vorheizen.
Das Olivenöl in einem ofenfesten Schmortopf erhitzen. Die Lammkeule hineinsetzen und kräftig anbraten. Sobald das Fleisch rundum Farbe genommen hat, Sellerie und Mohrrüben hinzufügen und einige Minuten mitdünsten. Mit Wein übergießen und im vorgeheizten Ofen fertig garen (eine Stunde). Während des Bratens ab und zu mit heißer Brühe beschöpfen.

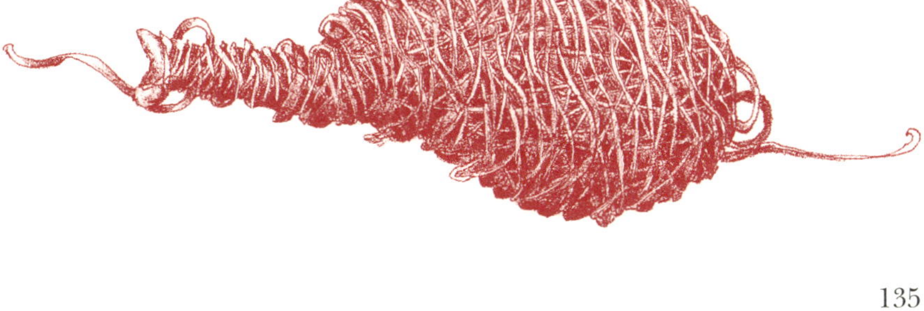

Die Lammkeule aus dem Rohr nehmen und warm stellen. Den Bratfond durch ein Sieb streichen und aufkochen lassen. Nach Wunsch mit glatt gerührter Speisestärke andicken.
Lammkeule in Scheiben schneiden und mit der Sauce servieren.

Agnello con peperoni
Lammrücken mit Paprikagemüse – Kalabrien

Zutaten für 4 Personen:
500 g gelbe und rote Paprikaschoten, 1 Zwiebel, 3 Knoblauchzehen, 4 EL Olivenöl, 200 g Tomatenwürfel, 20 schwarze Oliven, 1 Handvoll Basilikumblätter, Salz und Pfeffer, 1 TL getrockneter Thymian, ca. 800 g Lammrücken, 100 ml trockener Weißwein
Zubereitungszeit: 60 Minuten

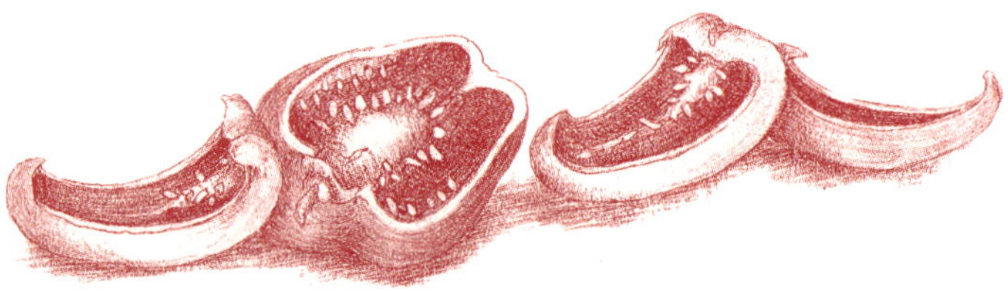

Paprika putzen und in schmale Streifen schneiden. Zwiebel hacken, eine Knoblauchzehe häuten und durch die Knoblauchpresse drücken.
2 Esslöffel Olivenöl in einem Schmortopf erhitzen. Zwiebel und zerdrückten Knoblauch darin hellgelb dünsten. Die Paprikastreifen hinzufügen und einige Minuten mitdünsten. Tomaten, Oliven und das grob zerzupfte Basilikum einrühren. Salzen und pfeffern und zugedeckt auf kleiner Flamme 20 Minuten durchköcheln lassen.
Bratröhre auf 200 Grad vorheizen.
Thymian, Salz und Pfeffer in einem Schälchen verrühren. Das Lammfleisch damit einreiben. Die anderen beiden Knoblauchzehen fein hacken.
Das übrige Olivenöl in eine ofenfeste Form gießen. Den Lammbraten hineinlegen und im heißen Ofen 10–12 Minuten (das Lammfleisch ist dann innen noch rosa) oder bis zur gewünschten Garstufe braten. Gelegentlich mit Bratfond und Weißwein beschöpfen.
Lammfleisch aus dem Rohr holen, in Scheiben schneiden und mit dem Paprikagemüse servieren.

Agnello in padella
Lammfleischpfanne – Marken

Dieses Rezept stammt aus der Umgebung von Loreto, wo Schafzucht einen wichtigen Erwerbszweig darstellt. Loreto selbst ist seit dem 16. Jahrhundert einer der bedeutendsten Marienwallfahrtsorte Europas. Ziel der vielen Pilger ist das Heilige Haus, in dem die Verkündigung stattgefunden haben soll. Der Legende zufolge wurde es bei einem Überfall der Sarazenen auf Nazareth von Engeln gerettet und zunächst nach Dalmatien gebracht. Da sich dort niemand darum kümmerte, wurde es wenige Jahre später wieder durch die Lüfte getragen und am gegenüberliegenden Ufer der Adria in den Marken abgesetzt. Allerdings landete das Haus in einem von Banditen besetzten Lorbeerhain (*lauretum*, das spätere Loreto), wo es natürlich nicht bleiben konnte. So verlegte man es noch einmal um wenige Kilometer. Um der Irrfahrten des Heiligen Hauses zu gedenken, werden seither alljährlich am 10. Dezember riesige Feuer entfacht, die der *Santa Casa* den richtigen Weg weisen sollen.

Zutaten für 4 Personen:
1 kg Lammschulter, 200 ml trockener Weißwein, 4 EL Olivenöl, Salz und Pfeffer,
1 Rosmarinzweig, 4 Knoblauchzehen
Zubereitungszeit: 60 Minuten

Das Lammfleisch grob zerkleinern und mit 100 ml Weißwein abreiben. Gut abtropfen lassen und in Olivenöl rundum anbraten. Sobald das Fleisch Farbe genommen hat, salzen und pfeffern. Den Rosmarinzweig und die zerstoßenen Knoblauchzehen hinzufügen. Zugedeckt auf kleiner Flamme rund 45 Minuten schmoren. Während der Garzeit immer wieder mit ein wenig Weißwein übergießen, damit der Bratfond nicht austrocknet.
In den Marken gibt es dazu Kartoffeln oder herzhaftes Brot.

Agnello al forno con erbe e patate
Lammfleisch vom Rohr mit Kräutern und Kartoffeln – Sardinien

Dieses einfache Gericht aus der Hirtenküche Sardiniens lässt Ihnen viel Raum für eigene Improvisationen. Schmoren Sie beispielsweise einmal ein paar gewürfelte Tomaten oder Paprika mit.

Zutaten für 4 Personen:
500 g Kartoffeln, 1 kg Lammfleisch (z.B. Schulter), 2 Knoblauchzehen, 4 Wacholderbeeren, 1 Lorbeerblatt, 1 EL gehackte Rosmarinnadeln, Salz und Pfeffer, 4 EL Olivenöl
Zubereitungszeit: 60 Minuten

Die Kartoffeln schälen und grob zerkleinern. In Salzwasser nur knapp gar kochen (die Kartoffeln können später im Ofen fertig garen). Abgießen und sofort kalt abschrecken. Gut abtropfen lassen.
Während die Kartoffeln kochen, das Lammfleisch in gulaschgroße Würfel schneiden. Knoblauch und Wacholderbeeren zerstoßen und mit Lorbeerblatt und Rosmarinnadeln vermischen, salzen und pfeffern.
Bratröhre auf 200 Grad vorheizen.
Die Fleischwürfel in 2 Esslöffeln Olivenöl kräftig bräunen.
Das Fleisch in eine ofenfeste Form umfüllen und mit der Gewürzmischung bestreuen. Die Kartoffeln hinzufügen und mit dem restlichen Olivenöl beträufeln.
Im heißen Bratrohr etwa 20 Minuten garen. Dabei regelmäßig mit Bratfond beschöpfen.

Arrosto di manzo ai profumi dell'orto in Barbera
Rinderbraten mit Gartenkräutern in Barbera – Piemont

Das Monferrato gehört zu den Kernprovinzen Piemonts, in denen Weinbau betrieben wird. Barbera, Cortese, Dolcetto, um nur einige Weine zu nennen, sind hier zu Hause. Im Hauptort Moncalvo findet alljährlich in der Vorweihnachtszeit ein renommierter Viehmarkt, der *Mercato del bue grasso* statt. Rindfleisch spielt daher in der Küche der Gegend eine große Rolle, und auch der Barbera fließt hier in seiner Heimat reichlich …

Zutaten für 4–6 Personen:
1200 g Rinderbraten, Salz und Pfeffer,
1 Mohrrübe, 2 Selleriestängel, 1 Lauchstange,
1 Knoblauchzehe, 1 Rosmarinzweig, 6 Salbeiblätter,
2 Lorbeerblätter, 1 kleines Bund Petersilie,
1 TL Fenchelsamen, 4 EL Olivenöl, ca. 350 ml
Fleisch- oder Gemüsebrühe, 1 Flasche (750 ml) Barbera d'Asti, 1 EL Butter,
1 EL Mehl
Zubereitungszeit: 2 Stunden

Das Bratenstück mit Salz und Pfeffer einreiben und kurz beiseite stellen. Gemüse und Kräuter putzen und fein hacken.
Das Öl in einem großen Topf erhitzen. Das Rindfleisch hineinsetzen und bei lebhafter Hitze rundum anbraten. Sobald das Fleisch Farbe genommen hat, das vorbereitete Gemüse sowie sämtliche Kräuter und Gewürze hinzufügen und einige Minuten mitdünsten. Mit ein wenig Brühe übergießen. Die Hitzezufuhr drosseln und den Braten zugedeckt sanft gar schmoren (rund 90 Minuten). Während der Garzeit immer wieder mit etwas warmer Brühe übergießen.
Barbera in einen Topf gießen und über lebhafter Flamme auf die Hälfte einkochen lassen.
Den Braten aus dem Topf heben und warm stellen. Bratfond sowie das geschmorte Gemüse in die Weinsauce rühren. Die Butter mit Mehl verkneten und die Sauce damit binden. Kurz durchkochen lassen und mit Salz und Pfeffer abschmecken.
Den Braten in Scheiben schneiden, auf einer Servierplatte anrichten und mit der Barberasauce überziehen. Dazu passt am besten Polenta (s. Rezept auf Seite 244).

Bistecca alla bolognese
Überbackenes Kalbsschnitzel – Emilia

Zutaten für 4 Personen:
2 Eier, Salz und Pfeffer, 4 Kalbsschnitzel, 4 EL geriebener Parmesan, 200 g Semmelbrösel, Butter oder Olivenöl zum Braten, 4 Scheiben Parmaschinken, 4 Scheiben Fontina, 50 ml Milch
Zubereitungszeit: 45 Minuten

Die Eier sorgfältig verquirlen, salzen und pfeffern. Die Kalbsschnitzel flach klopfen und im geriebenen Parmesan wenden. In die Eier tauchen, abtropfen lassen und in den Semmelbröseln wenden.
In Öl oder Butter goldgelb braten.
Backofengrill vorheizen.
Die Kalbsschnitzel in eine Auflaufform schichten und mit Parmaschinken und Fontina belegen. Die Milch angießen, dann die Schnitzel unter dem heißen Grill überbacken, bis der Käse schmilzt.

Carteretu
Gefülltes Zicklein – Ligurien

Der schmale Küstenstreifen und das karge und steile Hinterland Liguriens lassen keine Weidewirtschaft im großen Stil zu. So hielten sich die Bauern meist nur kleine Hoftiere wie Hühner und Kaninchen und ein paar Ziegen. Zur Osterzeit war es dann Aufgabe der Großmütter, die mit der Großfamilie auf dem Hof lebten, den Carteretu zuzubereiten. Das Fleisch wurde mittags gegessen, und die köstliche Brühe ergab eine wohlschmeckende Abendmahlzeit.

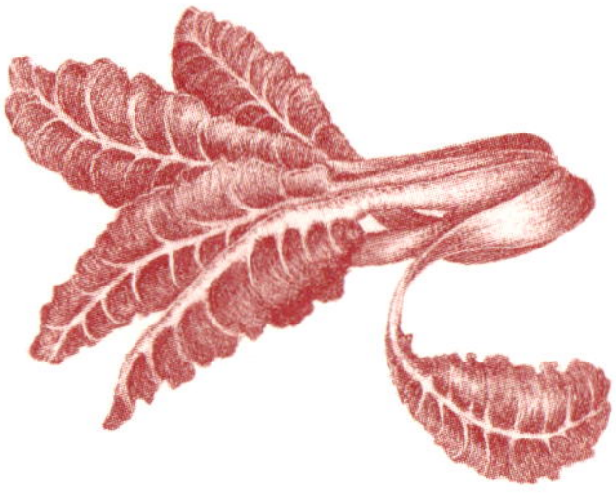

Zutaten für 4 Personen:
1 Karree vom Ziegenkitz (ersatzweise vom Lamm), 1 kg Mangold oder 500 g Blattspinat, 2–3 Eier, 50 g geriebener Grana oder Parmesan, 2 EL Olivenöl, Salz und Pfeffer, 1 Prise Muskat, 1 Bund Suppengrün
Zubereitungszeit: knapp 2 Stunden

Bereits beim Einkauf den Metzger bitten, eine Tasche in das Fleischstück zu schneiden.
Die Mangoldblätter von den dicken Rippen streifen (Blattspinat verlesen) und unter fließendem Wasser waschen. Blätter mit dem Wasser, das vom Waschen noch anhaftet, in einen Topf geben und bei mittlerer Hitze zusammenfallen lassen. Gut abtropfen und abkühlen lassen. Mit den Händen nun noch den letzten Rest Feuchtigkeit aus den Blättern pressen.
Das Blattgemüse fein hacken und mit Eiern und Parmesan vermengen. Die Füllmasse mit Olivenöl geschmeidig rühren und mit Salz, Pfeffer und einer Prise frisch geriebenem Muskat würzen. Diese Mischung in die Fleischtasche füllen. Die Öffnung mit Küchenfaden verschließen.
Während Sie das Fleisch vorbereiten, einen großen Topf Wasser mit einem halben Teelöffel Salz und dem Suppengrün zum Kochen bringen.
Das Fleischstück in die kochende Brühe legen und in einer Stunde sanft wallend weich garen. Aus der Brühe heben, portionieren und auf einer Servierplatte anrichten.

Tipp: Die Mangoldrippen können Sie als Gemüse verwerten (s. Rezepte auf Seite 222 und 235).

Castradina con radicchio e verze
Lammkeule mit Radicchio und Wirsingsauce – Venetien

Zum Fest der Madonna della Salute am 21. November isst man in Venedig traditionsgemäß eine Castradina. Damit gedenkt man der Hilfe Mariens während der Pestepidemie von 1600, als die Stadt von sämtlichen Versorgungswegen abgeschnitten war. Das venezianische Volk ernährte sich während dieser Zeit überwiegend von gepökeltem Hammelfleisch (*castradina*), das haltbar und hygienisch verhältnismäßig einwandfrei war. Die Venezianer überlebten damit die Pest und danken es der Muttergottes seither alljährlich mit einem Fest.

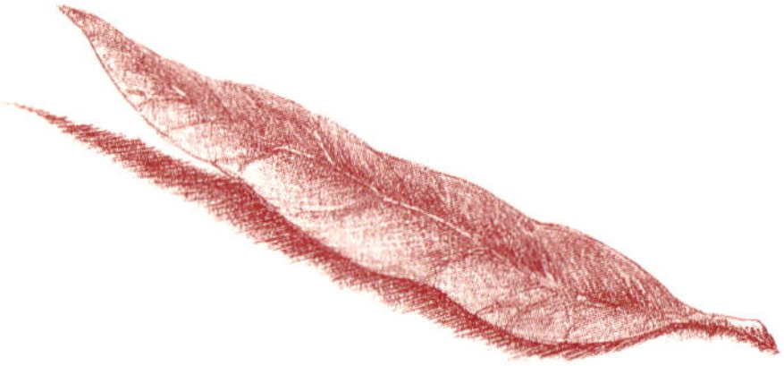

In der Tat gehörte Castradina, d.h. gepökeltes, geräuchertes und anschließend an der Sonne getrocknetes Hammelfleisch, lange Zeit zu den venezianischen Grundnahrungsmitteln. Vom frühen Mittelalter bis zum Ausbruch des Ersten Weltkriegs wurde das haltbare Fleisch auf Transportschiffen aus Dalmatien, Bosnien, Slowenien und Albanien importiert. Heute nimmt man statt der ursprünglichen Castradina, die stundenlang weich gekocht werden muss, in der Regel frisches Lammfleisch.

Zutaten für 4 Personen:
Für das Fleisch: 1200 g Lammkeule, 1 Selleriestängel, 2 Zwiebeln, 2 Mohrrüben, 2 Lorbeerblätter, 4 Wacholderbeeren
Für den Radicchio: 4 Radicchio, 150 ml Rotweinessig, 250 ml Olivenöl, 3 Lorbeerblätter, 4 Wacholderbeeren, Salz
Für die Wirsingsauce: 1 Wirsingkopf, 2 Sardellenfilets, 1–2 TL Kapern, 1 TL Meerrettich, 1 Knoblauchzehe, 4 EL Olivenöl, Salz, 1 Prise Peperoncino
Zubereitungszeit (ohne Wartezeiten): 2–3 Stunden

Radicchio bereits am Vortag oder mehrere Stunden im Voraus zubereiten, da er einige Zeit in der Marinade ziehen muss. Radicchio putzen und längs vierteln. Essig, Öl und Gewürze in einem Topf aufkochen lassen. Den vorbereiteten Radicchio hineinlegen und bei mäßiger Hitze 10–12 Minuten schmoren. Vom Herd nehmen, in eine Glas- oder Porzellanschale umfüllen und zugedeckt 6 Stunden oder länger kühl stellen und ziehen lassen. Vor dem Servieren auf Zimmertemperatur erwärmen.
Die Lammkeule sorgfältig waschen und mit Küchenkrepp trockentupfen. Das Gemüse putzen und grob zerkleinern.
Lammfleisch in einen großen Topf legen und großzügig mit Wasser bedecken. Gemüse und Gewürze hinzufügen und zum Kochen bringen. Dann auf kleiner Flamme leise wallend sehr weich kochen.
Für die Wirsingsauce den Kohl entblättern und vom Strunk befreien. Die Blätter abbrausen und 3 Minuten in sprudelndem Salzwasser blanchieren. Abgießen und kalt abschrecken. Gut abtropfen lassen und feinstreifig aufschneiden. Wirsingstreifen mit den übrigen Zutaten pürieren.
Das Lammfleisch vom Knochen lösen, in Scheiben schneiden und mit Radicchio und Wirsingsauce servieren.

Cianchetti di maiale in dolceforte
Schweinshaxen in süß-saurer Sauce – Toskana

Süß-saure Geschmackskombinationen sind aus den Regionalküchen des modernen Italien fast vollständig verschwunden. Im Mittelalter und in der Renaissancezeit jedoch unterschied man noch nicht streng nach süßen und sauren oder salzigen Speisen. Man kombinierte vielmehr möglichst viele starke und kontrastierende Aromen, die unserem Gaumen heute fremdartig erscheinen.

Zweck dieser Würzfreudigkeit war damals freilich weniger die Hervorhebung, sondern eher das Übertönen der geschmacklichen Eigenheiten der Rohstoffe, die mangels moderner Lager- und Kühlvorrichtungen nicht immer von absolut einwandfreier Qualität waren.

Zutaten für 4 Personen:
4 vordere Schweinshaxen (wie für Ossobuco in Scheiben geschnitten), Salz und Pfeffer, 2 große Zwiebeln, 1 Selleriestängel, 1 Knoblauchzehe, 1 kleines Bund Petersilie, 4 EL Olivenöl, 200 ml Chianti Classico, 2 EL Tomatenpüree, ca. 350 ml Fleischbrühe, 4 EL ungesüßtes Kakaopulver, 2 EL Sultaninen, 2 EL Pinienkerne, 1 EL Rotweinessig
Zubereitungszeit: 2 ½ Stunden

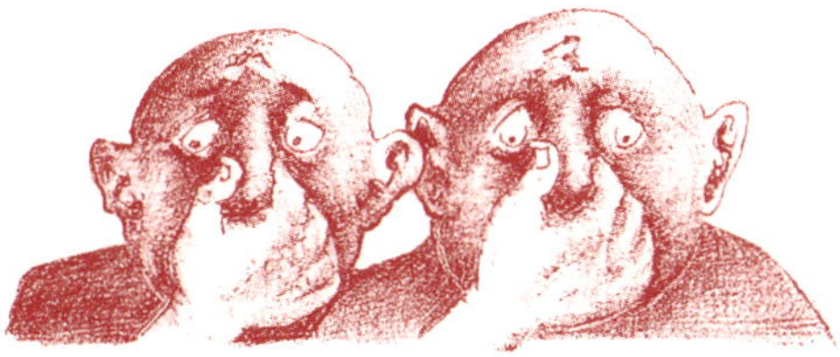

Beinscheiben mit Salz und Pfeffer einreiben. Das Gemüse und die Petersilie putzen und fein hacken.

Das Olivenöl in einem großen Schmortopf erhitzen. Das Fleisch hineingeben und über lebhafter Flamme rundum anbraten. Sobald das Fleisch Farbe genommen hat, das Gemüse hinzufügen und einige Minuten mitdünsten. Den Wein hinzugießen und auf die Hälfte einkochen lassen. Nun das Tomatenpüree einrühren, salzen und pfeffern. Topf verschließen und das Fleisch auf kleiner Flamme langsam gar schmoren (etwa 2 Stunden). Während des Garens immer wieder etwas Brühe hinzugießen, damit der Fond nicht austrocknet.

Gegen Ende der Garzeit Kakao, Sultaninen und Pinienkerne in die Sauce rühren. 10 Minuten mitschmurgeln lassen, damit sich die Aromen verbinden können. Mit Essig und Salz abschmecken. Heiß servieren.

Coniglio all'ischitana
Kaninchenragout nach der Art von Ischia – Kampanien

Zutaten für 4 Personen:
1 küchenfertiges Kaninchen von ca. 1200 g,
Salz und Pfeffer, 4 EL Olivenöl, 100 ml trockener Weißwein, 1 Rosmarinzweig, 250 g Tomatenwürfel,
20 schwarze entsteinte Oliven
Zubereitungszeit: 60 Minuten

Das Kaninchen in grobe Stücke zerteilen und diese mit Salz und Pfeffer einreiben.
Das Olivenöl in einer weiten Pfanne heiß werden lassen.
Die Kaninchenteile hineingeben und bei starker Hitze rundum bräunen.
Mit Weißwein ablöschen, Rosmarin, Tomatenwürfel und Oliven hinzufügen. Die Sauce zum Kochen bringen, dann die Wärmezufuhr reduzieren.
Kaninchen zugedeckt sanft gar schmoren (knapp 60 Minuten).

Coniglio in crosta
Kaninchen im Teigmantel – Piemont

Zutaten für 4 Personen:
200 g TK-Blätterteig, 1 kleines Kaninchen, Salz und Pfeffer, 4 EL Olivenöl, 1 gehackte Knoblauchzehe, 1 TL Rosmarinnadeln, 100 ml Weißwein, 1 Eigelb zum Bestreichen
Für die Füllung: 250 g Blattspinat, 2 EL Olivenöl, 4 Eier, 3 EL geriebener Parmesan, Muskat
Zubereitungszeit: 90 Minuten

Blätterteig auftauen lassen.
Das Kaninchen in Portionsstücke teilen, salzen und pfeffern. 2 Esslöffel Olivenöl in einem Schmortopf erhitzen. Die Kaninchenteile zusammen mit Knoblauch und Rosmarin darin anbraten und bräunen. Mit Weißwein ablöschen und zugedeckt auf kleiner Flamme gar schmoren (rund eine Stunde).
In der Zwischenzeit die Füllung zubereiten. Spinat waschen und verlesen und rasch in Olivenöl andünsten. Eier mit Parmesan, Salz und Pfeffer und einer Prise frisch geriebenem Muskat verquirlen. Die Eiermasse über den Spinat gießen und stocken lassen, bis sie die Konsistenz eines sehr weichen Omeletts erreicht.
Backherd auf 200 Grad vorheizen.
Eine Auflaufform mit dem restlichen Olivenöl auspinseln. Die geschmorten Kaninchenteile hineinschichten. Mit dem Omelett bedecken. Den Blätterteig auf einer Arbeitsfläche auf die Größe der Auflaufform ausrollen und die Form damit versiegeln. An den Rändern gut festdrücken.
Teigdeckel an mehreren Stellen einritzen. Aus Alufolie kleine Röhrchen formen und als »Kamine« in die Schlitze stecken, damit der beim Backen entstehende Dampf entweichen kann.
Ins heiße Rohr schieben und in rund 20 Minuten goldbraun überbacken. Heiß servieren.

Coniglio ripieno
Gefülltes Kaninchen – Ligurien

Zutaten für 4 Personen:
1 küchenfertiges Kaninchen à 1500 g, 1 Bund Suppengrün
Für die Füllung: 500 g Mangold, ¼ Kopfsalat, 1 Bund Petersilie, 1 kleine Zwiebel, 1 TL Majoran, 1 in Milch eingeweichtes Brötchen, 2 Eier, 2 EL geriebener Grana oder Parmesan, 1 Prise Muskat, Salz und Pfeffer, 1 EL Olivenöl
Zubereitungszeit: 75 Minuten

Für die Füllung das Mangoldgrün von den dicken Blattrippen streifen. Mangold- und Salatblätter waschen und gut abtropfen lassen. Dann zusammen mit Petersilie, Zwiebel und Majoran fein hacken und in einer Schüssel vermischen. Das Brötchen sorgfältig auswringen und grob zerpflücken. Mit Eiern und Käse unter die Gemüsemasse heben. Mit Muskat, Salz und Pfeffer abschmecken und mit dem Olivenöl geschmeidig rühren.
Einen großen Topf Wasser zum Kochen bringen.
Inzwischen das Kaninchen waschen und trockentupfen. Leber und Nieren (falls vorhanden) entfernen, weil sie den Sud sonst bitter werden lassen.
Den Bauch des Kaninchens mit der Farce füllen. Die Öffnung mit Küchengarn verschließen. Kaninchen und Suppengrün in den Topf geben und leicht salzen. Wieder zum Kochen bringen, dann leise wallend garen (rund 60 Minuten). Aus dem Topf heben, in Portionsstücke teilen und heiß servieren.

Cosce di coniglio al Sangiovese
Kaninchenkeulen in Sangiovese – Romagna

Sangiovese ist eine der wichtigsten italienischen Rotweinsorten. Sie stammt vermutlich aus der Toskana, wird aber praktisch in ganz Mittelitalien angebaut. Sie liefert den Hauptanteil für den Chianti, und in der Romagna macht man daraus den bekannten Sangiovese di Romagna.

Zutaten für 4 Personen:
4 Kaninchenkeulen, ½ Zwiebel, 1 Rosmarinzweig, 500 ml Sangiovese, 1 EL Olivenöl, 2 EL Butter, 1 gehackte Knoblauchzehe, Salz und Pfeffer, ca. 250 ml Fleisch- oder Gemüsebrühe, 1 TL Mehl
Zubereitungszeit (ohne Ruhezeit): 60 Minuten

Die Kaninchenkeulen in eine Schale schichten. Die Zwiebel in dünne Ringe hobeln und zusammen mit dem Rosmarin über dem Fleisch verteilen. Mit Sangiovese übergießen und mehrere Stunden oder über Nacht ziehen lassen.
Fleisch aus der Marinade heben und trockentupfen. Olivenöl und einen Esslöffel Butter in einer Pfanne erhitzen. Den Knoblauch hellgelb dünsten. Die Keulen in die Pfanne setzen und bei starker Hitze rundum bräunen. Salzen und pfeffern und mit der Marinade ablöschen. Zugedeckt auf kleiner Flamme gar schmoren (gut 45 Minuten), dabei ab und zu etwas Brühe angießen.
Die Kaninchenkeulen auf einer Servierplatte anrichten und warm stellen. Die restliche Butter mit dem Mehl verkneten. Die Sauce auf die gewünschte Konsistenz einkochen lassen und mit der Mehlbutter verfeinern. Über die Kaninchenkeulen gießen und zu Tisch bringen.

Fagottini di lattuga al sugo di pomodoro
Kopfsalatpäckchen in Tomatensauce – Ligurien

Zutaten für 4 Personen:
250 g gemischtes Hackfleisch, 100 g Mortadella, 50 g geräucherter Käse (z.B. Provola), 1 in Milch eingeweichtes Brötchen, 1 Knoblauchzehe, 1 Büschel Basilikum, 1 kleines Bund Petersilie, 1 Ei, Salz und Pfeffer, 1 Kopfsalat, 1 EL Olivenöl, 1 EL Butter, 50 ml trockener Weißwein, 250 g Tomatenpüree
Zubereitungszeit: 50 Minuten

Das Hackfleisch in eine Schüssel geben. Mortadella, Käse, das eingeweichte Brötchen, Knoblauch sowie jeweils die Hälfte von Basilikum und Petersilie sehr fein hacken und mit dem Hackfleisch vermischen. Die Masse mit dem Ei binden und zurückhaltend salzen und pfeffern.
Den Kopfsalat entblättern. 8 oder 12 schöne große Blätter auswählen und eine Minute in kochendem Salzwasser blanchieren. Abgießen, kalt abschrecken und auf einer Arbeitsfläche ausbreiten. Eventuell die dicken Blattrippen flach drücken, damit sich die Blätter später leichter aufrollen lassen.
Jeweils eine Portion Hackfleischmasse in die Mitte der Salatblätter setzen. Die Blätter an den Seiten einschlagen und eng aufrollen. Mit Küchengarn zu Päckchen verschnüren.
Öl und Butter in einer weiten Pfanne erhitzen. Die Päckchen hineinsetzen und rundum bräunen. Mit Weißwein ablöschen. Das Tomatenpüree hinzugießen, die restlichen Kräuter einstreuen, salzen und pfeffern. Auf kleiner Flamme rund 20 Minuten schmurgeln lassen.
Die Salatpäckchen auf Teller verteilen und mit der Tomatensauce servieren.

Involtini ai pinoli
Kalbsröllchen mit Pinienkernen – Lombardei

Zutaten für 4 Personen:
50 g Pinienkerne, 100 g Schinkenwürfel, 1 Eigelb, 2 EL geriebener Parmesan, 4 dünne Kalbsrouladen, 2 EL Butter, 100 ml trockener Weißwein, 1 TL Thymian, Salz und Pfeffer, ca. 250 ml Brühe, 1 TL Mehl
Zubereitungszeit: 60 Minuten

Pinienkerne ohne Zugabe von Fett in einem Pfännchen goldbraun rösten. Beiseite stellen.
Schinkenwürfel mit Eigelb und Parmesan vermischen. Kalbsrouladen auf einer Arbeitsfläche ausbreiten und mit der Schinkenmasse bedecken. Die Rouladen aufrollen und mit Zahnstochern oder Küchenfaden fixieren.
Einen Esslöffel Butter in einer Pfanne erhitzen. Die Kalbsröllchen hineinsetzen und kräftig anschmoren. Mit Weißwein ablöschen und mit Thymian, Salz und Pfeffer würzen. Die Pinienkerne einstreuen (ein paar zum Garnieren zurückbehalten). Kalbsröllchen zugedeckt auf kleiner Flamme gar schmoren (etwa 20 Minuten). Während des Garens immer wieder etwas Brühe hinzugießen.
Kalbsröllchen aus der Pfanne heben und warm stellen. Die restliche Butter mit dem Mehl verkneten. Die Sauce auf die gewünschte Konsistenz reduzieren und mit der Mehlbutter verfeinern.
Kalbsröllchen auf einer Platte anrichten und mit der Sauce überziehen. Mit den restlichen Pinienkernen garnieren.

Maiale alle erbe
Schweinebraten mit frischen Kräutern – Friaul

Dorfpfarrer und Tierarzt durften sich im ländlichen Friaul auf ein gutes Stück Schweinefleisch vom Bauern freuen. Man wollte sich damit diese Helfer günstig stimmen, wußte man doch, dass im seelischen oder veterinärmedizinischen Notfall so ein köstlicher Braten meist Wunder wirkte …

Zutaten für 4 Personen:
1200 g Schweinskarre
e, 1 EL Rosmarinnadeln, 1 Handvoll Salbeiblätter,
1 EL Thymian, 2 Knoblauchzehen, Salz und Pfeffer, 50 g Butter, 250 ml trockener
Weißwein, evtl. 150 ml Fleisch- oder Gemüsebrühe
Zubereitungszeit: 90 Minuten

Bratröhre auf 200 Grad vorheizen.
Das Schweinskarree sorgfältig waschen und trockentupfen. Kräuter und Knoblauch fein hacken und in einem Schälchen vermengen. Einen Teelöffel Salz und schwarzen Pfeffer aus der Mühle unterrühren.
Das Fleischstück rundum mit dieser Würzmischung einreiben, in einen Bräter setzen und mit Butterflöckchen bedecken. Ins heiße Rohr schieben und etwa 10 Minuten bräunen. Brattemperatur nun auf 180 Grad reduzieren und das Fleischstück mit Weißwein übergießen.
Während des Bratens mehrmals wenden und immer wieder mit dem Bratfond beschöpfen. Sollte der Fond zu stark einkochen, mit heißer Brühe ergänzen. Nach insgesamt 75 Minuten Garzeit ist das Bratenstück innen noch ganz leicht rosa (was heutzutage erlaubt ist). Wenn Sie das Fleisch stärker durchgebraten genießen möchten, entsprechend länger garen.

Pecora in umido
Sauer geschmortes Schaffleisch – Toskana

Das winterlich-deftige Gericht aus Schaffleisch findet man heute sehr selten. Nur in der Umgebung von Florenz hat es überlebt. In Campi Bisenzio wird sogar alljährlich eine *Sagra della pecora,* ein Schaffest, abgehalten. Die Besucherscharen drängen sich dort nicht nur bei den Tierschauen, sondern auch und vor allem an den Ess-Ständen, an denen man verschiedene Spezialitäten aus Schaffleisch probieren kann.

Zutaten für 4–6 Personen:
1 kg Schaffleisch, 2 Zwiebeln, 3 Selleriestängel,
2 Mohrrüben, 3 Knoblauchzehen, 10 Salbeiblätter, 1 EL Rosmarinnadeln,
1 getrockneter Peperoncino, 4 EL Olivenöl, Salz und Pfeffer, 250 ml trockener Rotwein, 500 g Tomatenpüree
Zubereitungszeit: 3 Stunden

Das Schaffleisch in gulaschgroße Würfel schneiden und beiseite stellen. Zwiebeln, Sellerie und Mohrrüben putzen und fein würfeln. Knoblauch, Salbei, Rosmarin und Peperoncino fein hacken.
Das Olivenöl in einem Schmortopf erhitzen. Gemüse und Kräuter darin andünsten, salzen und pfeffern. Sobald das Gemüse zu bräunen beginnt, das Fleisch hinzufügen und rundum anbraten. Mit Wein ablöschen und einkochen lassen. Das Tomatenpüree einrühren, salzen und pfeffern. Abdecken und in gut 2 Stunden auf kleiner Flamme weich schmoren. Sollte die Sauce zu stark einkochen, ab und zu etwas Wasser nachgießen.
Das Schaffleisch in der Sauce servieren. Als Beilagen gibt es dazu traditionsgemäß Erbsen oder Kartoffelpüree.

Piedi di maiale con verza
Schweinefüßchen mit Wirsing – Abruzzen

Als es noch keine ausgefeilte Kühltechnik gab, wurde das Schlachten der Schweine naturgemäß in die kalte Jahreszeit gelegt. Den ganzen Winter über gab es dann in den Dörfern der Abruzzen Feste, auf denen frisch geschlachtetes Schweinefleisch verzehrt wurde. Den Höhepunkt bildete dabei *Sant'Antonio del porcello,* das Schweinefest zu Ehren des heiligen Antonius am 17. Januar. Dafür wird in der ersten Septemberwoche ein besonderes Schweinchen gekauft, das ein Glöckchen um den Hals gebunden bekommt und bis zum Festtag frei im Dorf herumstromern darf.

Zutaten für 4 Personen:
1 kg küchenfertige Schweinefüßchen, 1 Bund Suppengrün, 1 Zwiebel, 3 Knoblauchzehen, 500 g Wirsing, Salz und Pfeffer
Zubereitungszeit: 2 Stunden

Die Schweinefüßchen sorgfältig waschen und in einen großen Topf geben. Das Suppengrün sowie die geschälte Zwiebel und die Knoblauchzehen hinzufügen. Großzügig mit Wasser bedecken und zum Kochen bringen. Abschäumen und bei milder Hitze etwa 90 Minuten wallen lassen, bis die Schweinefüßchen gar sind.
Den Wirsing putzen, grob zerkleinern und die letzten 30 Minuten mitgaren. Salzen und pfeffern.
Schweinefüßchen und Wirsing auf Teller verteilen, nach Wunsch mit etwas Brühe servieren.

Polpette di pelliccia
Fleischbällchen mit Kartoffeln – Toskana

Eine *pelliccia* ist ein Pelz oder ein Pelzmantel, doch mit diesem hat dieses Gericht nur wenig zu tun. Vielmehr suchte man in härteren Zeiten, als Fleisch nur selten auf den Tisch kam, nach einem Weg, Kindern die ewigen Sparrezepte schmackhaft zu machen. Und so ersann man die Figur des Signor Pelliccia, ein Edelmann in einem wunderschönen Pelzmantel, der ganz verrückt nach diesen einfachen Fleischbällchen war. Analog gibt es auch einen Stufato di pelliccia – ein Schmorbraten mit viel Kartoffeln und wenig Fleisch!

Zutaten für 4 Personen:
5 mittelgroße Kartoffeln, ½ altbackenes Brötchen, 100 ml Milch,
150 g gekochtes Rindfleisch, 2 Knoblauchzehen, 1 kleines Bund Petersilie,
die abgeriebene Schale von ½ Zitrone, Salz und Pfeffer, 2–3 Eier, Mehl und
Semmelbrösel zum Panieren, 4 EL Olivenöl
Zubereitungszeit: 60 Minuten

Kartoffeln mit der Schale weich kochen. In der Zwischenzeit das Brötchen in Milch einweichen und das Rindfleisch durch den Fleischwolf drehen. Knoblauch schälen und fein hacken, Petersilie ebenfalls fein hacken.
Die Kartoffeln abgießen und pellen. Zusammen mit dem Rindfleisch in eine Schüssel geben. Knoblauch, Petersilie und abgeriebene Zitronenschale hinzufügen und gründlich vermischen. Salzen und pfeffern. Das Brötchen ausdrücken und in die Fleischmasse einarbeiten. Den Teig zunächst mit zwei Eiern geschmeidig machen, eventuell das dritte Ei hinzufügen.

Etwa je eine Handvoll Mehl und Semmelbrösel auf einen Teller streuen und vermischen. Den Fleischteig zu Bällchen formen und in der Mehlmischung wenden.

Die panierten Fleischbällchen in Olivenöl knusprig braten. Kurz auf Küchenkrepp abtropfen lassen und heiß servieren.

Polpette in salsa di pomodoro
Fleischplätzchen in Tomatensauce – Emilia

Auch bei sogenannten Sparrezepten wird die emilianische Küche ihrem Ruf gerecht, denn die Zutaten gestalten sich sogar hier üppig und verschwenderisch. Neben Fleischresten gehören auch Mortadella und Bratwurstmasse in den Teig. Traditionsgemäß isst man zu diesen Polpette einen Salat aus jungem Löwenzahn.

Zutaten für 4–6 Personen:
Für die Sauce: 1 kleine Zwiebel, 1 Selleriestängel, 1 Mohrrübe, 2 EL Olivenöl, 250 g Tomatenpüree, 200 g Sahne, Salz und Pfeffer
Für die Fleischplätzchen: 400 g möglichst mageres, gemischtes Hackfleisch, 200 g Mortadella, 50 g grobe Bratwurstmasse, 100 g geriebener Parmesan, 1 Ei, Salz und Pfeffer, Muskat, Semmelbrösel zum Panieren
Zubereitungszeit: 50 Minuten

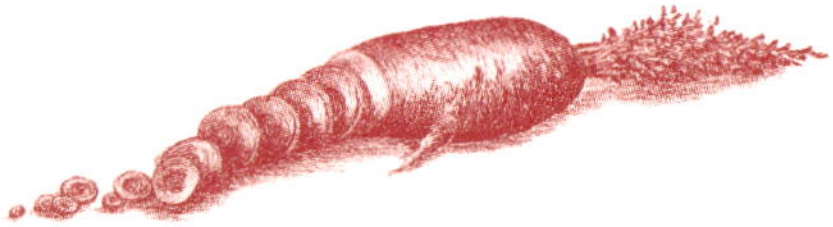

Für die Sauce Zwiebel, Sellerie und Mohrrübe putzen und fein hacken. In Olivenöl unter regelmäßigem Wenden andünsten. Nach rund 5 Minuten das Tomatenpüree und die Sahne hinzufügen. Salzen und pfeffern. Die Sauce zum Kochen bringen, dann auf kleiner Flamme rund 30 Minuten schmurgeln lassen.

In der Zwischenzeit die Polpette zubereiten. Das Hackfleisch in eine Schüssel geben. Die Mortadella winzig fein hacken, die Bratwurstmasse zerkrümeln und beides unter das Hackfleisch heben. Parmesan und Ei einarbeiten. Die Masse mit Salz und Pfeffer sowie frisch geriebenem Muskat herzhaft abschmecken.

Die Fleischmasse zu knapp handtellergroßen Plätzchen formen und in Semmelbröseln wenden. Überschüssige Semmelbrösel abklopfen. Die Plätzchen in die Tomatensauce legen und langsam darin garen.

Polpettone ripieno
Gefüllter Hackfleischstrudel – Kampanien

Zutaten für 4–6 Personen:
Für die Füllung: 500 g Blattspinat, 1 EL Olivenöl, 100 g Parmaschinken, 100 g Provolone oder Fontina, 6 hart gekochte Eier, 2 gewürfelte Tomaten
Für die Fleischmasse: 2 altbackene Brötchen ohne Rinde, 100 ml lauwarme Milch, 600 g Hackfleisch, 250 g grobe italienische Bratwurstmasse, 2 EL geriebener Pecorino oder Parmesan, 2 Eier, Salz und Pfeffer, evtl. Semmelbrösel
Zubereitungszeit: 1½ – 2 Stunden

Für die Fleischmasse zunächst die Brötchen grob zerpflücken und in Milch einweichen.
Für die Füllung den Spinat gründlich waschen und verlesen, die dicken Stiele abtrennen. Das Olivenöl in einer Pfanne erhitzen. Den Blattspinat hinzufügen und unter ständigem Wenden rasch zusammenfallen lassen. Salzen und pfeffern und in einem Sieb abtropfen lassen.
Die Brötchen aus der Milch heben, mit den Fingern die überschüssige Feuchtigkeit auspressen. Brötchen in eine Schüssel geben. Hackfleisch und Bratwurstmasse hinzufügen, dann Käse und Eier einarbeiten. Salzen und pfeffern und zu einem gleichmäßigen Teig verarbeiten. Sollte die Masse zu feucht wirken, eventuell mit ein paar Semmelbröseln binden.
Backofen auf 180 Grad vorheizen. Ein Backblech mit Backtrennpapier oder Alufolie auslegen. Die Fleischmasse auf einer Fläche von ungefähr 45 x 30 Zentimeter gleichmäßig darauf verstreichen. Den Spinat auf dem Fleisch verteilen und mit dem Parmaschinken abdecken. Den Käse stifteln und über dem Schinken verstreuen. Die Eier schälen und längs in einer Reihe auf das vorbereitete Fleischbett setzen. Die Tomatenwürfel zu beiden Seiten der Eier verteilen.
Nun mit Hilfe des Backtrennpapiers die Fleischmasse wie einen Strudel aufrollen. Die Enden fest andrücken. Papier oder Folie nach Möglichkeit abziehen oder zumindest an den Seiten umschlagen, damit das Fleisch durchbraten kann.
Den Strudel ins heiße Rohr schieben und etwa 60 Minuten braten. Vor dem Anschneiden 10–15 Minuten ruhen lassen.

Rifritta di maiale e mele
Schweinefleisch mit Äpfeln – Abruzzen

Die Köhler, die lange Monate in den waldreichen Gegenden der Abruzzen zubrachten, bereiteten Schweinefleisch traditionell nach diesem Rezept zu. Als Beilage gab es bei ihnen Polenta, dicke Bohnen oder Pasta, was dann *alla carbonara*, nach Art der Köhler, hieß.

Zutaten für 4–6 Personen:
750 g durchwachsenes Schweinefleisch, 1 Knoblauchknolle, 2 EL Olivenöl, 1 kleines Rosmarinsträußchen, 1 getrockneter Peperoncino, Salz, 200 ml trockener Weißwein, 4–5 säuerliche Äpfel, 1 Orange (nach Wunsch)
Zubereitungszeit: 90 Minuten

Das Fleischstück in einen Topf geben und mit Wasser bedecken. Zum Kochen bringen und in 30–40 Minuten das Fett auskochen. Abgießen und abkühlen lassen.
Die Knoblauchknolle in einzelne Zehen zerteilen und diese schälen.
Das Fleisch in grobe Würfel schneiden und in Olivenöl anbraten. Knoblauch, Rosmarin und den zerkrümelten Peperoncino hinzufügen und salzen. Mit Weißwein übergießen und zugedeckt 20 Minuten schmoren.
Inzwischen die Äpfel schälen, entkernen und in Spalten schneiden. Nach Wunsch die Orange filetieren. Das Obst zum Fleisch geben und weitere 20 Minuten schmoren.

Scaloppine alla pizzaiola
Kalbsschnitzel mit Mozzarella und Tomatensauce – Kampanien

Zutaten für 4 Personen:
1 Mozzarella di bufala (125 g), 1 gehäufter EL Kapern, 4 EL Olivenöl, 250 g Tomatenpüree, Salz und Pfeffer, ½ TL getrockneter Oregano, 4 hauchdünne Kalbsschnitzel, Mehl zum Wenden
Zubereitungszeit: 35 Minuten

Mozzarella abtropfen lassen und in Scheiben schneiden. Die Kapern abtropfen lassen, dann die Hälfte davon sehr fein hacken.
2 Esslöffel Olivenöl in einer weiten Pfanne erhitzen. Das Tomatenpüree einrühren und mit Salz, Pfeffer und Oregano würzen. Sanft zum Kochen bringen.
Inzwischen die Kalbsschnitzel in etwa handtellergroße Scheiben schneiden. In Mehl wenden, überschüssiges Mehl abklopfen. Das restliche Olivenöl in einer Pfanne erhitzen und die Kalbsscheiben rasch darin bräunen. Herausheben und auf Küchenkrepp abtropfen lassen.
Kalbsschnitzel nun in die Tomatensauce setzen. Auf den Fleischscheiben die ganzen und gehackten Kapern sowie die Mozzarellascheiben verteilen. Die Pfanne zudecken und die Schnitzel 5–10 Minuten darin garen, bis der Käse schmilzt. Auf vorgewärmte Teller setzen, mit Tomatensauce umgeben und heiß servieren.

Stracotto al Chianti Classico
Rinderbraten in Chianti Classico – Toskana

Dieser Braten ist etwas für Wintertage, die selbst in der Toskana ungemütlich kalt werden können. Den Beginn des Winters setzen die Toskaner für San Frediano, den 18. November an, an dem Spruchweisheiten zufolge der erste Schnee fällt (*San Frediano – la neve al monte e al piano*) und man vor Kälte mit den Zähnen zu klappern beginnt (*I denti della vecchia San Frediano l'aspetta*). Dem heiligen Bischof ist in Lucca eine schöne Kirche aus dem 12./13. Jahrhundert geweiht.

Zutaten für 4–6 Personen:
1200 g Rinderbraten (Schulter), 6 Knoblauchzehen, 1 kleines Bund Petersilie, ½ Peperoncino, 150 g Pinienkerne, 150 g Sultaninen, 4 getrocknete Feigen, 4 Dörrpflaumen, Salz und Pfeffer, 4 Mohrrüben, 3 Zwiebeln, 4 EL Olivenöl, 1 Flasche (750 ml) Chianti Classico, evtl. 150 ml Fleisch- oder Gemüsebrühe
Zubereitungszeit: 3 Stunden

Das Bratenstück säubern. Knoblauch, Petersilie, Peperoncino, die Hälfte der Pinienkerne und der Trockenfrüchte zu einer groben Paste pürieren. Den Braten gründlich mit Salz und Pfeffer einreiben, anschließend mit der Paste bedecken.
Mohrrüben und Zwiebeln in dünne Scheiben schneiden und in einen Schmortopf legen. Das Olivenöl hinzufügen. Das Bratenstück darauf betten und zugedeckt eine Stunde schmoren. Nun die restlichen Pinienkerne und Trockenfrüchte hinzufügen und mit Chianti auffüllen. Abdecken, wieder zum Kochen bringen und leise weiterschmoren, bis das Fleisch gar ist. Eventuell die Brühe hinzugießen, damit die Sauce nicht zu stark einkocht.
Das Fleisch in Scheiben schneiden und mit der Sauce servieren.

Stufato d'asino
Eselsbraten – Piemont

Die piemontesische Stadt Borgomanero verdankt einer hübschen Legende zufolge ihre Entstehung einem Eselsbraten: Eine Gruppe Pilger befand sich auf dem Rückweg von der Insel San Giulio im Ortasee. Auf der langen Reise gingen den Pilgern schließlich die Nahrungsvorräte aus, sodass sie beschlossen, die Esel ihrer kleinen Karawane zu vertilgen. Da sie nun aber keine Transportmittel mehr besaßen, ließen sie sich an Ort und Stelle nieder und gründeten Borgomanero – was »an diesem Ort will ich bleiben« heißt.

Zutaten für 4 Personen:
1 kg Eselsfleisch (Schulter oder Nacken), 1 Flasche (750 ml) Barbera d'Asti, 100 g Speck, 1 Knoblauchzehe, 1 TL Rosmarinnadeln, 2 Lorbeerblätter, 1 große Zwiebel, 2 EL Olivenöl, 1 EL Butter, Salz und Pfeffer, 1 kleine Zimtstange
Zubereitungszeit (ohne Ruhezeiten): 5 Stunden

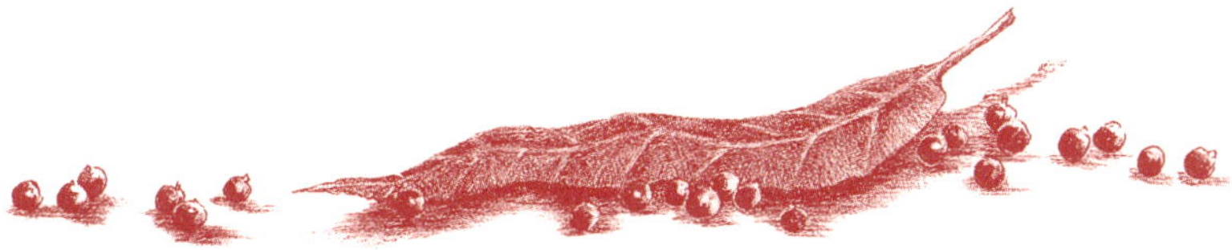

Das Fleisch mit Rotwein übergießen und 24 Stunden zugedeckt ziehen lassen. Während dieser Zeit mehrmals wenden.
Am nächsten Tag Fleisch aus der Marinade heben, gut abtropfen lassen und in grobe Würfel schneiden.
Speck, Knoblauch, Rosmarin und Lorbeer fein hacken bzw. zerstoßen. Die Zwiebel in dünne Ringe schneiden und mit dem Hack aus Speck und Kräutern sanft in Öl und Butter andünsten; ab und zu wenden. Die Fleischwürfel hinzufügen und rundum Farbe nehmen lassen. Salzen und pfeffern. Das Zimtstück und die Hälfte des Weins hinzufügen. 20 Minuten auf lebhafter Flamme köcheln lassen, dann den restlichen Wein hinzugießen.
Topf verschließen und mit dem eigentlichen Stufato-Ritual beginnen: Ein Stufato wird stundenlang auf kleiner Flamme gegart, wobei der Garprozess mindestens zweimal für 2 Stunden oder länger unterbrochen wird. Auf diese Weise wird das Eselsfleisch schön mürbe.
Mit Polenta als Beilage servieren (s. Rezept auf Seite 244).

Tomaxelle
Kalbsrouladen – Ligurien

Eine besonders edle und wohlschmeckende Version der Kalbsrouladen ist in der Küche Genuas zu Hause. Angeblich kreierte man diese Speise für die österreichischen Offiziere, die während der Belagerung Genuas 1800 gefangen genommen wurden.

Zutaten für 4 Personen:
20 g getrocknete Pilze, 1 altbackenes Brötchen ohne Rinde, 100–200 ml Fleisch- oder Gemüsebrühe, 2 Knoblauchzehen, 1 Bund Petersilie, 50 g Pinienkerne, 200 g Tatar vom Kalb, 2 Eier, 2 EL geriebener Parmesan, Salz und Pfeffer, 8 hauchdünne Kalbsschnitzel, 3 EL Olivenöl, 50 ml trockener Weißwein, Sugo di manzo (s. Seite 257) oder Tomatensauce (z. B. Seite 251)
Zubereitungszeit: 60 Minuten

Die Pilze 15 Minuten in heißem Wasser einweichen, das Brötchen in 100 ml warmer Brühe einweichen. Inzwischen Knoblauch, Petersilie und Pinienkerne fein hacken und in eine Schüssel geben.
Pilze abtropfen lassen und fein hacken, das Brötchen abtropfen lassen und grob zerpflücken. Beides unter die Knoblauchmischung heben. Tatar, Eier und Parmesan einarbeiten. Die Füllmasse mit Salz und Pfeffer abschmecken.
Die Kalbsschnitzel auf einer Arbeitsfläche ausbreiten und flach klopfen. Die Füllmasse gleichmäßig auf den Schnitzeln verteilen. Zu Rouladen rollen und mit Küchenfaden oder Zahnstochern fixieren.
Das Öl in einer Pfanne erhitzen. Die Rouladen in 2 Minuten rundum bräunen. Mit Weißwein ablöschen, dann Sugo oder Tomatensauce hinzufügen und zugedeckt auf kleiner Flamme 25 Minuten schmoren. Eventuell etwas Brühe angießen, damit die Sauce nicht austrocknet.
Die Rouladen auf einer vorgewärmten Servierplatte anrichten und warm stellen. Die Sauce durch ein Sieb streichen und die Rouladen damit überziehen. Dazu Kartoffelpüree oder Polenta (s. Rezept auf Seite 244) servieren.

Valigini
Gefülltes Schweinefleisch – Emilia

»Köfferchen« nennen sich treffend diese kleinen Päckchen aus Schweinefleisch, die eine Füllung aus Mortadella und Gewürzen umschließen. Analog dazu gibt es das Rezept für den »Valigione«, den »großen Koffer«, bei dem eine große Scheibe Fleisch um diese Füllung gewickelt wird.

Zutaten für 4 Personen:
60 g Mortadella, 1 Knoblauchzehe, 1 kleines Bund Petersilie, 1 Ei, 4–5 EL geriebener Parmesan oder Grana, evtl. 1–2 EL Semmelbrösel, 4 dünne Schweineschnitzel, 1 kleine Zwiebel, 4 EL Butter, ca. 250 ml Fleisch- oder Gemüsebrühe, 100 ml Tomatenpüree, Salz und Pfeffer
Zubereitungszeit: 60 Minuten

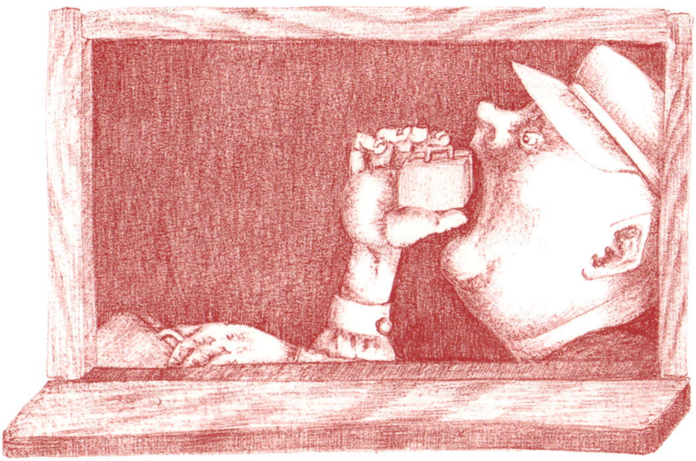

Die Mortadella in sehr kleine Würfel schneiden, Knoblauch und Petersilie fein hacken. Mit Ei und Parmesan zu einer glatten Füllmasse verarbeiten. Eventuell mit Semmelbröseln binden.
Die Schnitzel auf einer Arbeitsfläche ausbreiten und mit der Mortadellamasse bestreichen. Zu Rouladen aufrollen und mit Küchenfaden verschnüren.
Die Zwiebel fein hacken und in Butter andünsten. Die »Köfferchen« in die Pfanne setzen und rundum bräunen. Die Brühe und das Tomatenpüree angießen, salzen und pfeffern. Zum Kochen bringen, dann 40 Minuten auf kleiner Flamme schmoren.

Zampetti di maiale con fagioli
Schweinefüßchen mit weißen Bohnen – Marken

Die sparsamen Bauern der Marken konservierten Schweinefüßchen unter einer Salzschicht oder in einer Marinade; im Winter wurden die Füßchen auch frisch gegessen. Der Sud, in dem die Schweinefüßchen garen, lässt sich mit abgeriebener Zitronenschale und Thymian würzen und ergibt eine ausgezeichnete Grundlage für Sülzen.

Zutaten für 4 Personen:
250 g getrocknete weiße Bohnenkerne, 4 Schweinefüßchen, Saft und Schale von ½ Zitrone, ½ TL getrockneter Thymian, 1 Zwiebel, 1 Mohrrübe, 1 Selleriestängel, 4 EL Olivenöl, 250 g Tomatenpüree, 100 ml Brühe, Salz und Pfeffer
Zubereitungszeit (ohne Ruhezeiten): 90 Minuten

Die Bohnen in eine Schüssel geben, mit kaltem Wasser bedecken und 6 Stunden einweichen.
Die Bohnen abgießen, mit frischem Wasser aufsetzen und in rund 90 Minuten weich kochen.
Die Schweinefüßchen putzen und 30 Minuten in mit Zitronensaft gesäuertes Wasser legen.
Anschließend die Schweinefüßchen in einen Topf geben und mit Wasser bedecken. Mit Zitronenschale, einem Teelöffel Salz und Thymian würzen und 30 Minuten auskochen. Die Füßchen herausheben und etwas abkühlen lassen, dann in grobe Stücke schneiden und das sichtbare Fett entfernen.
Zwiebel, Mohrrübe und Sellerie putzen, fein hacken und in Olivenöl andünsten. Die Schweinefüßchen hinzufügen und rundum anrösten. Das Tomatenpüree und etwas Brühe hinzufügen, salzen und pfeffern. Zugedeckt 45 Minuten schmurgeln lassen.
Die weich gekochten Bohnen abgießen und zu den Schweinefüßchen geben. Gründlich vermischen, herzhaft abschmecken und servieren.

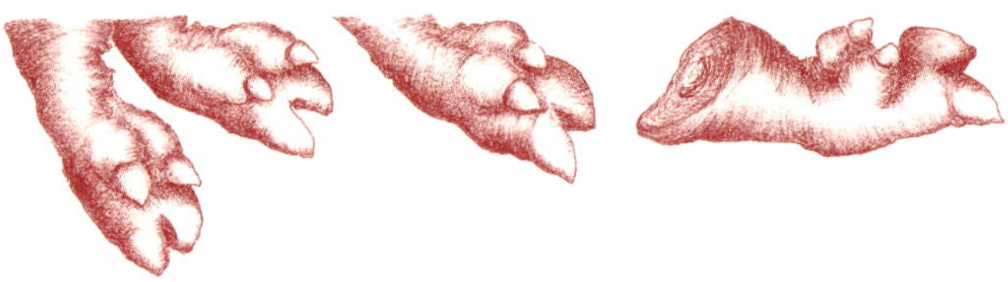

Zucchine ripiene
Zucchini mit Hackfleischfüllung – Emilia

Zutaten für 4 Personen:
1 kg mittelgroße Zucchini, Tomatensauce (siehe z. B. Seite 251), 4 EL Butter, 4 EL geriebener Parmesan
Für die Füllung: 350 g Hackfleisch, 3 Eigelb, 1 EL Olivenöl, 1 EL Butter, 100 g geriebener Parmesan oder Grana, 1 EL Semmelbrösel, Salz und Pfeffer
Zubereitungszeit: 90 Minuten

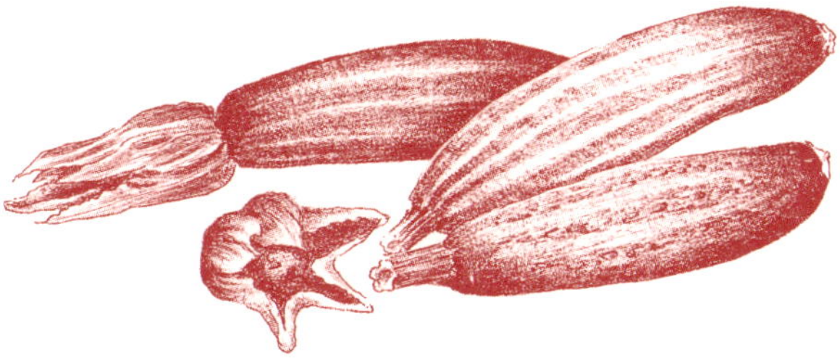

Backrohr auf 180 Grad vorheizen.
Zucchini putzen und längs halbieren. Mit einem Löffel das Fruchtfleisch ausschaben, dabei einen zentimeterbreiten Rand stehen lassen.
Das Fruchtfleisch fein hacken und in eine Schüssel geben. Mit den Zutaten für die Füllung vermischen und herzhaft abschmecken. Die Hackfleischmasse in die ausgehöhlten Zucchinihälften füllen.
Die Tomatensauce auf dem Boden einer Auflaufform verteilen. Die Zucchinihälften hineinsetzen und mit Butterflöckchen und geriebenem Parmesan bedecken. Im heißen Rohr 60 Minuten backen.

Pollame, selvaggina ed interiora – Geflügel, Wild und Innereien

Cappone con le noci
Kapaun mit Walnussfüllung – Lombardei

Kapaun gehört zu den besonderen Leckerbissen der lombardischen Küche. Kapaun, ein kastriertes und dann gemästetes Hähnchen, besitzt ein besonders zartes und wohlschmeckendes Fleisch. Für dieses traditionelle Weihnachtsmenü gart man den Kapaun in Brühe und reicht ihn dann zum Hauptgang, während die ausgezeichnete Brühe mit Ravioli oder Tortellini als Primo piatto gegessen wird.

Zutaten für 4 Personen:
1 entbeinter Kapaun (ca. 1750 g), Salz und Pfeffer, 1 Bund Suppengrün, 1–2 altbackene Brötchen ohne Rinde, ca. 150 g Sahne, 100 g gehackte Walnüsse, 4 EL geriebener Parmesan, 2 EL gehackte Petersilie, 2 EL weiche Butter, Muskat, 1–2 Eier und Semmelbrösel zum Binden
Zubereitungszeit: 2 Stunden

Kapaun innen und außen mit Salz und Pfeffer einreiben.
Das Suppengrün putzen, in einen großen Topf Wasser geben und zum Kochen bringen.
Für die Füllung die Brötchen in 100 Gramm Sahne einweichen. Walnüsse, Parmesan, Petersilie und weiche Butter verkneten. Die Brötchen auswringen und untermengen. Die Masse mit Salz, Pfeffer und frisch geriebenem Muskat herzhaft abschmecken. Mit Ei und Semmelbröseln binden.
Die Füllmasse in den Kapaun geben. Die Öffnungen mit Küchenfaden sorgfältig verschließen. In die kochende Suppe geben und auf kleiner Flamme knapp 2 Stunden leise wallen lassen. Nach der Hälfte der Garzeit salzen.
Den Kapaun aus der Brühe heben, in Scheiben schneiden und mit der Füllung servieren.
Als Beilage gibt es die klassische Mostarda (s. Seite 239).

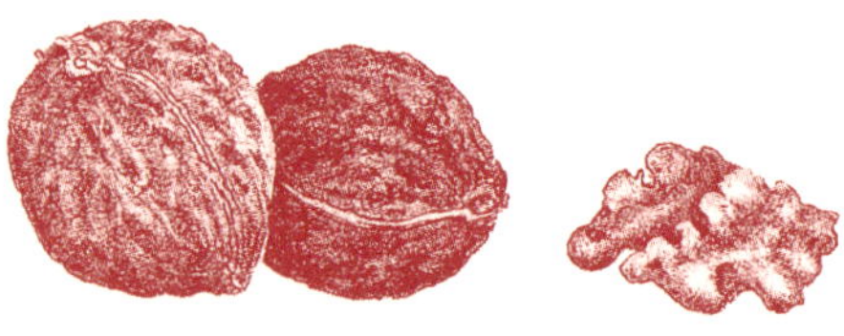

Capriolo in çivet
Rehragout – Friaul

Obwohl das Weinbauland Friaul in erster Linie für seine Weißweine bekannt ist, gedeihen dort auch hervorragende Rotweine. Neben den großen internationalen Sorten wie Cabernet oder Merlot werden nach wie vor auch einige bodenständige Rotweinreben wie beispielsweise die Refosco dal peduncolo rosso angebaut. Dieser Wein passt vorzüglich zum friulanischen Rehragout, das wir Ihnen hier vorstellen.

Zutaten für 4 Personen:
1200 g Rehragout, 2 Zwiebeln, 2 Knoblauchzehen, 1 Selleriestängel, 4 EL Olivenöl,
1 Lorbeerblatt, 1 Thymian- und 1 Majoranzweig, 1 l trockener Rotwein,
2 EL Rotweinessig, 100 g Speck, Salz und Pfeffer
Zubereitungszeit (ohne Ruhezeit): 2 Stunden

Rehfleisch in grobe Würfel schneiden. Für die Marinade eine Zwiebel und den Knoblauch schälen, die Zwiebel in Scheiben schneiden; Selleriestängel putzen und fein würfeln.
2 Esslöffel Öl in einem Topf erhitzen. Das vorbereitete Gemüse hineingeben und sanft andünsten. Kräuter, Wein und Essig hinzufügen und zum Kochen bringen. Bei mittlerer Hitze etwa 30 Minuten durchköcheln lassen. Vom Herd nehmen und abkühlen lassen.
Das Rehfleisch mit der Marinade übergießen, kühl stellen und 24 Stunden ziehen lassen. Aus der Marinade heben und gut abtropfen lassen. Die Marinade durch ein Sieb gießen.
Die zweite Zwiebel und den Speck fein hacken und im restlichen Olivenöl andünsten.
Fleischstücke zu Speck und Zwiebel geben und rundum kräftig anbraten. Sobald das Fleisch Farbe genommen hat, salzen und pfeffern und etwas Marinade hinzugießen. Bei mäßiger Hitze in rund 90 Minuten weich schmoren. Dabei immer wieder etwas Marinade nachgießen, damit das Fleisch nicht austrocknet.
Dieses Rehragout wird immer mit Polenta (s. Seite 244) serviert.

Tipp: Für ein Schmorgericht können Sie auch preiswertere Fleischteile vom Reh, z.B. das Blatt, verwenden.

Cervella e carciofi fritti
Gebackenes Kalbshirn mit Artischocken – Toskana

»In Florenz schmecken sogar gebackene Pantoffeln«, pflegt man über die Vorliebe der Florentiner für frittierte und gebackene Speisen zu scherzen. Denn alles, vom Schnitzel über das Gemüse bis zu den Innereien, wird hier durchs heiße Öl gezogen. *Friggitorie,* Buden, in denen man Frittiertes zum Mitnehmen kaufen konnte, gehörten daher lange Zeit zum Stadtbild von Florenz. Ein paar wenige dieser Florentiner »Frittenbuden« gibt es auch heute noch.

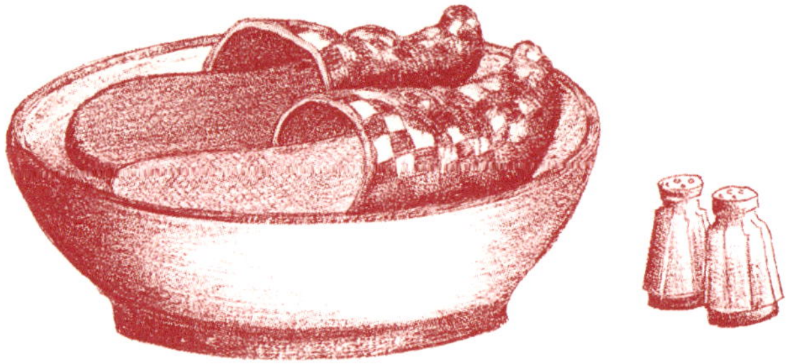

Zutaten für 4 Personen:
400 g Kalbshirn, 4 Artischocken, Saft von 2 Zitronen, 2–3 Eier, Salz und Pfeffer, Mehl zum Wenden, Pflanzenöl zum Ausbacken
Zubereitungszeit: 45 Minuten

Kalbshirn wässern und sorgfältig putzen. Eine Minute in sprudelndem Wasser blanchieren, kalt abschrecken und in gleichmäßige, mundgerechte Stücke teilen. Beiseite stellen.
Artischocken putzen. Die harten äußeren Blätter entfernen und das haarige Innenleben der Artischocken auskratzen. Die Böden zerteilen und sofort in ein Schälchen Wasser, das mit 1–2 Esslöffeln Zitronensaft gesäuert wurde, legen.
Die Eier verquirlen, salzen und pfeffern. Hirnstücke und Artischocken in Ei und Mehl wenden und in heißem Öl goldbraun ausbacken. Sofort mit Zitronensaft beträufeln und servieren.

Cibreo
Gemischte Hühnerinnereien – Toskana

Einen echten Cibreo kann selbst in der Toskana heute nur noch zubereiten, wer mit einem Bauern befreundet ist und sich ein Hühnchen »mit allem Drum und Dran« besorgen kann. Denn neben Hühnermägen und Lebern bräuchte man für den traditionsreichen Cibreo auch die Hoden, den Kamm und so weiter. Hier eine vereinfachte Version, die Sie daheim nachkochen können.

Zutaten für 4 Personen:
500 g gemischte Hühnerinnereien, 1 Zwiebel, 1 Knoblauchzehe, 3 EL Butter,
Mehl zum Wenden, Salz und Pfeffer, 75 ml trockener Weißwein,
evtl. 250 ml Geflügelbrühe, 2 Eigelb, Saft einer Zitrone
Zubereitungszeit: 75 Minuten

Hühnerinnereien sorgfältig putzen und waschen. Zwiebel und Knoblauch schälen und fein hacken.
Die Butter in einem Schmortopf erhitzen, Zwiebel und Knoblauch darin andünsten. Die Innereien in Mehl wenden und in den Topf geben. Unter ständigem Wenden rundum anbraten. Salzen und pfeffern und mit Weißwein ablöschen. Die Innereien in 40 Minuten weich garen und dabei immer wieder ein wenig Brühe oder Wasser angießen, damit sich ein schöner Fond bildet.
Kurz vor Ende der Garzeit Eigelb mit Zitronensaft verrühren. Unter den Cibreo rühren und heiß werden lassen, aber nicht zum Kochen bringen.
Sofort servieren.

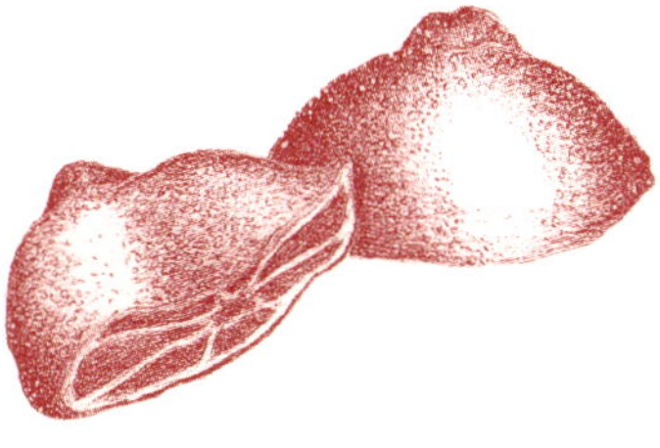

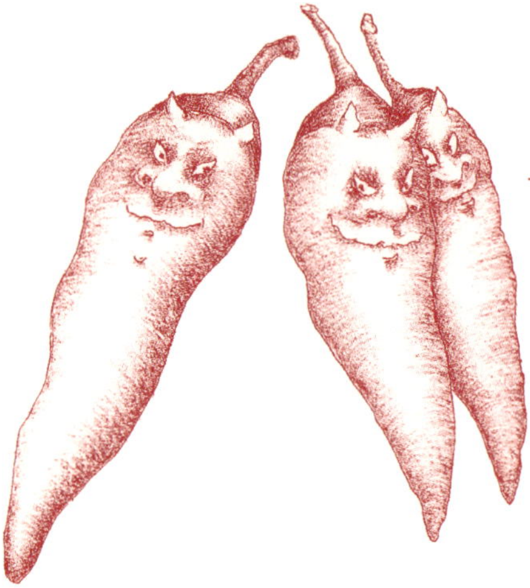

Cinghiale in umido
Wildschweinbraten – Latium

Das malerische Viterbo etwa 75 Kilometer nördlich von Rom ist Heimat dieses Gerichts. Im 13. Jahrhundert rückte die Stadt für kurze Zeit in den Mittelpunkt der christlichen Welt, als der Papst seine Residenz hierher verlegte. So wurde Viterbo auch zum Schauplatz des längsten Konklave der Geschichte. Drei Jahre lang berieten die Kardinäle, wen sie nun zum Papst wählen sollten, und ließen sich während dieser Zeit von der Stadt verköstigen. Erst als die darbende und wutentbrannte Bevölkerung das Dach vom Papstpalast riss und den Nachschub von Speisen und Getränken auf eiserne Rationen reduzierte, erzielten die Kardinäle eine Einigung und wählten Gregor X.

Zutaten für 4 Personen:
1 kg Wildschweinbraten (z.B. Keule), 1 Zwiebel, 2 Selleriestängel, 4 Wacholderbeeren, 1 Lorbeerblatt, 1 Rosmarinzweig, 1 Flasche kräftiger Rotwein, Olivenöl, Salz und Pfeffer, 1 getrockneter Peperoncino, 25 g Tomatenmark, evtl. 250 ml Brühe
Zubereitungszeit (ohne Ruhezeit): 2½ Stunden

Das Bratenstück sorgfältig waschen und mit Küchenkrepp trockentupfen. In eine Schale aus Glas oder Porzellan legen.
Zwiebel und Sellerie in feine Scheiben schneiden und zusammen mit Wacholderbeeren, Lorbeerblatt und Rosmarin über dem Fleisch verteilen. Mit Rotwein übergießen. Das Fleisch nun zugedeckt an einem kühlen Ort in der Marinade ziehen lassen. Während dieser Zeit ab und zu wenden.
Das Bratenstück aus der Marinade heben und abtrocknen. In Olivenöl anbraten und rundum Farbe nehmen lassen. Salzen und pfeffern. Den Peperoncino zerkrümeln und hinzufügen. Die Marinade durch ein Sieb gießen. Braten mit dem Wein der Marinade ablöschen und im spaltbreit geöffneten Topf rund 2 Stunden weich schmoren. Das Tomatenmark einrühren und immer wieder etwas Wein und eventuell Brühe hinzugießen, damit eine sämige Sauce entsteht.
Wildschwein in Scheiben schneiden und mit der Sauce und Polenta als Beilage servieren.

Fagiano lardellato
Gespickter Fasan – Toskana

Bereits in der Römerzeit war Fasan eine beliebte Delikatesse. Der griechische Sagenheld Jason soll bei seiner Suche nach dem Goldenen Vlies auf die farbenprächtigen Vögel gestoßen sein. Er nahm sie mit nach Griechenland, und von dort gelangten sie ins Römische Reich und ins übrige Europa.

Zutaten für 4 Personen:
2 junge Fasane à ca. 800 g, Salz und Pfeffer, 150 g Pancetta oder Speck in Scheiben, 4 EL Olivenöl, 1 Rosmarinzweig
Zubereitungszeit: 60 Minuten

Fasane innen und außen mit Salz und Pfeffer einreiben, dann mit Pancetta oder Speck umwickeln.
Olivenöl und Rosmarin in einem Bratentopf erhitzen. Die gespickten Fasane hineinsetzen und rundum anbraten. 30–40 Minuten auf mittlerer Hitze weiterbraten und regelmäßig mit Fond begießen. Den Speck entfernen und das Fleisch jetzt kurz knusprig werden lassen, aber darauf achten, dass es nicht austrocknet.
Fasane aus dem Topf heben, portionieren und mit dem Fond und einem leichten Gemüse als Beilage servieren.

Faraona al moscato
Perlhuhn in Muskatellersauce – Piemont

Zutaten für 4 Personen:
1 küchenfertiges Perlhuhn von ca. 1300 g, 4 EL Olivenöl, 1 Knoblauchzehe, 1 Rosmarinzweig, 2 Lorbeerblätter, ½ TL getrocknete Kräutermischung (z.B. Thymian, Majoran, Oregano, Estragon), Salz, 500 ml Moscato d'Asti, 1 Mohrrübe, 2 Selleriestängel, 1 kleine Zwiebel, 200 ml Geflügelbrühe (nach Wunsch)
Zubereitungszeit: 90 Minuten

Das Perlhuhn waschen und portionieren. Backrohr auf 200 Grad vorheizen. Das Olivenöl in einem ofenfesten Schmortopf erhitzen. Die ganze, geschälte Knoblauchzehe sowie die Kräuter hineingeben und das Öl einige Minuten

damit aromatisieren. Nun die Perlhuhnteile hineinsetzen und rundum kräftig anbraten. Salzen und mit Moscato übergießen. Den Wein bei lebhafter Hitze etwa 10 Minuten einkochen lassen. Inzwischen das restliche Gemüse putzen und grob zerkleinern. Zum Perlhuhn geben, Brühe oder Wasser hinzugießen und zum Kochen bringen.
Ins heiße Rohr schieben und 50–60 Minuten garen. Nach den ersten 10 Minuten die Temperatur auf 180 Grad reduzieren. Das Fleisch gelegentlich wenden und mit Bratfond beschöpfen.
Perlhuhn aus dem Rohr holen, auf einer vorgewärmten Servierplatte anrichten und warm stellen. Den Bratfond durch ein Sieb streichen und über dem Fleisch verteilen. Sofort servieren.

Insalata di trippa
Florentiner Kuttelsalat – Toskana

Kutteln einmal anders – die Florentiner sind ganz verrückt danach, sodass sie sich auch eine frische Variante ausgedacht haben, die man als Antipasto oder als Sommergericht servieren kann.

Zutaten für 4 Personen:
400 g zarte, vorgekochte Kutteln, 1 Mohrrübe, 1 Selleriestängel, 1 rote Zwiebel, 2 Knoblauchzehen, 1 kleines Bund Petersilie, Salz und Pfeffer, Olivenöl, Weißweinessig, 1 kleiner getrockneter Peperoncino (nach Wunsch)
Zubereitungszeit (ohne Ruhezeit): 30 Minuten

Für diesen Salat brauchen Sie besonders zarte und frische Kutteln. Die Kutteln in feine Streifen schneiden und in eine große Schüssel geben.
Mohrrübe, Sellerie und Zwiebel putzen und sehr fein hacken. Knoblauch und Petersilie ebenfalls fein hacken. Gemüse und Kräuter unter die Kutteln heben und mit Salz und Pfeffer, Olivenöl und Essig würzen. Wenn Sie dem Salat eine scharfe Note verleihen möchten, den Peperoncino hineinkrümeln und untermischen. Vor dem Servieren 1–2 Stunden durchziehen lassen.

Involtini di pollo alle erbe
Hähnchenrouladen mit Kräuterfüllung – Piemont

Dieses Gericht ist supereinfach und existiert daher in vielen verschiedenen Spielarten. Mal werden die zarten Hähnchenschnitzel mit frischen Kräutern, dann wieder mit Parmaschinken oder mit einer Farce aus Eiern und Parmesan gefüllt – erlaubt ist, was schmeckt oder gerade im Kühlschrank ist.

Zutaten für 4 Personen:
4 dünne Hähnchenschnitzel, 4 Scheiben Pancetta oder durchwachsener Speck, 2 Knoblauchzehen, gemischte frische oder getrocknete Kräuter (z.B. Lorbeer, Rosmarin, Thymian, Oregano, Majoran, Petersilie, Estragon, Bohnenkraut), Salz und Pfeffer, 4 EL Olivenöl, 100 ml trockener Weißwein
Zubereitungszeit: 45 Minuten

Hähnchenschnitzel auf einer Arbeitsfläche ausbreiten und jeweils mit einer Scheibe Pancetta oder Speck belegen.
Knoblauch abziehen und fein hacken. Die frischen Kräuter waschen, trockenschütteln und fein hacken. Sie brauchen insgesamt etwa 4 Esslöffel, von getrockneten Kräutern nur die Hälfte, weil sie ein intensiveres Aroma besitzen.
Kräuter und Knoblauch vermischen. Die Hälfte dieser Mischung auf den Fleischstücken verteilen. Salzen und pfeffern. Zu Rouladen aufwickeln und fixieren.
Die Rouladen in Olivenöl bräunen. Mit den restlichen Kräutern bestreuen und nachwürzen. Mit dem Wein übergießen und zugedeckt auf kleiner Flamme gar schmoren (etwa 30 Minuten).
Mit Gemüse oder einer leichten Tomatensauce servieren.

Lepre alla cacciatora
Wildhase in Pilz-Tomaten-Sauce – Emilia

Zutaten für 4 Personen:
1 küchenfertiger Hase (ca. 1500 g), 150 g Speck, 2 Zwiebeln, 1 Selleriestängel, 100 g frische Pilze, 2 Knoblauchzehen, 3 Rosmarinzweige, je 2 EL Butter und Olivenöl, 500 g geschälte und gewürfelte Tomaten, Salz und Pfeffer
Für die Marinade: 1 Selleriestängel, 1 Mohrrübe, 1 Zwiebel, 4 Petersilienstängel, je 5 Basilikum- und Salbeiblätter, 1 Lorbeerblatt, je 1 Rosmarin- und Thymianzweig, 5 Wacholderbeeren, ½ TL schwarze Pfefferkörner, 1 Flasche kräftiger Rotwein
Zubereitungszeit (ohne Ruhezeit): 2½ Stunden

Den Hasen in Portionsstücke teilen, sorgfältig waschen und abtrocknen. Das Gemüse für die Marinade putzen und grob zerkleinern, die Kräuter grob zerzupfen. Fleischteile, Gemüse, Kräuter und Gewürze abwechselnd in eine Schale schichten. Mit Rotwein übergießen, abdecken und 24 Stunden an einem kühlen Ort marinieren. Fleischteile ab und zu wenden.
Am nächsten Tag den Speck fein würfeln, Gemüse und Rosmarin putzen und fein hacken. Butter und Öl in einem Schmortopf erhitzen. Speck und Gemüse darin andünsten, dann die Hasenteile hinzufügen und scharf anbraten. Die Tomatenwürfel einrühren, salzen und pfeffern.
Die Marinade durch ein Sieb gießen. Etwas Wein über die Hasenteile geben und zum Kochen bringen. Das Fleisch nun in rund 2 Stunden sanft gar schmoren. Dabei immer wieder Wein angießen, damit sich ein sämiger Saucenfond bildet.
Die gegarten Hasenteile auf einer Servierplatte anrichten und mit der Tomatensauce umgeben.

Lepre in salmì
Sauer geschmortes Wildhasenragout – Aostatal

Zutaten für 4 Personen:
1 kg Wildhasenfleisch, Herz- und Leber des Hasen, 1 Zwiebel, 1 Mohrrübe, 1 Selleriestängel, 4 Petersilienzweige, 1 Lorbeerblatt, 5 Salbeiblätter, 2 Gewürznelken, 1 Flasche (750 ml) kräftiger Rotwein, 100 g Speck, 2 Sardellenfilets, 2 EL Olivenöl, 1 EL Kapern, 2–3 EL Rotweinessig, Salz und Pfeffer
Zubereitungszeit (ohne Ruhezeit): 2½ Stunden

Das Hasenfleisch in grobe Würfel schneiden, die Innereien beiseite stellen. Zwiebel, Mohrrübe und Sellerie putzen und grob zerkleinern. Das Hasenfleisch in ein Gefäß geben, das vorbereitete Gemüse, Kräuter und Gewürznelken hinzufügen und mit Rotwein übergießen. Zugedeckt an einem kühlen Ort 12–24 Stunden marinieren.
Die Fleischstücke aus der Marinade heben und gut abtropfen lassen. Den Speck fein würfeln und in einem Schmortopf ausbraten. Die Hasenstücke im ausgebratenen Speck bräunen. Salzen und pfeffern und mit dem Wein der Marinade ablöschen. Auf kleiner Flamme langsam weich schmoren und immer wieder etwas Rotwein nachgießen.
In der Zwischenzeit den Salmì zubereiten. Hasenleber und -herz putzen und fein würfeln. Die Sardellenfilets fein hacken. Olivenöl in einem Pfännchen erhitzen. Die Innereien, Sardellen und Kapern hineingeben und bei sanfter Hitze zerkochen lassen. Mit Essig säuerlich abschmecken. Gegen Ende der Garzeit den Salmì unter das Hasenfleisch rühren. Einige Minuten gemeinsam durchköcheln lassen.
Als Beilage isst man dazu in Italien meist Polenta(s. Seite 244).

Lumache alla vignaiola
Schnecken auf Winzerart – Piemont

Früher ging man in Piemont durch die Weinberge und sammelte die Schnecken von Hand ein. Die frischen und lebenden Köstlichkeiten mussten einer langwierigen Reinigungsprozedur unterzogen werden. Man setzte sie in einen Käfig und ließ sie mehrere Tage fasten; dann wurden sie sorgfältig mit Wasser und Essig gewaschen und vorgekocht. Wenn Sie überhaupt Schnecken essen, werden Sie vermutlich jedoch auf welche aus der Dose zurückgreifen, die bereits küchenfertig vorbereitet sind. Sie schmecken recht lecker – und der Saft macht sich auf Weißbrot vorzüglich!

Zutaten für 4 Personen:
3 Dutzend küchenfertige Weinbergschnecken, 1 Zwiebel, 1 Selleriestängel, 2 Knoblauchzehen, 4 Petersilienzweige, 4 Salbeiblätter, 1 dicke Scheibe durchwachsener Speck, 1 EL Olivenöl, 2 EL Butter, 1 Schuss Grappa, 2 Sardellenfilets, 1 TL Mehl, 125 ml Rotwein, 150 ml Tomatensauce, Salz und Pfeffer
Zubereitungszeit: 75 Minuten

Schnecken aus der Dose abtropfen lassen.
Das Gemüse und die Kräuter putzen und fein hacken. Den Speck fein würfeln und mit Kräutern und Gemüse vermischen.
Olivenöl und Butter in einem Schmortopf erhitzen. Die Speckmischung darin andünsten. Die Schnecken hineinsetzen und mit guter Grappa ablöschen. Die Sardellenfilets entsalzen, fein hacken und zu den Schnecken geben. 20 Minuten schmurgeln lassen.
Schnecken mit Mehl bestäuben, mit Rotwein ablöschen und die Tomatensauce einrühren. Salzen und pfeffern. Zum Kochen bringen, dann auf kleiner Flamme weitere 10 Minuten sanft durchköcheln. Nochmals abschmecken und zu Tisch bringen.

Oca ripiena di prugne e castagne
Gans mit Backpflaumen-Maronen-Füllung – Venetien

In der Bauernküche und in der jüdischen Küche, die in Venetien und vor allem in der Lagunenstadt eine lange Tradition hat, spielt Gans in ihren verschiedensten Zubereitungsformen (Braten, gefüllte Krägen, Confit usw.) eine bedeutende Rolle auf dem Speisezettel. In einer Verschmelzung jüdischer und christlicher Traditionen wird der Gänsebraten am 13. Dezember zu Ehren der heiligen Lucia oder bereits am 11. November, dem Martinstag, zubereitet.

Zutaten für 6 Personen:
400 g entsteinte Backpflaumen, 400 ml trockener Weißwein, 400 g Esskastanien (Maronen), 1 küchenfertige Gans von ca. 4 kg, Salz und Pfeffer, 2 Knoblauchzehen, 1 Rosmarinzweig, evtl. 250 ml Geflügelbrühe
Zubereitungszeit: 4 Stunden

Backpflaumen mit Weißwein übergießen und 30–40 Minuten quellen lassen.
Inzwischen das Backrohr auf 200 Grad vorheizen. Die Maronen auf der gewölbten Seite kreuzweise einritzen. Auf einem Backblech verteilen und 15 Minuten im heißen Rohr rösten, bis die Schale aufplatzt. Kastanien aus dem Rohr nehmen, etwas abkühlen lassen und schälen, dabei auch das helle, pelzige Häutchen entfernen.
Die Gans sorgfältig waschen und trockentupfen. Innen und außen mit Salz und Pfeffer einreiben. Die Backpflaumen abgießen (Wein aufheben). Die Gans mit den Backpflaumen und Maronen füllen und gut verschließen.
Knoblauch schälen und zusammen mit dem Rosmarin in die Saftpfanne des Bratrohrs legen. Die Gans auf den Bratrost legen und rund 3 Stunden im 180 Grad heißen Ofen garen. Dabei immer wieder mit dem

Wein begießen. Falls die Flüssigkeit nicht ausreichen sollte, mit Geflügelbrühe ergänzen.
Gans portionieren, Fleischteile und Füllung warm stellen. Bratenfond entfetten und zur gewünschten Konsistenz einkochen lassen. Das Fleisch auf einer Platte anrichten und mit Sauce und Füllung servieren.

Papera al sugo
Entenragout in Tomaten-Kräuter-Sauce – Abruzzen

Die Küche der Abruzzen ist eine einfache Bauernküche, die vornehmlich auf Schaffleisch, Käse und Eiern basiert. Etwas Feines wie diese Ente fand sich daher nur in den Rezeptsammlungen des reichen Bürgertums und des Adels.

Zutaten für 4 Personen:
1 küchenfertige Ente, 1 Zwiebel, 3 Knoblauchzehen, 4 EL Olivenöl, 1 Kräutersträußchen (Lorbeer, Thymian, Rosmarin, Oregano, Petersilie), 200 ml Trebbiano d'Abruzzo oder ein anderer trockener Rotwein, 400 g geschälte Tomaten, Salz und Pfeffer, ca. 250 ml Geflügelbrühe
Zubereitungszeit: 2 Stunden

Die Ente sorgfältig waschen und abtrocknen. In kleine Stücke teilen. Zwiebel und Knoblauch schälen und fein hacken.
Das Olivenöl in einem Schmortopf erhitzen. Zwiebel und Knoblauch darin andünsten, dann die Entenstücke hinzufügen und rundum kräftig anbraten. Die Kräuter hinzufügen und mit Wein ablöschen. Die Tomaten hinzufügen, salzen und pfeffern. Das Ganze zum Kochen bringen, dann zugedeckt auf kleiner Flamme knapp 2 Stunden schmoren. Eventuell etwas warme Geflügelbrühe hinzugießen, damit die Sauce nicht austrocknet.

Variation: Diese Ente gibt gleich zwei Mahlzeiten ab, wenn Sie die Menge der Tomaten verdoppeln. Die dicke Tomatensauce wird dann mit Pasta (Pappardelle) als Primo piatto gereicht, während das eigentliche Entenragout als Hauptgang dient.

Petto d'anatra in agrodolce
Entenbrust in süß-saurer Sauce – Venetien

Mit einem Entenbraten feiert man in Venedig Christi Himmelfahrt und gibt damit sozusagen den Startschuss für die sommerliche Entensaison. Das vorliegende Rezept macht einmal mehr deutlich, dass die reiche Handelsstadt Venedig seit jeher Zugang zu teuren und exotischen Gewürzen hatte.

Zutaten für 4 Personen:
4 Entenbrüste à 175 g, Salz und Pfeffer, 2 EL Butter
Für die Sauce: 4 TL Gewürzmischung aus gemahlenem Anis, Fenchel, Zimt, Kreuzkümmel und Koriander, 1 EL Sesamsaat, 1 TL frisch geriebener Ingwer, 1 EL Honig, 70 ml Rotweinessig, 400 ml Enten- oder Kalbsfond (aus dem Glas), 40 g kalte Butter
Zubereitungszeit: 40 Minuten

Zunächst die Sauce vorbereiten. Gewürze, Sesam und Ingwer in einen Topf geben. Honig und Essig hinzufügen und zum Kochen bringen. Köcheln lassen, bis der stechende Geruch des Essigs sich verflüchtigt hat. Nun den Fond hinzugießen und die Sauce auf ein Viertel ihres ursprünglichen Volumens einkochen lassen.
Inzwischen mit einem scharfen Messer ein Rautenmuster in die Haut der Entenbrüste ritzen. Salzen und pfeffern. Butter in einer Pfanne erhitzen. Die Entenbrüste mit der Hautseite nach unten hineinsetzen und rasch anbraten. Wenden und insgesamt rund 10 Minuten braten, bis sie innen noch leicht rosa sind. Aus der Pfanne heben, in Alufolie wickeln und 5 Minuten ruhen lassen.
Um die Sauce zu verfeinern, vor dem Servieren kalte Butterstückchen unterschlagen.
Die Entenbrüste in Scheiben schneiden, fächerartig auf Tellern anordnen und mit der Sauce überziehen.

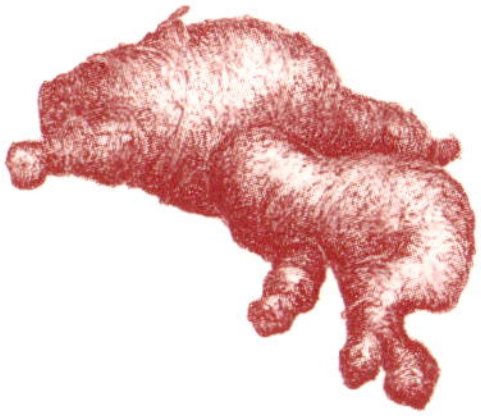

Petto di piccione e patate in rete di maiale
Taubenbrust mit Kartoffelkuchen im Schweinenetz – Umbrien

Zutaten für 4 Personen:
4 Taubenbrüste, Salz und Pfeffer, 4 EL Olivenöl, 100 g Butter, 8 Salbeiblätter, 1 Knoblauchzehe, 1 kleine Zwiebel, 1 Selleriestängel, 1 kleine Mohrrübe, 2 Taubenherzen und -lebern (ersatzweise Innereien vom Huhn), 4 große Kartoffeln, 1 EL gehackter Rosmarin und Thymian, Schweinenetz
Zubereitungszeit: 2 Stunden

Die Taubenbrüste waschen, abtrocknen und mit Salz und Pfeffer einreiben. 2 Esslöffel Öl und 25 Gramm Butter in einer Pfanne erhitzen. 4 grob zerzupfte Salbeiblätter und die zerstoßene Knoblauchzehe darin andünsten. Die Taubenbrüste hineingeben und auf lebhafter Flamme anbraten. Vom Herd nehmen und beiseite stellen.
Aus Zwiebel, Sellerie und Mohrrübe ein feines Gemüsehack herstellen und dieses im restlichen Olivenöl andünsten. Die geputzten und fein gehackten Innereien hinzufügen und 3–4 Minuten lebhaft braten. Vom Herd nehmen.
Kartoffeln schälen und in hauchdünne Scheiben hobeln. Ein Achtel der verbliebenen Butter in einem Pfännchen mit 12–15 Zentimeter Durchmesser erhitzen. Ein Achtel der Kartoffelscheiben einschichten und auf beiden Seiten goldbraun braten. Nach diesem Schema insgesamt acht Kartoffelkuchen ausbacken.
Bratrohr auf 180 Grad vorheizen und eine Auflaufform mit einem Hauch Olivenöl auspinseln.
Vier Schweinenetze zurechtschneiden und auf einer Arbeitsfläche ausbreiten. Mit vier Kartoffelkuchen belegen. Die Taubenbrüste in Scheiben schneiden und fächerförmig auf den Kartoffelkuchen anrichten. Mit der Innereiensauce beträufeln und mit einem Kartoffelkuchen abdecken. Mit den restlichen Kräutern bestreuen und sorgfältig in das Schweinenetz einwickeln. In die Auflaufform setzen und etwa eine Stunde im heißen Rohr braten, bis das Schweinenetz durchsichtig wird und oben bräunt. Heiß servieren. Als Beilage passt geschmortes Blattgemüse.

Piatto del doge Manin
Gänsebrust nach Art des Dogen Manin – Venetien

Vier Staatsbankette ließ der Doge, Inhaber der höchsten ausführenden Gewalt in Venedig, jedes Jahr abhalten. Nach einem genauestens festgelegten Protokoll kamen an den Namenstagen von San Marco, San Vito e Modesto, San Gerolamo und an Christi Himmelfahrt Senatoren, Regierungsbeamte und Würdenträger im Dogenpalast zusammen und bekamen dort ein ihrem Rang entsprechendes Menü vorgesetzt, das ebenfalls genauestens festgelegt war. Die einfacheren Chargen wie der *porta spago* oder *taglia storioni* (»Schnurträger«, »Störschneider«) bekamen Brot, Wein, Kalbfleisch und Hühnchen; etwas höher auf der Rangleiter gab es dazu auch einfachen Muskatellerwein, weiter ging es mit besserem Wein und edlem Stör und schließlich bis hinauf zum Dogen, der selbstredend nur vom Feinsten aß.

Zutaten für 4 Personen:
600 g Gänsebrust, Mehl zum Wenden, 4 EL Olivenöl, 1 Lorbeerblatt,
100 g Gänseleber, 2 EL Butter, 1 Zwiebel, 1 Schalotte, 1 Selleriestängel,
1 Mohrrübe, 50 ml Passito (ersatzweise Sherry), 1 Zimtstange, 1 Kräutersträußchen
(Lorbeer, Rosmarin, Majoran), 250 ml Geflügelbrühe
Zubereitungszeit: 60 Minuten

Die Gänsebrust häuten und entfetten. Das Fleisch in walnussgroße Würfel schneiden und diese in Mehl wenden; überschüssiges Mehl abklopfen. Die Häppchen in wenig Olivenöl anbraten und mit dem Lorbeerblatt aromatisieren. Auf Küchenkrepp abtropfen lassen.
Die Gänseleber in etwas Butter braten, abkühlen lassen und fein hacken.
Aus Zwiebel, Schalotte, Sellerie und Mohrrübe ein feines Gemüsehack herstellen und dieses im verbliebenen Öl und Butter andünsten. Nach rund 5 Minuten die Gänsehäppchen hinzufügen und mit Passito ablöschen. Nun die Leber, die Zimtstange und das Kräutersträußchen hinzufügen. Auf kleiner Flamme 30–40 Minuten köcheln lassen. Ab und zu etwas Geflügelbrühe hinzugießen.
In Venedig serviert man hierzu Polenta (s. Seite 244) oder Bohnenmus (s. Seite 239).

Piccioni in agrodolce
Tauben in Honigmarinade – Piemont

Zutaten für 4 Personen:
4 Tauben, 5 EL Honig, 200 ml Essig, 1 Knoblauchzehe, 1 Wirsingkohl, 6 EL Butter, Salz und Pfeffer, 2 EL Olivenöl
Zubereitungszeit (ohne Ruhezeit): 60 Minuten

Die Tauben in Portionsstücke teilen und in ein Gefäß schichten. Honig mit Essig und der zerstoßenen Knoblauchzehe verrühren und diese Marinade über die Fleischstücke gießen. Zugedeckt an einem kühlen Ort 12 Stunden durchziehen lassen.
Backrohr auf 180 Grad vorheizen.
Den Wirsing putzen und feinstreifig aufschneiden. In 4 Esslöffeln Butter andünsten, salzen und pfeffern. Mit etwas Marinade ablöschen und auf kleiner Flamme weich dünsten.
Die Tauben aus der Marinade heben und gut abtropfen lassen. Die restliche Butter und das Öl in einem ofenfesten Bräter erhitzen. Die Fleischteile darin kräftig anschmoren, salzen und pfeffern. Die übrige Marinade hinzugießen, und das Fleisch im vorgeheizten Rohr fertig garen (rund 40 Minuten).
Den Wirsing auf eine Servierplatte häufen. Die Fleischteile darauf betten und mit Bratfond benetzen. Heiß servieren.

Piccioni ripieni di prosciutto
Tauben mit Schinkenfüllung – Marken

Zutaten für 4 Personen:
2 Tauben, Salz und Pfeffer, 100 g Parmaschinken, 5 Salbeiblätter, 5 Wacholderbeeren, 50 g Butter, 1 Gläschen Weinbrand, evtl. 150 ml Geflügelbrühe
Zubereitungszeit: 60 Minuten

Tauben innen und außen mit Salz und Pfeffer einreiben. Für die Füllung den Schinken fein würfeln und mit den zerstoßenen Salbeiblättern und Wacholderbeeren vermischen. Die Tauben damit füllen und sorgfältig verschließen.
Die Butter in einem Schmortopf erhitzen. Die Tauben hineinsetzen und rundum bräunen. Mit Weinbrand ablöschen und zugedeckt 40 Minuten garen.
Eventuell etwas Geflügelbrühe angießen, damit das zarte Taubenfleisch nicht austrocknet.

Pollo alla romana
Hähnchen mit Paprikagemüse – Latium

Als einfaches Mittagessen steht dieses schmackhafte Hähnchengericht oft auf der Speisetafel römischer Trattorien. Zu Hause können Sie es leicht nachkochen und immer wieder ein wenig abwandeln: Geben Sie statt Basilikum einmal Rosmarin und Lorbeer dazu, oder peppen Sie das Gemüse mit etwas Peperoncino auf.

Zutaten für 4 Personen:
1 kg Hähnchenteile, Salz und Pfeffer, 1 kleine Zwiebel, 1 Knoblauchzehe, 3 bunte Paprikaschoten, 2 EL Olivenöl, 100 ml trockener Weißwein, 300 g Tomatenwürfel, 5 Basilikumblätter, evtl. 200 ml Geflügelbrühe
Zubereitungszeit: 75 Minuten

Die Hähnchenteile salzen und pfeffern. Zwiebel und Knoblauch fein hacken. Die Paprikaschoten putzen und in mundgerechte Quadrate schneiden.
Die Hähnchenteile in Olivenöl anbraten. Das vorbereitete Gemüse hinzufügen, salzen und pfeffern. Mit Weißwein ablöschen. Sobald der Wein verkocht ist, die Tomaten und das Basilikum einrühren, salzen und pfeffern. Zum Kochen bringen, dann zugedeckt auf kleiner Flamme eine Stunde schmoren. Ab und zu umrühren und wenn nötig etwas Geflügelbrühe hinzugießen.

Quaglie all'uva
Wachteln mit Trauben – Umbrien

Eine erfolgreiche Weinlese wurde gern mit einem Fest gefeiert, bei dem natürlich auch die frischen und reifen Trauben auf den Tisch kamen.

Zutaten für 4 Personen:
4 Wachteln, Salz und Pfeffer, 4 Salbeiblätter, 1 Bund Rosmarin, 4 Scheiben Pancetta, 2 EL Olivenöl, 200 g Trauben, 2 EL Vinsanto oder Weinbrand, 4 große Scheiben rustikales Weißbrot, Salbei und Rosmarin zum Garnieren (nach Wunsch)
Zubereitungszeit: 50 Minuten

Wachteln salzen und pfeffern. Mit Salbei und Rosmarin füllen und verschließen. Mit der Pancetta umwickeln.
Die Wachteln in Olivenöl bräunen, dann zugedeckt 30 Minuten weiter-

schmoren lassen und ab und zu wenden. Nun die Trauben und den Vinsanto hinzufügen und 5–10 Minuten mitschmoren. Mit Salz und Pfeffer abschmecken.
Die Weißbrotscheiben rösten und auf Teller verteilen. Die Wachteln mit der Brust nach oben auf die Brotscheiben setzen und mit den Trauben umgeben. Nach Wunsch mit frischem Salbei und Rosmarin garnieren.

Scaloppe di fegato con porcini
Leberscheibchen mit Steinpilzen – Piemont

Für dieses Rezept nimmt man in Piemont am liebsten Enten- oder Gänseleber. Statt der Geflügelleber können Sie auch zarte Kalbsleber verwenden.

Zutaten für 4 Personen:
250 g Steinpilze, 400 g Leber in Scheiben, Mehl zum Wenden, 2 EL Butter, 50 ml trockener Marsala, Salz und Pfeffer, gehackte Petersilie zum Garnieren
Zubereitungszeit: 20 Minuten

Die Pilze mit einem feuchten Tuch abreiben, unschöne Stellen entfernen. Pilze blättrig aufschneiden.
Die Leber in Mehl wenden, überschüssiges Mehl abklopfen.
Die Butter in einer Pfanne erhitzen, Leber und Pilze bei kräftiger Hitze unter ständigem Wenden 4–5 Minuten braten. Den Marsala hinzugießen und ein wenig einkochen lassen. Mit Salz und Pfeffer abschmecken.
Leber und Pilze auf Teller verteilen, mit Sauce beträufeln und mit Petersilie bestreuen.
Reichen Sie als Beilage Kartoffelpüree.

Stracotto di cervo
Hirschragout in Rotwein mit Weißkohl-Parmesan-Püree – Emilia

Zutaten für 4 Personen:
1 kg Hirschragout, 3 Tomaten, 1 Mohrrübe, 1 Selleriestängel, 1 Zwiebel, 2 Lorbeerblätter, 500 ml trockener Rotwein, 2 EL Olivenöl, Salz und Pfeffer, 1 Weißkohl, ca. 100 g Sahne, 50 g Butter, 3 EL geriebener Parmesan
Zubereitungszeit (ohne Ruhezeit): 3 Stunden

Das Fleischstück waschen und abtrocknen und in grobe Würfel schneiden. Tomaten, Mohrrübe, Sellerie und Zwiebel putzen und grob zerkleinern. Fleisch, Gemüse und Lorbeer in ein Gefäß geben. Mit Wein übergießen und zugedeckt über Nacht ziehen lassen.
Das Hirschfleisch aus der Marinade fischen und gut abtropfen lassen. In Olivenöl anbraten und Farbe nehmen lassen. Das Gemüse der Marinade pürieren und zusammen mit dem Wein über das Fleisch geben. Salzen und pfeffern. Das Ragout nun zugedeckt auf kleiner Flamme gar schmoren (rund 2½ Stunden). Ab und zu umrühren.
Während das Fleisch gart, den Kohl putzen und entblättern. Die Blätter in sprudelndem Salzwasser garen, abgießen und kalt abschrecken. Gründlich abtropfen lassen. Durch eine Gemüsemühle passieren und mit Sahne, Butter und Parmesan zu einem weichen Püree verrühren.
Das Püree auf eine Servierplatte häufen. Das Hirschragout darauf anrichten und zu Tisch bringen.

Tacchino alla neretese
Truthahnbraten mit Knoblauch und Rosmarin – Abruzzen

Truthahn wurde erst nach der Entdeckung Amerikas in Europa bekannt. Mit seinem zarten und wohlschmeckenden Fleisch löste das Geflügel bald den für die Renaissancemenüs typischen Pfau ab, der zwar höchst dekorativ aussah (er wurde zum Servieren wieder mit seinen Federn geschmückt), meistens aber recht zäh und ledern schmeckte.

Zutaten für 8 Personen:
1 küchenfertige Pute von 5–6 kg, Salz und Pfeffer, 10 Knoblauchzehen,
1 Bund Rosmarin, 4 Lorbeerblätter, die abgeriebene Schale einer Zitrone,
5 schwarze Pfefferkörner, 70 g Schmalz oder Butter, 125 ml trockener Weißwein
Zubereitungszeit: 3½–4 Stunden

Bratrohr auf 200 Grad vorheizen.
Die Pute sorgfältig waschen und abtrocknen. Innen und außen mit Salz und Pfeffer einreiben. Die geschälten Knoblauchzehen, Rosmarin, Lorbeer, Zitronenschale und Pfefferkörner und ein Stückchen Schmalz oder Butter in die Bauchhöhle der Pute füllen. Sorgfältig verschließen.
Die Pute mit der Brust nach oben auf einen Bratrost legen und mit dem restlichen Fett bestreichen. In den heißen Ofen schieben. Nach 15 Minuten die Brattemperatur auf 175 Grad drosseln und den Weißwein angießen. Die Pute alle 20 Minuten mit Bratfond beschöpfen, bis sie gar ist (veranschlagen Sie pro 500 Gramm Gewicht 16 Minuten Bratzeit).
Pute aus dem Rohr nehmen und mit Alufolie abdecken. Vor dem Anschneiden 10 Minuten ruhen lassen.
In den Abruzzen isst man dazu Wirsing und Kartoffeln mit scharfen Chilischoten.

Pesce e frutti di mare – Fisch und Meeresfrüchte

Anguilla in umido
Geschmorter Aal – Venetien

Fastenspeise einerseits, Aphrodisiakum andererseits: In Venetien scheint man keinen Widerspruch darin zu sehen, dass Aal an Heiligabend und am Karfreitag auf den Tisch kommt, um dem Fastengebot Genüge zu leisten, und dass eben dieser Fisch auch im Ruf steht, der männlichen Potenz Schützenhilfe zu gewähren.
Man erzählt sich, dass im 16. Jahrhundert Vincenzo Gonzaga die Gunst einer jungen Adeligen erobern wollte. Der venezianische Gesandte brachte den Herzog zu einem Wirt, »der sich mit Kräutern, Sößchen und Leckereien auskannte«. Auf die Anweisung, dem Herzog in Freiersnöten ein stärkendes und anregendes Gericht zuzubereiten entschied der Wirt, dass nur Aal in diesem Falle weiterhelfen könne, und bereitete sogleich eine Platte mit Anguilla in umido zu.

Zutaten für 4 Personen:
400–500 g frischer küchenfertiger Aal, 1 Zwiebel, 1 EL Butter,
1 EL Pflanzenkeimöl, 100 ml trockener Weißwein, 400 g Tomatenpüree, Salz und Pfeffer
Zubereitungszeit: 75 Minuten

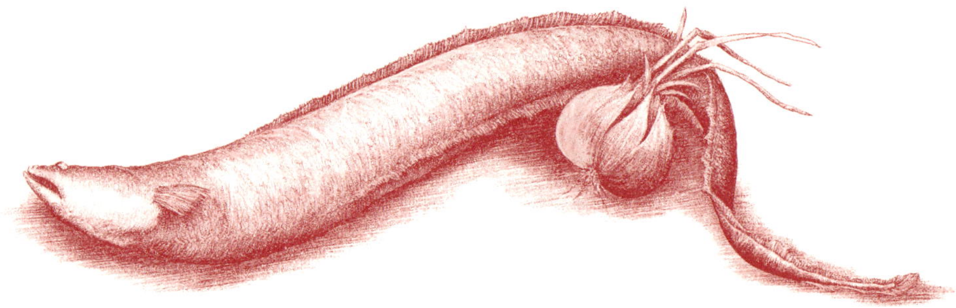

Den Aal in 5–6 Zentimeter breite Stücke schneiden.
Die Zwiebel fein hacken und in einer Pfanne in Butter und Öl anschwitzen.
Die Aalstücke hinzufügen und rundum anbraten. Mit Weißwein ablöschen.
Den Fisch nun zugedeckt auf kleinster Stufe ganz langsam schmoren (rund 60 Minuten).
Gegen Ende der Garzeit das Tomatenpüree einrühren und heiß werden lassen. Mit Salz und Pfeffer abschmecken.
Als Beilage reicht man frische oder gebratene Polenta (s. Seite 244).

Arrosto di frutti di mare
Überbackene Meeresfrüchte – Marken

An heißen Sommertagen schickte man die wasserlustigen Kinder an den Felsstrand und bat sie, wenn sie denn schon den ganzen Tag ins Wasser springen und tauchen wollten, bei dieser Gelegenheit doch auch gleich fürs Abendessen zu sorgen und Meeresfrüchte, die an den Felsen klebten, einzusammeln. Der Arrosto fiel dann je nach Geschick und Tagesform immer wieder anders aus, und auch Sie können ihn zu Hause je nach Angebot Ihres Fischhändlers immer neu mischen und kombinieren.

Zutaten für 4 Personen:
1 kg gemischte Meeresfrüchte (z.B. Miesmuscheln, Messerscheiden, Venusmuscheln, Jakobsmuscheln, Shrimps, Krabben), 1 Bund Petersilie, 2 Knoblauchzehen, 200 g Semmelbrösel, 4–6 EL Olivenöl, Salz und Pfeffer
Zubereitungszeit: 50 Minuten

Die Meeresfrüchte unter fließendem Wasser waschen und putzen. Geöffnete Muscheln aussortieren und wegwerfen.
Backofen auf 200 Grad vorheizen.
Die geputzten Muscheln mit einem Messer öffnen. Die schönsten Muschelschalen heraussuchen und beiseite stellen.
Das Muschelfleisch sowie eventuell geschälte Shrimps und Krabbenfleisch zusammen mit der Petersilie und dem Knoblauch fein hacken, in eine Schüssel geben und mit Semmelbröseln vermischen. Die Masse mit Olivenöl geschmeidig rühren, salzen und pfeffern.
Die Füllmasse in die Muschelschalen streichen. In eine Auflaufform setzen und im vorgeheizten Backrohr 30 Minuten überbacken.

Baccalà alla veneziana
Überbackener Stockfisch in süß-saurer Sauce – Venetien

Diese Version des Stockfischs geht auf eine Tradition der Kapuzinermönche zurück. Der Kantor der Cappella Musicale von San Marco war von der Kreation so begeistert, dass er sich zu einem Loblied auf das Gericht hinreißen ließ: »Niemand weiß so gut wie die Mönche zu sagen/ wie man erfreuen kann den Magen./Baccalà mit Rosinen und Pinienkernen/da gerät jeder ins Schwärmen.«

Zutaten für 6 Personen:
500–600 g Stockfisch (trocken), Mehl zum Wenden, 500 g Zwiebeln, 6 EL Olivenöl, 3 Sardellenfilets, 1 Handvoll Petersilienblätter, 100 g Rosinen, 100 g Pinienkerne, Salz und Pfeffer, Zimt, 1 l Milch, 50 g geriebener Grana, Butterflöckchen zum Überbacken
Zubereitungszeit (ohne Wartezeiten): 3 Stunden

Stockfisch 2–3 Tage lang wässern, damit er aufquillt und seinen strengen Salzgeschmack verliert. Dazu in eine Schüssel legen, mit Wasser bedecken und kühl stellen. Das Wasser mehrmals austauschen.
Den gewässerten Stockfisch abspülen, trockentupfen und in handtellergroße Stücke schneiden. In Mehl wenden, überschüssiges Mehl abklopfen. Beiseite stellen.
Die Zwiebeln in dünne Ringe schneiden und in Olivenöl glasig dünsten. Die Sardellenfilets und die Petersilie hinzufügen. Die Stockfischstücke hineingeben und über lebhafter Flamme rasch anbraten, bis sich eine goldbraune Kruste bildet. Rosinen und Pinienkerne hinzufügen.
Den Pfanneninhalt nun mit wenig Salz und etwas mehr Pfeffer abschmecken und mit einem Hauch Zimt überpudern. Mit Milch übergießen und den Grana einstreuen. Pfanne zudecken und auf kleinster Stufe etwa 2 Stunden vor sich hin schmurgeln lassen.
Backofengrill anheizen. Den Fisch mit Butterflöckchen bedecken und unter dem Backofengrill goldbraun überbacken.
Dazu reicht man Polenta (s. Seite 244).

Baccalà con i porri
Stockfisch mit Lauch – Toskana

Die wunderbare *drogheria*, die Gewürz-, Lebensmittel- und Weinhandlung alten Stils gibt es heute nur noch selten. Es war ein Vergnügen für die Sinne, diese Läden zu betreten und den Duft der verschiedenen Gewürze (*droghe*), Salamis und anderer Leckerbissen zu schnuppern. Diese Drogherie boten auch bereits eingeweichten Stockfisch an. Am Dienstag wurde der Stockfisch in große Holzbottiche gelegt, damit er am Donnerstagabend oder Freitagmorgen küchenfertig verkauft werden konnte. Heute bekommt man diesen Service leider nur noch selten geboten. Wie man Stockfisch einweicht, können Sie im vorhergehenden Rezept nachlesen.

Zutaten für 4 Personen:
4 Lauchstangen, 1 kg gewässerter Stockfisch, Mehl zum Wenden, 4 EL Olivenöl, 100 ml trockener Weißwein, 4 geschälte Tomaten, 1 Büschel Basilikum, Salz und Pfeffer
Zubereitungszeit: 90 Minuten

Lauch putzen, längs halbieren und sorgfältig ausspülen, dann quer in schmale Streifen schneiden. In ein Sieb geben, noch einmal kurz abbrausen und mit dem Wasser, das vom Waschen noch anhaftet, in eine Pfanne geben. Leicht salzen und unter gelegentlichem Wenden in 15 Minuten sanft weich dünsten.
Inzwischen den Fisch in Portionsstücke teilen und in Mehl wenden. Überschüssiges Mehl abklopfen.
In einer Pfanne etwas Olivenöl erhitzen. Die Fischstücke hineinsetzen und auf beiden Seiten goldbraun braten. Herausheben und beiseite stellen.
Den Bratfond mit Weißwein loskochen. Die Tomaten hinzufügen und mit einer Gabel zerdrücken. Etwa 15 Minuten leise schmoren. Den weich gedünsteten Lauch unter die Tomatensauce rühren und einige Minuten mitschmoren. Mit Salz und Pfeffer abschmecken.
Eine Auflaufform mit etwas Öl auspinseln. Den gebratenen Baccalà hineinsetzen und mit der Lauch-Tomaten-Creme bedecken. Mit dem in feine Streifen geschnittenen Basilikum bestreuen und mit einem Schuss Olivenöl beträufeln. Kurz unter dem Backofengrill überbacken.
Vor dem Servieren 5 Minuten ruhen lassen.

Baccalà in umido
Stockfisch in Kapernsauce – Umbrien

Als typische Fastenspeise ist Stockfisch freitags in ganz Italien angesagt. Auch der Vorabend von Allerheiligen oder Heiligabend waren klassische Stockfischtermine.

Zutaten für 4 Personen:
1 kg küchenfertiger, gewässerter Stockfisch, Mehl zum Wenden, 1 Zwiebel, 2 Knoblauchzehen, 4 EL Olivenöl, ca. 100 ml Gemüsebrühe, 8 Sardellenfilets, 1 EL Kapern, 2 EL Rosinen, 2 EL gehackte Petersilie, Salz und Pfeffer
Zubereitungszeit: 45 Minuten

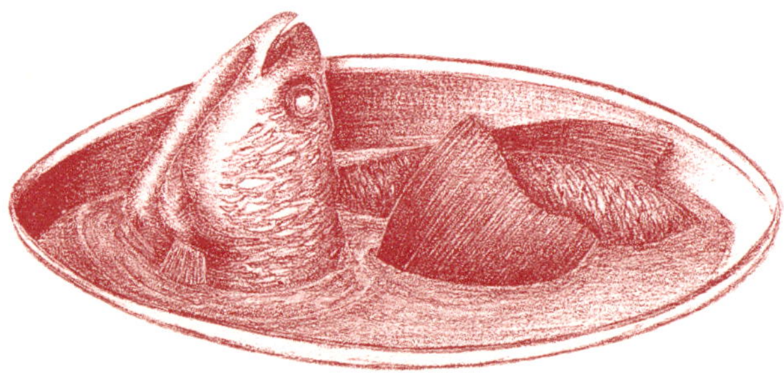

Stockfisch in grobe Würfel schneiden und leicht pfeffern. In Mehl wenden und beiseite stellen.
Zwiebel und Knoblauch hacken und in Olivenöl goldgelb dünsten. Die Fischwürfel hinzufügen und auf beiden Seiten goldbraun braten. Mit Gemüsebrühe ablöschen. Die Sardellenfilets abspülen und zerkleinern. Zusammen mit Kapern, Rosinen und Petersilie in die Pfanne rühren. Zum Kochen bringen, dann auf kleiner Flamme 15–20 Minuten schmoren. Fischwürfel ab und zu wenden. Sollte die Sauce zu stark einkochen, etwas Brühe oder Wasser nachgießen. Mit Salz und Pfeffer abschmecken und heiß mit Polenta oder geröstetem Weißbrot servieren.

Calamaretti alla sanremese
Tintenfische mit Artischocken und Oliven – Ligurien

Zutaten für 4–6 Personen:
1 kg küchenfertige, kleine Tintenfische, 2 Knoblauchzehen, 1 kleines Bund Petersilie, 8 Artischocken, Zitronensaft, 5 EL Olivenöl, ca. 500 ml heiße Gemüsebrühe, 4 Kartoffeln, 24 schwarze Oliven, 100 ml trockener Weißwein, Salz und Pfeffer
Zubereitungszeit: 60 Minuten

Die Tintenfische zerkleinern und beiseite stellen. Knoblauch und Petersilie fein hacken und beiseite stellen.
Die Artischocken putzen, in Spalten schneiden und mit Zitronensaft beträufeln, damit sie appetitlich hell bleiben. Das Öl in einer Pfanne erhitzen und die Artischockenspalten darin andünsten. Mit einer Kelle Brühe übergießen und 5 Minuten köcheln lassen.
Die Kartoffeln schälen und würfeln und zusammen mit Tintenfischen und Oliven zu den Artischocken geben. Anschließend das Hack aus Knoblauch und Petersilie unterheben.
Den Weißwein hinzugießen und einkochen lassen. Nun die restliche Brühe angießen, salzen und pfeffern. Zum Kochen bringen und 15–20 Minuten leise köcheln lassen. Vor dem Servieren einige Minuten ruhen lassen.

Cappon magro
Bunte Fisch-Gemüse-Platte – Ligurien

Wie ein barockes Fest für die Sinne mutet der Cappon magro an. Was seinen Ursprung in der armen Seemanns- und Resteküche hat, wird heute mit einem Reigen von frischen und hochwertigen Zutaten zelebriert. Mannigfaltiges Gemüse, verschiedene Fische und Meeresfrüchte sorgen für bunte Farben, eine Vielzahl an Aromen und Konsistenzen. Da es hier auf eine möglichst bunte Mischung ankommt (die Sie übrigens auch nach Ihren persönlichen Vorlieben zusammenstellen können), lohnt es sich, den Cappon magro gleich für eine größere Personenzahl zu komponieren.

Zutaten für 6 Personen:
Für das Gemüse: 3 Knoblauchzehen, 6 Scheiben Schiffszwieback, Olivenöl, guter Weinessig, 2 Kartoffeln, 2 Mohrrüben, einige zarte Selleriestängel, 250 g grüne Bohnen, 1 kleiner Blumenkohl, 1 Rote Bete, 3 Schwarzwurzeln, 4 Artischocken, in Öl eingelegte Pilze und Oliven zum Verzieren
Für den Fisch: 800 g küchenfertiger Knurrhahn (oder Heilbutt, Wolfsbarsch o.ä.), 1 Bouquet garni, 6 EL Olivenöl, Saft einer Zitrone, 1 Hummer, 6 Garnelen, 6 frische Austern, gemischte Muscheln, 4 Sardellenfilets
Für die Sauce: 1 Bund Petersilie, 2 hart gekochte Eidotter, 8 grüne entsteinte Oliven, 1 in Weißweinessig eingeweichtes Brötchen ohne Rinde, 2 Sardellenfilets, 2 Knoblauchzehen, 30 g Kapern, 20 g Pinienkerne, 100 ml natives Olivenöl extra, Salz und Pfeffer
Zubereitungszeit: 3 Stunden

Zunächst die Gemüseplatte vorbereiten. Dazu die Knoblauchzehen längs halbieren. Den Schiffszwieback mit den Schnittflächen der Knoblauchzehen einreiben und auf einer Servierplatte auslegen. Mit Olivenöl und Essig beträufeln und leicht salzen.
Das Gemüse putzen und zerkleinern. Kartoffeln, Mohrrüben, Sellerie, grüne Bohnen und Blumenkohl in einen Topf geben und in leicht gesalzenem Wasser blanchieren. Abgießen und kalt abschrecken, damit das Gemüse seine leuchtende Farbe behält.
Rote Bete, Schwarzwurzeln und die geviertelten Artischocken getrennt blanchieren, dann jeweils abgießen und kalt abschrecken. Das Gemüse auf Platten geben und mit Öl, Essig und Salz würzen.
Den Knurrhahn unter fließendem Wasser abbrausen, dann mit Küchen-

krepp abtrocknen. Einen großen Topf Wasser leicht salzen, den Kräuterstrauß hineinlegen und zum Kochen bringen. Den Fisch hineingeben und in wenigen Minuten garen, bis sein Fleisch weiß und fest aussieht. Herausheben und abkühlen lassen, dann häuten, entgräten und in mundgerechte Stücke teilen. Auf einen Teller legen und mit Öl und Zitronensaft beträufeln. Anschließend den Hummer und die Garnelen in der Fischbrühe garen. Den Hummer auslösen und zerkleinern, die Garnelen ganz lassen und beiseite stellen. Austern und Muscheln öffnen, aber in ihrer Schalenhälfte lassen. Beiseite stellen.

Nun die Sauce zubereiten. Die Petersilienblättchen von den Stängeln zupfen und mit den übrigen Saucenzutaten pürieren.

Nun den Cappon magro zusammenstellen. Den Schiffszwieback mit einem Esslöffel Sauce überziehen. Nach und nach die vorbereiteten Gemüsesorten, die Fischstückchen und die Hälfte der Hummerteile übereinanderschichten und jede Lage mit ein wenig Sauce bestreichen.

Das Gesamtkunstwerk soll einen nach oben spitz zulaufenden Kegel ergeben und wird mit einem besonders schönen Stück Hummer gekrönt. Die Basis mit den geöffneten Austern und Muscheln umkränzen. Schließlich Garnelen, Sardellenfilets, Oliven und eingelegte Pilze abwechselnd auf Holzspießchen stecken und in die Seiten des Kegels stecken.

Vorsichtig zu Tisch bringen und sich auf das begeisterte »Aah und Ooh!« der Gäste freuen.

Cefali al cartoccio
Meeräschen in Folie – Marken

Der Fang der Meeräschen war an der Küste vor Senigallia lange Zeit eine Gemeinschaftsaufgabe. Ein großes, über 300 Meter langes Netz wurde in nicht sehr großer Tiefe in einem Halbkreis ausgelegt. Zwei Gruppen zu je acht oder neun Mann zogen das Netz dann ohne Boote direkt an den Strand.

Wie überall ist auch hier die Fischerei einem starken Wandel unterworfen. Um dennoch die kulturelle Identität, den Sinn für Gemeinschaft unter den Fischern und Hafenarbeitern zu erhalten, wurde in Senigallia die *Democratica Fratellanza degli Amici del Molo di Ponente* ins Leben gerufen. Diese Bruderschaft steht allen Fischern, Matrosen, Hafen- und Werftarbeitern offen und bemüht sich darum, das Leben am Hafen zu erhalten und Zugereisten die Faszination von Hafen und Meer nahe zu bringen. In diesem Zusammenhang sammelt die Bruderschaft Fischrezepte der Region und stellt sie bei der Jahresfeier im September vor.

Zutaten für 4 Personen:
1 Bund Petersilie, 3 Knoblauchzehen, 4 EL Semmelbrösel, ½ EL Tomatenmark, 50 ml Weißwein, Olivenöl, Salz und Pfeffer, 4 küchenfertige Meeräschen (Portionsfische)
Zubereitungszeit: 50 Minuten

Backherd auf 180 Grad vorheizen.
Petersilie und Knoblauch fein hacken und in eine Schüssel geben. Semmelbrösel, Tomatenmark und Weißwein hinzufügen und zu einer Paste verrühren. Soviel Olivenöl einrühren, bis die Paste schön geschmeidig und streichfähig wird. Salzen und pfeffern.
Die Fische innen und außen mit dieser Paste bestreichen. In Alufolie wickeln und auf ein Backblech legen. Ins heiße Rohr schieben und je nach Größe 20–30 Minuten garen.

Cernia al forno con zucchine
Zackenbarsch vom Rohr mit Zucchini – Kampanien

Zackenbarsche kommen im gesamten Mittelmeer vor und haben für den Fischer eine ähnliche Bedeutung wie für den Bauern das Hähnchen: Er gehört zum Alltag und liefert zudem den sonntäglichen Braten.

Zutaten für 4 Personen:
600 g Barschfilet, Salz und Pfeffer, Mehl zum Wenden, 4 EL Olivenöl, 1 Zwiebel, 2 Knoblauchzehen, 1 Bund Basilikum, 200 g Tomatenpüree, 50 g schwarze entsteinte Oliven, 50 ml trockener Weißwein, 500 g Zucchini
Zubereitungszeit: 60 Minuten

Das Fischfilet in gleichmäßige Stücke teilen, salzen und pfeffern. In Mehl wenden, überschüssiges Mehl abklopfen. 3 Esslöffel Olivenöl in einer Pfanne erhitzen. Die Fischfilets darin auf beiden Seiten goldbraun braten. Herausheben und beiseite stellen.
Zwiebel in dünne Ringe hobeln, den Knoblauch fein hacken. Die Basilikumblätter von den Stängeln zupfen und ebenfalls fein hacken.
Zwiebel und Knoblauch im Bratfond der Fische weich dünsten. Das Tomatenpüree, die Hälfte des Basilikums, Oliven und Weißwein einrühren und zum Kochen bringen. Auf kleiner Flamme 15 Minuten schmurgeln lassen.
Inzwischen das Backrohr auf 180 Grad vorheizen. Die Zucchini putzen und in Scheiben schneiden.

Eine Auflaufform mit dem restlichen Öl auspinseln und einen Hauch Tomatensauce auf dem Boden der Form verstreichen. Die Fischfilets hineinlegen. Die Zucchinischeiben senkrecht dazwischen stecken. Mit der restlichen Tomatensauce überziehen und rund 15 Minuten im vorgeheizten Rohr überbacken. Mit dem restlichen Basilikum bestreuen und zu Tisch bringen.

Cernia ripiena con patate
Gefüllter Zackenbarsch mit Kartoffeln – Marken

Zutaten für 4 Personen:
1 küchenfertiger Zackenbarsch, ca. 1500 g, 3 Knoblauchzehen, 4 Zitronen, 2 Rosmarinzweige, 250 g luftgetrocknete Pancetta in dünnen Scheiben, Salz und Pfeffer, 100 ml Olivenöl, 100 ml trockener Weißwein, 4 Kartoffeln
Zubereitungszeit: 75 Minuten

Backrohr auf 200 Grad vorheizen.
Fisch unter fließendem kalten Wasser abspülen und abtrocknen. Knoblauch schälen und längs halbieren. 3 Zitronen in dünne Scheiben schneiden, die vierte Zitrone auspressen.

Den Bauch des Fisches mit den Knoblauchhälften, einer Lage Zitronenscheiben, Rosmarin und ein paar Pancettascheiben füllen. Salzen und pfeffern.
Etwas Öl in eine Auflaufform gießen. Den Fisch mit den restlichen Pancettascheiben umwickeln und in die Form legen. Mit Zitronenscheiben belegen und mit Wein und Zitronensaft übergießen.
Kartoffeln schälen und fein würfeln. Mit Olivenöl, Salz und Pfeffer würzen und um den Fisch herum verteilen.
Im heißen Backrohr rund 45 Minuten garen.

Gamberi saltati al vino bianco
Garnelen in Weißwein – Latium

Ein Weißwein aus der Region eignet sich für dieses Rezept am besten. Nehmen Sie zum Beispiel den Est!Est!!Est!!!, den die Römer in der Regel zu Antipasti und Fischgerichten trinken. Zu seinem ausgefallenen Namen kam der Wein angeblich im Mittelalter durch einen deutschen Bischof. Auf seiner Reise nach Rom bat er einen seiner Bediensteten, die besten Lokale am Wege auszukundschaften, und wo immer er einen guten Wein entdeckte, das Wort »Est!« an die Hauswand zu kritzeln. Hier und da tauchte nun ein »Est!« auf. In Montepulciano trank der Diener einen besseren Wein und vermerkte dies mit »Est!Est!!«. In Montefiascone aber soll er von dem aufgetischten Tropfen so begeistert gewesen sein, dass er sich gleich zu einem dreifachen »Est!Est!!Est!!!« hinreißen ließ.

Zutaten für 4 Personen:
1 kg Garnelen, 1 Schalotte, 4 EL Olivenöl, 1 Kräutersträußchen aus Lorbeer, Thymian und Petersilie, 100 ml trockener Weißwein, 250 g Tomatenstückchen, Salz und Pfeffer, gehackte Petersilie zum Garnieren
Zubereitungszeit: 45 Minuten

Garnelen schälen und entdarmen. Schalotte fein hacken und mit dem Kräutersträußchen einige Minuten in Olivenöl andünsten. Die Garnelen hinzufügen und unter ständigem Wenden rosa braten. Aus der Pfanne heben und beiseite stellen.
Den Bodensatz mit Weißwein loskochen. Die Tomatenstückchen einrühren und zum Kochen bringen. 5–10 Minuten durchköcheln lassen. Das Kräutersträußchen entfernen. Die Garnelen in die Sauce setzen und wieder heiß werden lassen. Mit Salz und Pfeffer abschmecken.
Auf Teller verteilen und mit gehackter Petersilie bestreut servieren.

Luccio mantecato
Hechtmousse – Venetien

Hecht gehörte in Venetien immer schon auf die Tafel des Adels und der reichen Kaufleute: In der Renaissancezeit wurde er süß-sauer mit Orangen, Zimt und Zucker gebraten oder mit Zedratzitronen und Nelken gewürzt oder aber in einer Marinade aus Essig, Fenchelsamen und anderen Gewürzen haltbar gemacht.

Zutaten für 4–6 Personen:
1 küchenfertiger Hecht von ca. 1 kg, 100 ml trockener Weißwein, 50 ml Weißweinessig, 1 Selleriestängel, 1 Zwiebel, 1 Mohrrübe, 5 Wacholderbeeren, 5 schwarze Pfefferkörner, Schale und Saft einer unbehandelten Zitrone, Meersalz und Pfeffer aus der Mühle, natives Olivenöl extra
Zubereitungszeit (ohne Kühlzeit): 60 Minuten

Den Hecht unter fließendem Wasser abwaschen, trockentupfen und beiseite stellen. Einen Fischtopf mit Wasser füllen. Wein und Essig, das geputzte Gemüse, Wacholderbeeren, Pfefferkörner und Zitronenschale hineingeben und salzen. Zum Kochen bringen und 10 Minuten durchkochen.

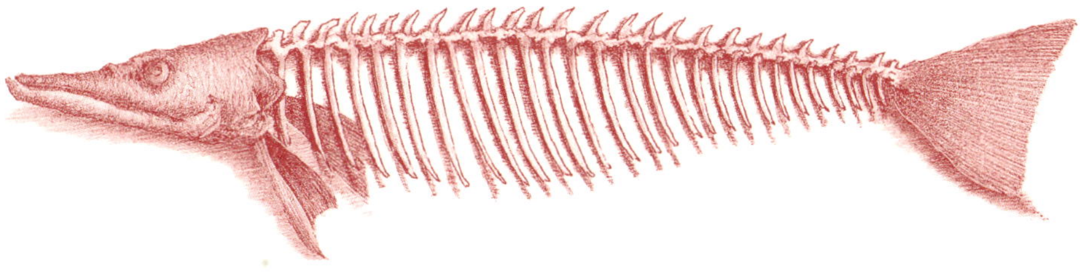

Den Hecht in diesen Sud legen und leise gar ziehen lassen. Den Fisch herausheben und sorgfältig häuten und entgräten.
Das Hechtfleisch in eine Schüssel geben und mit einer Gabel zerpflücken. Mit einem Schuss Olivenöl und Zitronensaft, etwas Salz und Pfeffer zu einer lockeren Mousse schlagen. Vor dem Servieren 3–4 Stunden durchkühlen.

Pagello aromatico
Meerbrasse in Basilikumsauce – Apulien

Zutaten für 4 Personen:
1 Knoblauchzehe, 100 ml Olivenöl, 1 Bund Basilikum, 400 g Tomatenpüree, 1 kleiner getrockneter Peperoncino, Salz und Pfeffer, 50 ml trockener Weißwein, 4 küchenfertige Brassen à 350 g, Mehl zum Wenden
Zubereitungszeit: 35 Minuten

Knoblauch fein hacken und in 3 Esslöffeln Olivenöl andünsten. Basilikumblätter von den Stängeln zupfen und fein hacken. Einen Teil zum Garnieren beiseite stellen, den Rest zusammen mit dem Tomatenpüree und dem Peperoncino unter den Knoblauch rühren und zum Kochen bringen. Salzen und pfeffern und 25 Minuten durchköcheln lassen. Gegen Ende der Garzeit den Wein einrühren und im offenen Topf einkochen lassen.
Während die Sauce köchelt, die Brassen salzen und pfeffern und in Mehl wenden. Überschüssiges Mehl abklopfen. Die Fische im restlichen Olivenöl auf beiden Seiten goldbraun braten. Auf Teller verteilen und mit der Basilikumsauce überziehen. Dazu passt Weißbrot oder geröstete Polenta.

Palombo con pesto trapanese
Haifisch mit Mandel-Basilikum-Pesto nach der Art von Trapani – Sizilien

Trapani liegt an der Nordwestküste Siziliens und ist aus dem antiken Drepanum hervorgegangen. Als Hafenstadt war Trapani stets vielen fremden Einflüssen ausgesetzt, die nicht zuletzt in der Küche ihren Niederschlag fanden. Das vorliegende Rezept zeichnet sich zum Beispiel durch einen arabisch anmutenden Pesto aus.

Zutaten für 4 Personen:
4 Knoblauchzehen, 1 Bund Basilikum, 50 g geschälte Mandeln, Olivenöl, Salz und Pfeffer, 4 vollreife Tomaten, 8 grüne Oliven, 1 EL Kapern (nach Wunsch), 4 Haifischsteaks à 180 g
Zubereitungszeit: 45 Minuten

Knoblauch und Basilikum grob zerkleinern. Zusammen mit den Mandeln in eine Küchenmaschine geben und zu einer weichen Paste pürieren. In eine Schüssel umfüllen und mit Olivenöl geschmeidig rühren, salzen und pfeffern.
Die Tomaten kreuzweise einritzen und kurz in kochendes Wasser tauchen. Die Haut abziehen und die Kerne entfernen. Tomaten fein würfeln und unter den Pesto heben.
Die Oliven entsteinen, grob hacken und nach Wunsch mit den Kapern zum Pesto geben.
Die Haifischsteaks salzen und pfeffern und mit Olivenöl einpinseln. Auf einem Holzkohlengrill oder unter den Grillschlangen im Backofen garen und dabei einmal wenden (je nach Dicke der Steaks und gewünschter Garstufe 3–5 Minuten pro Seite).
Auf Teller verteilen und mit dem Pesto überziehen.

Palombo in salsa di finocchio
Haifisch in Fenchelsauce – Sardinien

Der Palombo oder Südliche Glatthai gehört zu den kleineren Haiarten und lebt im Mittelmeer. Er zeichnet sich durch ein angenehm festes und kräftiges Fleisch aus, das ein wenig an Schwertfisch erinnert. Wie alle Haie hat auch der Glatthai ein knorpeliges Skelett, sodass Sie sich beim Essen nicht mit Gräten abmühen müssen.

Zutaten für 4 Personen:
2 EL Rosinen, 2 EL Pinienkerne, 1 Büschel junger Fenchel (ersatzweise 2 Fenchelknollen mit Blattgrün), 2 EL Olivenöl, 2 zerstoßene Knoblauchzehen, 400 g Tomatenwürfel, Salz und Pfeffer, 4 Haifischsteaks à 180 g
Zubereitungszeit: 45 Minuten

Die Rosinen in einem Schälchen lauwarmem Wasser einweichen. Pinienkerne fettfrei in einer Pfanne goldgelb rösten, vom Herd nehmen und abkühlen lassen.
Fenchel putzen und grob zerkleinern und in sprudelndem Salzwasser blanchieren. Abgießen und sofort kalt abschrecken. Gut abtropfen lassen.
Das Öl in einen Schmortopf gießen. Knoblauch und Tomaten hinzufügen, salzen und pfeffern und langsam erwärmen. Etwa 10 Minuten durchköcheln lassen. Die Knoblauchzehen wieder entfernen, statt dessen Rosinen, Pinienkerne und Fenchel in die Sauce geben und gut verrühren.
Haifischsteaks salzen und pfeffern und in die Fenchelsauce legen. Die Sauce wieder zum Kochen bringen und den Fisch in knapp 15 Minuten darin garen.
Mit der Sauce servieren.

Pesciolini in carpione
Eingelegte Fischlein – Lombardei

Die Lombardei ist als Reisanbaugebiet von zahlreichen Bewässerungsgräben und Kanälen durchzogen. Alljährlich wurden diese Wasserläufe zur Reinigung trockengelegt. Dabei sah man sich dann einer Unmenge kleinerer und größerer Fische gegenüber, die möglichst rasch verarbeitet und haltbar gemacht werden mussten. Heute ist das Fangen dieser Fische strengstens verboten, und für kulinarische Zwecke begnügt man sich deshalb mit Ware vom Fischhändler. Das Rezept ist jedoch dasselbe geblieben.

Zutaten für 4 Personen:
200 ml Weißweinessig, 500 ml trockener Weißwein, 1 Zwiebel, 2 Lorbeerblätter, 5 Pfefferkörner, Salz, 800 g küchenfertige, kleine Süßwasserfische, Mehl zum Wenden, Öl zum Braten
Zubereitungszeit (ohne Ruhezeit): 30 Minuten

Für die Marinade Essig und Wein erhitzen. Die Zwiebel in feine Ringe schneiden und zusammen mit Lorbeerblättern, Pfefferkörnern und einer Prise Salz im Essiggemisch aufkochen lassen. Marinade auf lebhafter Flamme um ein Drittel reduzieren, vom Herd nehmen und abkühlen lassen.
Inzwischen die Fische unter fließendem Wasser waschen und mit Küchenkrepp trockentupfen. In Mehl wenden, überschüssiges Mehl abklopfen.
Reichlich Öl in einer tiefen Pfanne erhitzen und die Fische portionsweise darin goldbraun backen. Mit einem Sieblöffel herausheben und auf Küchenkrepp abtropfen lassen. Leicht salzen.
Die gebratenen Fische in ein Gefäß schichten, mit der Marinade übergießen und 24 Stunden durchziehen lassen.

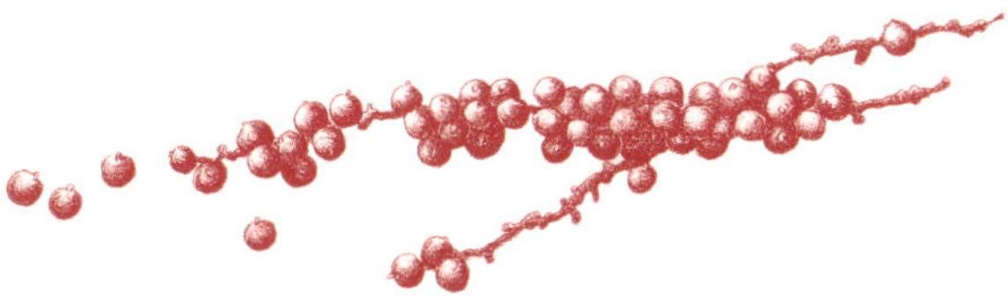

Rana pescatrice allo zafferano
Seeteufel mit Safran – Abruzzen

Crocus sativus, so der wissenschaftliche Name des Safrans, ist ein äußerst winterhartes Zwiebelgewächs. Er gedeiht in den Bergregionen Spaniens, Griechenlands, des Irans und in Marokko. In den Abruzzen findet man Safran in der halbtrockenen Hochebene von Navelli. Da Safran früher hauptsächlich als Färbemittel diente, wurde er in weitaus größerem Maßstab angebaut als heute. Bis zum Zweiten Weltkrieg zog praktisch jede Bauernfamilie der Region neben ihren gewöhnlichen Ackerfrüchten wie Kichererbsen, Linsen, Dinkel auch Safran, der im Oktober und November geerntet wurde und dann Gegenstand vieler Safranfeste in der Region war.

Zutaten für 4 Personen:
1 großer küchenfertiger Seeteufel von ca. 2 kg, Salz, 1 Schalotte, 3 EL Olivenöl, 100 ml Weißwein, 12 Safranfäden, 1 EL geriebener Parmesan
Zubereitungszeit: 45 Minuten

Seeteufel innen und außen salzen. Schalotte fein hacken und in einer großen Pfanne in Olivenöl andünsten. Den Fisch hineinlegen und mit Weißwein übergießen. Auf kleiner Flamme 15–20 Minuten zugedeckt dünsten.
Inzwischen die Safranfäden in 100 ml lauwarmem Wasser einweichen. Anschließend in die Fischpfanne geben und 5 Minuten bei kräftiger Hitze köcheln lassen.
Seeteufel mit Parmesan bestreuen und zu Tisch bringen.
Dazu passen Kartoffeln.

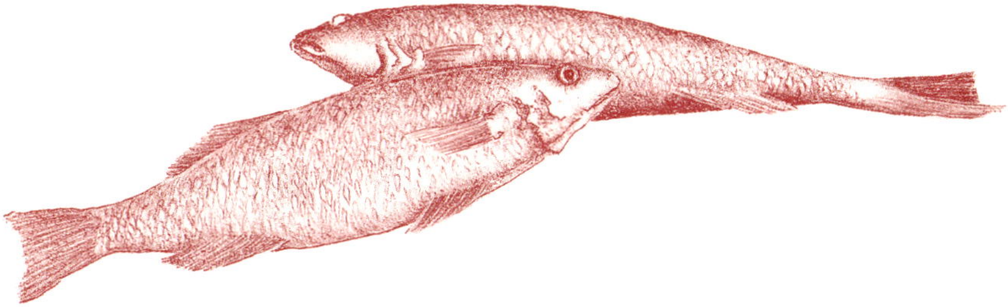

Rana pescatrice in potacchio
Seeteufel in Rosmarinsauce – Marken

Lamm und Kaninchen, Fische und Meeresfrüchte werden in den Marken *in potacchio* zubereitet – Duft und Aroma von frischem Rosmarin passen eben zu allem! Wer will, verpasst der Kräutersauce mit etwas Peperoncino noch den richtigen Pep.

Zutaten für 4 Personen:
800 g Filet vom Seeteufel, 200 ml trockener Weißwein, 3 Knoblauchzehen, 1 Zwiebel, 1 Bund Petersilie, 4–5 Basilikumblätter, 2 Rosmarinzweige, 1 getrockneter Peperoncino (nach Wunsch), 4 EL Olivenöl, Salz und Pfeffer, 300 g geschälte Tomaten
Zubereitungszeit: 40 Minuten

Fischfilet in grobe Würfel schneiden. In eine Pfanne geben, mit 100 ml Weißwein übergießen und 5 Minuten dünsten. Aus der Pfanne heben und gut abtropfen lassen.
In der Zwischenzeit Knoblauch und Zwiebel fein hacken. Zusammen mit den abgezupften Petersilienblättchen, dem Basilikum, den Rosmarinnadeln, dem zerkrümelten Peperoncino, Olivenöl, Salz und Pfeffer in eine Küchenmaschine füllen und zu einer glatten Paste pürieren.
Die Fischwürfel mit der Kräuterpaste in eine Pfanne geben, mit dem restlichen Weißwein übergießen und sanft erwärmen. Die Tomaten zufügen und etwa 5 Minuten leise durchköcheln, bis die Fischwürfel durch sind.

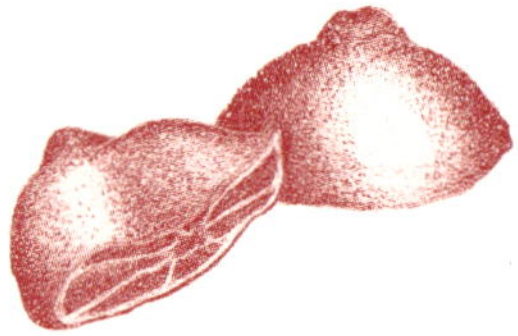

Razza con i peperoni
Rochen mit Paprikasauce – Marken

Rochen ist der ideale Speisefisch für all diejenigen, die nicht gerne mit Gräten hantieren. Wie der Haifisch besitzt auch der Rochen ein knorpeliges Skelett, das sich nach dem Garen leicht vom Fleisch lösen lässt. Fangfrischer Rochen besitzt einen unangenehmen Ammoniakgeruch, von dem Sie sich aber nicht irritieren lassen sollten – er ist ein Zeichen von Frische und verschwindet meist nach dem Kochen (sicherheitshalber etwas Essig oder Zitronensaft zufügen). Das Fleisch schmeckt dann zart und fast süßlich. In den Marken wird er deshalb bevorzugt zu Paprika gegessen, der beim Garen ebenfalls ein süßliches Aroma entfaltet.

Zutaten für 4 Personen:
1 rote und 2 gelbe Paprikaschoten, Olivenöl, 1 Knoblauchzehe, 1 Bund Petersilie,
1 Peperoncino, 150 g Tomatenpüree, 50 ml Gemüsebrühe (nach Wunsch),
800 g küchenfertiger Rochen, Salz, Saft einer Zitrone
Zubereitungszeit: 2 Stunden

Paprikaschoten waschen, halbieren und entkernen. Mit etwas Olivenöl bepinseln und mit der Schnittfläche nach unten auf ein Backblech legen. Unter dem Backofengrill rösten, bis die Haut bräunt und Blasen wirft (20–30 Minuten). Aus dem Rohr holen, in eine Schüssel legen und zugedeckt 15 Minuten nachdämpfen lassen. Anschließend häuten und in mundgerechte Stücke schneiden. Beiseite stellen.
Nun die Gemüsesauce zubereiten. Knoblauch und Petersilie fein hacken und in 2 Esslöffeln Olivenöl andünsten (etwas Petersilie zum Garnieren beiseite stellen). Paprika und den zerkrümelten Peperoncino dazugeben und 10 Minuten unter Wenden dünsten. Das Tomatenpüree und Gemüsebrühe oder die entsprechende Menge Wasser hinzufügen. Sauce zum Kochen bringen, dann auf kleinster Stufe etwa eine Stunde leise vor sich hin köcheln lassen.
Den Rochen mit Salzwasser und Zitronensaft aufsetzen und im leise wallenden Wasser in etwa 20 Minuten gar ziehen lassen.
Den Rochen abtropfen lassen und portionieren. Auf Tellern anrichten und mit der Paprikasauce überziehen. Mit gehackter Petersilie bestreuen und zu Tisch bringen.

Rombo con spinaci e salsa di acciughe
Steinbutt mit Spinat und Sardellensauce – Venetien

Die Kombination von Fisch und Spinat ist typisch für die ostjüdische Küche. In Venedig hat diese Küchentradition in vielen Gerichten überlebt.

Zutaten für 4 Personen:
800 g Steinbuttfilet, Salz und Pfeffer, 500 g Blattspinat, 200 ml trockener Weißwein, 8 Sardellenfilets, 100 g kalte Butter, 1 Tomate zum Garnieren
Zubereitungszeit: 45 Minuten

Fischfilet salzen und pfeffern. Spinat sorgfältig waschen und verlesen. Mit dem Wasser, das vom Waschen noch an den Blättern haftet, in einen Topf geben und rasch zusammenfallen lassen.
Spinat herausheben, gut abtropfen lassen und grob zerkleinern. Mit Salz und Pfeffer würzen.
Den vorgekochten Spinat auf den Fischfilets verteilen. In eine weite Pfanne setzen, Wasser oder Wein angießen und zugedeckt rund 15 Minuten dämpfen.
Inzwischen den restlichen Weißwein mit den sorgfältig abgespülten Sardellenfilets in ein Töpfchen geben und 7–8 Minuten köcheln lassen, bis sich die Sardellen aufgelöst haben. Durch ein Sieb gießen, um die Gräten zu entfernen, und wieder auf den Herd stellen. Die kalte Butter in Flöckchen einarbeiten.
Diese Sardellensauce nun auf Teller verteilen. Die gedämpften Fischfilets mit ihrer Spinathaube darauf setzen und noch einmal mit Salz und Pfeffer nachwürzen.
Die Tomate fein würfeln und als Farbtupfer über den Fisch streuen.

Salmerino in cartoccio
Saibling in Folie – Venetien

Der heilige Zeno war um 370 Bischof von Verona und wird seit vielen Jahrhunderten als Stadtpatron verehrt. Dazu beigetragen hat sicher seine Volksnähe, denn wie die einfachen Leute der Gegend ging er beispielsweise gern zum Angeln. Wie zum Beweis zeigt eine Statue in der Basilika San Zeno in Verona den Heiligen denn auch mit einem frisch gefangenen Saibling, der von seinem Krummstab baumelt.

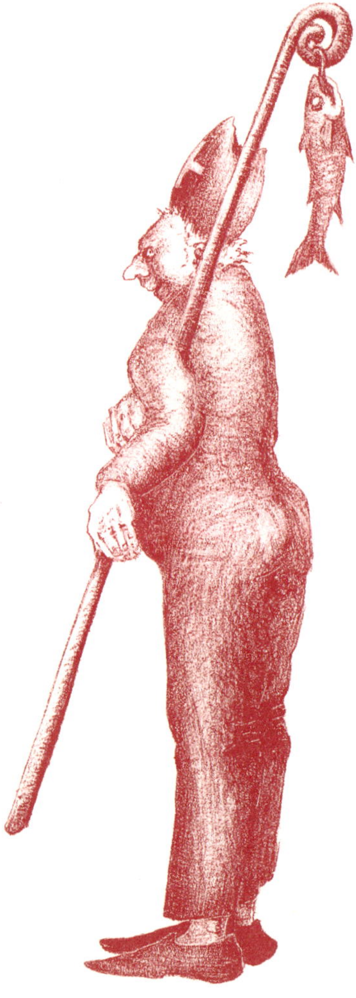

Zutaten für 4 Personen:
4 küchenfertige Saiblinge à 350 g, Salz und Pfeffer,
4 reife Eiertomaten, 12 Basilikumblätter, 20 grüne und
20 schwarze Oliven, 4 EL Kapern, 2 EL Weinbrand,
4 EL Olivenöl
Zubereitungszeit: 35 Minuten

Backofen auf 250 Grad vorheizen. 4 Bögen Alufolie so zurechtschneiden, dass die Fische darauf Platz haben, und auf einer Arbeitsfläche ausbreiten.
Die Saiblinge auf die Alufolie legen, innen und außen mit Salz und Pfeffer einreiben.
Die Tomaten würfeln, das Basilikum grob zerzupfen, die Oliven entsteinen und alles zusammen mit den Kapern auf den Fischen verteilen. Mit etwas Weinbrand besprengen und mit dem Olivenöl beträufeln.
Die Folie zu Päckchen verschließen, auf ein Backblech legen, und die Fische im heißen Rohr in rund 20 Minuten garen.

Sgombro con pesto alle olive
Makrelen mit Olivenpesto – Marken

Zutaten für 4 Personen:
2 große küchenfertige Makrelen, Salz, Saft einer Zitrone, 1 Bund Petersilie, 3 Knoblauchzehen, 3 Sardellenfilets, 2 EL Kapern, 20 grüne entsteinte Oliven, 2 EL Olivenöl
Zubereitungszeit (ohne Ruhezeit): 30 Minuten

Die Makrelen sorgfältig abspülen und mit Salzwasser und Zitronensaft aufsetzen. Etwa 10 Minuten im leise wallenden Wasser gar ziehen lassen. Herausheben und abkühlen lassen.
Inzwischen die Petersilienblättchen von den Stängeln zupfen und in die Küchenmaschine füllen. Knoblauchzehen schälen, grob zerkleinern und mit den gewaschenen Sardellenfilets, den Kapern und Oliven zur Petersilie geben und zu einem Pesto pürieren. Mit Olivenöl glatt rühren.
Die Makrelen filetieren und in eine Form schichten. Zwischen die einzelnen Lagen und obenauf den Pesto geben. Kühl stellen und vor dem Servieren 4–6 Stunden durchziehen lassen.

Stoccafisso agrodolce
Stockfisch in süß-saurer Sauce – Marken

Ein Großteil der Marken erstreckt sich entlang der Adriaküste, aber es gibt auch unwegsame und meerferne Gebirgsregionen, die keinen Zugang zu frischen Seefischen hatten. Dort behalf man sich mit dem durch Trocknen oder Einsalzen haltbar gemachten Stockfisch. In den Monti Sibillini war er fester Bestandteil des Fastenplans, und am 17. Januar, dem Tag des heiligen Antonius wurden überall in der Gegend Stockfischfeste abgehalten, bei denen man typische Zubereitungen probieren konnte.

Zutaten für 4 Personen:
1 Zwiebel, 1 Knoblauchzehe, 1 Peperoncino, 4 EL Olivenöl, 750 g küchenfertiger, gewässerter Stockfisch, 1 Gläschen Weinbrand, 100 g Tomatenpüree, 2 EL Rosinen, Salz und Pfeffer, 2 EL gehackte Petersilie
Zubereitungszeit: 45 Minuten

Die Zwiebel in dünne Ringe hobeln und zusammen mit der ganzen, geschälten Knoblauchzehe und dem ganzen Peperoncino in Olivenöl andünsten. Stockfisch in mundgerechte Stücke teilen und in die Pfanne setzen. Mit Weinbrand ablöschen, dann das Tomatenpüree und 3–4 Esslöffel heißes Wasser einrühren. Den Stockfisch auf kleiner Stufe in 15–20 Minuten garen. Kurz vor Ende der Garzeit die Rosinen einrühren und mit wenig Salz und etwas Pfeffer abschmecken. Auf Teller verteilen und mit Petersilie garnieren.

Tonno alla ligure
Tunfisch mit Pilzen auf ligurische Art – Ligurien

Das Wort Tunfisch leitet sich ab vom griechischen *thuno*, was soviel wie »kraftvoll laufen« bedeutet und bereits Aufschluss über die Lebensweise des Fisches gibt – er kann in der Tat Sprints von bis zu 90 Stundenkilometern vorlegen.

Zutaten für 4 Personen:
30 g getrocknete Pilze, 1 Knoblauchzehe, 1 Bund Petersilie, 2 Sardellenfilets, 4 EL Olivenöl, Salz und Pfeffer, 4 Tunfischscheiben à 180 g, 1 EL Mehl, 50 ml trockener Weißwein
Zubereitungszeit: 45 Minuten

Pilze 20 Minuten in lauwarmem Wasser einweichen. Inzwischen Knoblauch, Petersilie und Sardellenfilets fein hacken und in 4 Esslöffeln Olivenöl andünsten. Die Pilze aus ihrem Wasser heben, fein hacken und zufügen. Einige Minuten unter Wenden mitdünsten. Salzen und pfeffern.

Tunfisch in die Pfanne setzen und anbraten. Mit Mehl überstäuben und mit Wein ablöschen; salzen und pfeffern. Nach 5–7 Minuten wenden und auch die andere Seite braten.

Tonno e verdure
Tunfisch auf Gemüsebett – Sardinien

Zutaten für 4 Personen:
200 g Ackerbohnenkerne (Favabohnen), 1 Zwiebel, ¼ Wirsingkohl, 4 EL Olivenöl, 1 Lorbeerblatt, 1 Myrtenzweig oder Rosmarin, 100 ml trockener Weißwein, Salz und Pfeffer, 400 g frischer Tunfisch
Zubereitungszeit: 45 Minuten

Bohnenkerne in kochendem Wasser blanchieren. Abgießen, kalt abschrecken und das feine Häutchen abziehen. Die Zwiebel klein schneiden, den Wirsing putzen und in grobe Stücke reißen.
Das Olivenöl in einer Pfanne erhitzen. Bohnen, Zwiebel und Wirsing zufügen und darin sanft andünsten. Lorbeer und Myrte oder Rosmarin dazugeben, Weißwein und einen halben Liter Wasser angießen und zum Kochen bringen. Das Gemüse zugedeckt auf kleiner Flamme 15 Minuten köcheln lassen. Salzen und pfeffern.
Den Tunfisch in etwa 3 Zentimeter große Würfel schneiden und auf das Gemüse betten. Pfanne wieder zudecken und den Fisch in 10–15 Minuten garen.

Torta di alici e patate
Sardellen-Kartoffel-Kuchen – Apulien

Zutaten für 4 Personen:
500 g frische, küchenfertige Sardellen oder Sardinen, 4–5 Kartoffeln, 1 Bund Petersilie, 1 EL frische Oreganoblättchen, 2 Knoblauchzehen, 200 g Semmelbrösel, Olivenöl, Salz und Pfeffer
Zubereitungszeit: 45 Minuten

Die Fische sorgfältig waschen und trocknen. Köpfe abtrennen, Körper wie ein Buch aufklappen.
Die Kartoffeln schälen und wie für ein Gratin in dünne Scheiben schneiden. In sprudelndem Salzwasser 2–3 Minuten vorgaren, abgießen und gut abtropfen lassen.

Inzwischen Kräuter und Knoblauch fein hacken und in einem Schälchen vermischen. Semmelbrösel dazugeben und mit Olivenöl zu einer geschmeidigen Paste verrühren. Mit Salz und Pfeffer abschmecken.
Backofen auf 180 Grad vorheizen.
Eine (runde) Auflaufform mit einem Hauch Olivenöl auspinseln. Die Kartoffelscheiben leicht überlappend in einem akkuraten Muster in die Form schichten. Salzen und pfeffern. Die aufgeklappten Fische sternförmig auf die Kartoffelscheiben betten und mit der Kräutermischung bestreichen. Mit einem Schuss Olivenöl beträufeln und 15 Minuten im heißen Backofen überbacken.

Triglie al limone
Barben in Zitronensauce – Marken

Einfacher kann man Fisch kaum zubereiten. Damit es aber auch richtig schmeckt, brauchen Sie hochwertige Zutaten, die für sich selbst sprechen: fangfrischen Fisch und fruchtiges Olivenöl

Zutaten für 4 Personen:
800 g küchenfertige Barben von kleinerer bis mittlerer Größe, 2 unbehandelte Zitronen, 3 EL Olivenöl, 1 Knoblauchzehe, 1 Bund Petersilie, Salz
Zubereitungszeit: 40 Minuten

Die Barben waschen, trockentupfen und in eine weite Pfanne geben. Mit dem Saft einer Zitrone und dem Olivenöl beträufeln. Knoblauch und Petersilie fein hacken und darüber streuen. Salzen. Die zweite Zitrone in hauchdünne Scheiben schneiden und über den Fischen verteilen.
Zugedeckt auf kleiner Flamme 15 Minuten garen. Heiß oder kalt servieren.

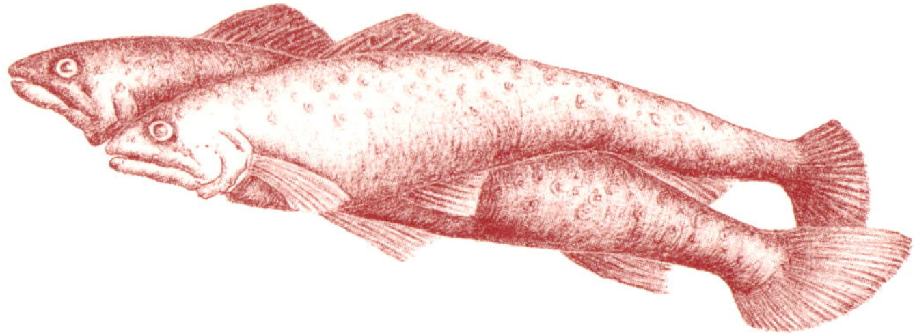

Trota con ripieno alla veneta
Forelle mit süß-saurer Füllung – Venetien

Seit Jahrhunderten gehört die gefüllte Forelle auf das Festbankett, das in Venedig am Tag des Stadtpatrons San Marco am 25. April abgehalten wird.

Zutaten für 4 Personen:
8 Forellenfilets, 20 g Pinienkerne, 20 g Rosinen, 20 g Kapern, 20 g entsteinte schwarze Oliven, 1 Bund Petersilie, 1 Knoblauchzehe, Saft einer Zitrone, Semmelbrösel zum Binden, Olivenöl, Salz und Pfeffer, 100 ml trockener Weißwein
Zubereitungszeit: 40 Minuten

Forellenfilets abtupfen, eventuell von Grätenresten befreien und beiseite stellen.
Pinienkerne, Rosinen, Kapern, Oliven, Petersilienblättchen und Knoblauch in der Küchenmaschine fein hacken oder nach Wunsch pürieren. Mit Zitronensaft, Semmelbröseln und Olivenöl zu einer geschmeidigen Paste verrühren. Salzen und pfeffern.
Die Forellenfilets mit dieser Paste bestreichen und zusammenklappen.
Backrohr auf 180 Grad vorheizen.
Eine Auflaufform mit Olivenöl auspinseln. Die Forellenfilets hineinsetzen und im heißen Rohr rund 15 Minuten garen. Dabei immer wieder mit etwas Weißwein übergießen. Heiß servieren.

Piatti unici e senza carne – Gemüse- und Einzelgerichte

Asparagi alla milanese
Grüner Spargel in Buttersauce Mailänder Art – Lombardei

Der Grüne Mailänder Spargel vermochte bereits Julius Cäsar zu beeindrucken. Als der römische Feldherr mit seinen Truppen in Mailand einzog, wurde er vom Anführer der Mailänder als Zeichen der Freundschaft zu einem Festessen eingeladen. Cäsar erschien mit seinem Gefolge und tat sich an den dargebotenen Speisen gütlich. Nicht so jedoch sein Gefolge, das beim Spargel in Buttersauce die Nase rümpfte: Das »Wurzelgemüse« war doch nur etwas für arme Leute; und Butter konnte man schließlich auch nicht essen, die galt in Rom als Schönheitsmittel. Schon zückte manch einer beleidigt die Dolche, die man unter der Toga verborgen hielt. Cäsar vermochte seine Begleiter jedoch zu beruhigen, und überredete sie, vom Spargel zu kosten. Das taten sie und fanden ihn gar köstlich.

Zutaten für 4 Personen:
Etwa 2 kg Grünen Spargel, Salz, 4 Eier,
80 g geriebener Grana, 120 g gebräunte Butter
Zubereitungszeit: 45 Minuten

Die Spargelstangen abbrausen und die dicken unteren Enden an ihrer natürlichen Bruchstelle abknicken. Dabei können bis zu 5 Zentimeter Spargel verloren gehen, doch sind diese Enden holzig und daher wirklich nur zum Auskochen o.ä. verwendbar. Grüner Spargel muss nicht geschält werden, bei besonders dicken Stangen ist es jedoch ratsam, zumindest das untere Drittel zu schälen.
Die geputzten Stangen je nach Dicke rund 15 Minuten in Salzwasser al dente garen. Die Stangen sollten zwar weich sein, aber noch ihre leuchtend grüne Farbe behalten.
Während der Spargel gart, 4 Spiegeleier braten und bis zum Servieren warm stellen.

Den Spargel aus dem Kochwasser heben, auf vorgewärmte Teller verteilen und mit geriebenem Grana bestreuen. Mit gebräunter Butter übergießen, damit der Käse über dem Spargel schmilzt. Je ein Spiegelei obenauf setzen und servieren.

Biscotti salati di patate e formaggio
Herzhafte Kartoffel-Käse-Plätzchen – Latium

Zutaten für 4 Personen:
200 g vorwiegend mehlig kochende Kartoffeln, 200 g Mehl, 200 g Butter, 3 Eigelb, 150 g geriebener Parmesan, Salz und Pfeffer
Zubereitungszeit: 60 Minuten

Die Kartoffeln mit der Schale weich kochen. Abgießen, noch heiß pellen und durch ein Kartoffeleisen pressen. In einer Schüssel mit Mehl, der zerkleinerten Butter, den Eigelb und dem Parmesan vermengen. Salzen und pfeffern.
Backofen auf 180 Grad vorheizen.
Aus dem Teig etwa 5 Zentimeter lange, fingerdicke Röllchen formen und auf ein gebuttertes Backblech legen. In 20 Minuten goldbraun backen.

Carciofi alla maniera di Enna
Artischocken mit Knoblauch und Pecorino – Sizilien

Enna liegt auf knapp 1000 Meter Höhe im Zentrum von Sizilien. Die Stadt wurde im 7. Jahrhundert v. Chr. gegründet und besaß ein Heiligtum der Erdgöttin Demeter. Im Laufe ihrer wechselvollen Geschichte fiel die von den Griechen gegründete Siedlung zunächst an die Römer, später an arabische und normannische Besatzer, bis sie schließlich im 14. Jahrhundert unter die Herrschaft Friedrichs III. von Aragon fiel, der sie stark förderte.

Zutaten für 4 Personen:
6 Knoblauchzehen, 1 Bund Petersilie, 120 g geriebener Pecorino, ca. 4 EL Olivenöl, Salz und Pfeffer, 6 Artischocken, ca. 500 ml Gemüsebrühe (nach Wunsch)
Zubereitungszeit: 60 Minuten

Knoblauch fein hacken, Petersilienblättchen von den Stängeln zupfen und beides mit dem geriebenen Pecorino vermischen. Mit etwas Olivenöl zu einer geschmeidigen Paste verrühren. Salzen und pfeffern.
Die Artischocken putzen, die harten äußeren Blätter und das pelzige Innenleben entfernen. Die zarten inneren Blätter auseinanderbiegen und die Zwischenräume mit der Knoblauch-Käse-Masse füllen.
Die Artischocken nebeneinander in eine weite Pfanne setzen. Die Gemüsebrühe oder die entsprechende Menge Wasser angießen (die Artischocken sollten etwa halbhoch in der Flüssigkeit stehen). Zum Kochen bringen und 30 Minuten auf kleiner Flamme garen.
Vom Herd nehmen, nachwürzen und vor dem Servieren mit etwas Olivenöl beträufeln.

Cianfotta
Schmorgemüse mit Oliven – Kampanien

Der Überlieferung zufolge wurde dieses köstliche Sommergemüse für die Damen im Rotlichtbezirk Neapels erfunden. Eine bekannte Bordellbesitzerin der Stadt wollte ihre Schützlinge, die *ciane*, möglichst preiswert verköstigen. Sie warf deshalb einfach planlos das ganze Gemüse aus ihrem Garten in einen Topf. Mit ein paar Gewürzen wurde daraus ein wohlschmeckendes Schmorgericht.

Zutaten für 4–6 Personen:
2 Auberginen, 2 rote oder gelbe Paprikaschoten, Olivenöl, 500 g Eiertomaten,
2 Zwiebeln, 4 Knoblauchzehen, 500 g Kartoffeln, 100 g schwarze entsteinte Oliven,
1 Bund Basilikum, einige Spritzer Balsamessig, Salz und Pfeffer
Zubereitungszeit (ohne Ruhezeit): 90 Minuten

Auberginen in fingerdicke Scheiben schneiden, kräftig salzen und rund 45 Minuten Saft ziehen lassen. Danach gründlich abspülen und würfeln. Paprikaschoten halbieren und entkernen. Mit Olivenöl bepinseln und mit der Schnittseite nach unten auf ein Backblech legen. 20–30 Minuten unter dem Backofengrill rösten, bis die Schoten bräunen und Blasen werfen. In eine Schüssel geben und zugedeckt 15 Minuten nachdämpfen lassen. Häuten und in Streifen schneiden.

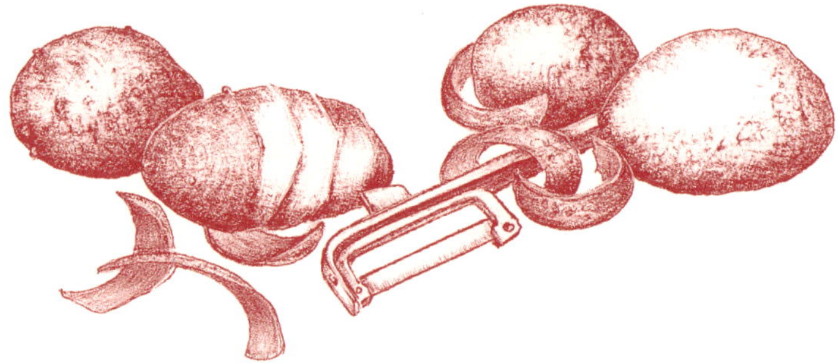

Tomaten häuten, entkernen und würfeln. Zwiebeln und Knoblauch in dünne Scheiben schneiden. Kartoffeln schälen und würfeln.
Etwa 4 Esslöffel Olivenöl in einem Topf erhitzen. Zunächst Zwiebeln und Knoblauch darin weich andünsten. Das restliche Gemüse sowie die grob gehackten Oliven und die Hälfte des Basilikums hinzufügen. Salzen und pfeffern und 40 Minuten sanft schmoren lassen.
Mit Aceto Balsamico abschmecken und auf Zimmertemperatur abkühlen lassen. Vor dem Servieren noch einmal nachwürzen und mit dem restlichen, fein gehackten Basilikum garnieren.

Fagioli all'uccelletto
Weiße Bohnen in Kräuter-Tomaten-Sauce – Toskana

»Florentiner Bohnenfresser – schleckt Teller, Topf und Messer«, heißt frei übersetzt ein Spottvers, mit dem sich andere Städte über die Zuneigung der Florentiner zu ihren weißen Bohnen lustig machen. Seien es die klassischen Fagioli al fiasco, die so heißen, weil sie in der typischen Chianti-Korbflasche gegart werden (s. Seite 236), oder zahlreiche andere Zubereitungen – die schlanken und zarten Cannellinibohnen sind in Florenz immer angesagt.

Zutaten für 4 Personen:
250 g getrocknete Cannellinibohnenkerne, 2 Rosmarinzweige, 8 Salbeiblätter, 5 Knoblauchzehen, Olivenöl, 400 g Tomatenwürfel, Salz und Pfeffer
Zubereitungszeit (ohne Ruhezeit): 2 Stunden

Die Bohnen über Nacht in kaltem Wasser einweichen. Abgießen, kurz abbrausen, in einen Topf schütten und zweifingerbreit mit Wasser bedecken. Einen Rosmarinzweig, 4 Salbeiblätter und 2 Knoblauchzehen hinzufügen und zum Kochen bringen. Die Bohnen im leise sprudelnden Wasser weich kochen (s. Anmerkung).
Während die Bohnen garen, den restlichen Knoblauch schälen und zerstoßen und zusammen mit dem verbliebenen Salbei und Rosmarin in Olivenöl andünsten. Die Tomaten hinzufügen, salzen und pfeffern und das Ganze köcheln lassen, bis die überschüssige Flüssigkeit verdunstet.
Die weich gekochten Bohnen mit einem Teil ihres Kochsuds hinzufügen, gründlich vermischen und 10–15 Minuten durchköcheln, damit sich die verschiedenen Aromen gut verbinden können.

Anmerkung: Ein Geschmackserlebnis der besonderen Art sind erntefrische Cannellinibohnen, die auf toskanischen Bauernmärkten im Spätsommer angeboten werden. Sie sind so zart und cremig, dass sie nicht eingeweicht werden müssen und schon nach wenigen Minuten Garzeit auf der Zunge zergehen. In den übrigen Monaten des Jahres wird man sich mit getrockneten Bohnen begnügen müssen. Je nach Alter benötigen sie eine Garzeit von 1½ bis 2 Stunden.

Frittata con menta e prezzemolo
Frittata mit Minze und Petersilie – Apulien

Zutaten für 4 Personen:
6 Eier, Salz und Pfeffer, 1 Bund Petersilie, 1 Büschel frische Minze, 4 EL geriebener Pecorino, 4 EL Olivenöl
Zubereitungszeit: 60 Minuten

Eier mit Salz und Pfeffer verquirlen. Petersilie- und Minzeblättchen von den Stängeln zupfen und grob hacken. Kräuter und Pecorino unter die Eier mischen.
Das Olivenöl in einer Pfanne sehr heiß werden lassen. Die Eimasse hineingießen und setzen lassen. Sobald die Eier fest werden und am Boden durchgebacken sind, die Frittata in einem Stück wenden und auch die andere Seite goldbraun backen.
Nicht ganz authentisch, aber etwas einfacher ist es, die Frittata im Backrohr zu garen. Dazu das Backrohr auf 180 Grad vorheizen.
Olivenöl in einer ofenfesten Pfanne oder Auflaufform erhitzen. Die Eimasse ins sehr heiße Öl gießen, damit sie sich sofort setzen kann. Etwa 2 Minuten auf dem Herd anbraten, bis die Ränder beginnen, fest zu werden. Ins heiße Rohr schieben und in ungefähr 35 Minuten goldbraun backen. Frittata heiß oder temperiert servieren.

Frittata dei frati
Frittata mit frischen Kräutern – Venetien

Warum diese Frittata den Klosterbrüdern gewidmet ist, bleibt ein Rätsel. Denn hier kommt Bohnenkraut zum Einsatz, das in den Klostergärten gar nicht gezogen werden darf, weil es angeblich aphrodisische Wirkung besitzt. Vielleicht leitet sich der Name aber auch vom Vinsanto ab, mit dem die Frittata aromatisiert wird.

Zutaten für 4 Personen:
Je 1 Handvoll Basilikum, Bohnenkraut, Eisenkraut, Minze, Petersilie und Zitronenmelisse, 50 g Butter, 100 ml Vinsanto, 50 g feine Semmelbrösel, 8 Eier, Salz und Pfeffer, 1 Msp. Piment, 1 TL Zimt, Zimtzucker zum Bestreuen
Zubereitungszeit: 50 Minuten

Die Kräuter waschen, trockenschütteln und fein hacken. In etwas Butter sanft andünsten.
In der Zwischenzeit den Vinsanto mit den Semmelbröseln zu einer Creme verkochen. Vom Herd nehmen und abkühlen lassen.
Die Eier in eine Schüssel schlagen und mit der Vinsanto-Creme, Salz und Pfeffer sowie Piment und Zimt verquirlen. Die Kräuter unterheben und nach der Anleitung im vorhergehenden Rezept eine Frittata backen (statt Olivenöl die restliche Butter zum Braten verwenden).
Heiß oder kalt servieren und mit Zimtzucker bestreuen.

Funghi ripieni al forno
Gefüllte Pilze vom Rohr – Basilikata

Zutaten für 4–6 Personen:
1 altbackenes Brötchen, 100 ml Milch, 1 kg gemischte Pilze mit möglichst weiten Kappen, die sich gut zum Füllen eignen, 1 kleines Bund Petersilie, 2 Knoblauchzehen, 50 g geriebener Grana, 2 Eier, Salz und Pfeffer, 100 ml Olivenöl, 1 kg Kartoffeln
Zubereitungszeit: 90 Minuten

Das Brötchen entrinden, grob zerpflücken und in Milch einweichen.
Inzwischen die Pilze mit einem feuchten Tuch abreiben und putzen. Die Stiele abtrennen und zusammen mit Petersilie und Knoblauch fein hacken. In eine Schüssel füllen und mit dem eingeweichten und wieder gut ausgedrückten Brötchen, Grana und Eiern vermischen. Die Masse salzen und pfeffern und mit 2 Esslöffeln Olivenöl geschmeidig rühren.
Backofen auf 180 Grad vorheizen.
Die Kartoffeln schälen, waschen und in dünne Scheiben hobeln. Eine Auflaufform mit Öl einpinseln und die Kartoffelscheiben schuppenartig über-

lappend einschichten. Mit Olivenöl benetzen und salzen. Die Pilzkappen mit der Öffnung nach oben auf den Kartoffeln verteilen. Die Füllmasse in die Vertiefungen geben und mit Olivenöl beträufeln. Im heißen Backrohr 30–40 Minuten backen. Heiß servieren.

Gattò di patate
Kartoffelkuchen – Kampanien

Zutaten für 4 Personen:
800 g vorwiegend mehlig kochende Kartoffeln, 2 Eier, 1 TL getrockneter oder 1 EL frischer Oregano, 75 g Butter, 50 g geriebener Parmesan, je 100 g gewürfelte einfache und geräucherte Scamorza, Muskat, Salz und Pfeffer, Semmelbrösel für die Form, 150 g roh geräucherter Schinken in dünnen Scheiben
Zubereitungszeit: 75 Minuten

Die Kartoffeln mit der Schale in Salzwasser weich kochen. Abgießen, noch heiß pellen und durch ein Kartoffeleisen pressen.
Backherd auf 220 Grad vorheizen.
Die Eier in einer großen Schüssel mit dem Oregano verquirlen. Den Kartoffelbrei, 60 Gramm Butter sowie die drei Käsesorten untermengen. Mit frisch geriebenem Muskat, Salz und Pfeffer würzen.
Eine Auflaufform mit der restlichen Butter ausstreichen und mit Semmelbröseln bestreuen. Den Boden und die Seiten der Form mit den Schinkenscheiben auslegen und an den Rändern überstehen lassen. Die Kartoffelmasse einfüllen und die überstehenden Schinkenscheiben darüber klappen. Gattò im heißen Ofen etwa 30 Minuten überbacken. Heiß oder temperiert mit einem Blattsalat als Beilage servieren.

Pecorino in carrozza
Pecorino im Teigmantel – Abruzzen

Der abruzzische Pecorino gehört zweifelsohne zu den interessantesten Käsesorten aus Schafsmilch, die in Italien hergestellt werden. Diese Spielart ist weicher als der Pecorino romano, da sie in einem langsamen Verfahren bei niedrigeren Temperaturen hergestellt wird. Frischer und besonders weicher Pecorino wird hier ähnlich wie andernorts Ziegenkäse in Öl eingelegt oder ausgebacken.

Zutaten für 4 Personen:
8 Scheiben rustikales Weißbrot, 8 Scheiben nicht zu harter Pecorino, 8 Sardellenfilets, 2 Eier, 2 EL Mehl, Öl zum Ausbacken
Zubereitungszeit: 30 Minuten

4 Brotscheiben auf einer Arbeitsfläche ausbreiten. Mit Pecorino und den gehackten Sardellenfilets belegen. Die 4 übrigen Brotscheiben auflegen und mit Zahnstochern feststecken.
Diese Sandwiches in Eiern und Mehl wenden und in reichlich Öl auf beiden Seiten goldgelb ausbacken. Heiß servieren.

Peperoni imbottiti
Gefüllte Paprikaschoten – Kampanien

Zutaten für 4 Personen:
2 rote und 2 gelbe Paprikaschoten, Olivenöl, 200 g gekochter Risottoreis, 1 Bund Basilikum, 1 Bund Petersilie, 2 Knoblauchzehen, 4 Sardellenfilets (nach Wunsch), 2 EL Kapern, 16 schwarze entsteinte Oliven, Salz und Pfeffer
Außerdem: Tomatensauce (z.B. Rezept auf Seite 251), 125 g Mozzarella
Zubereitungszeit: 90 Minuten

Paprikaschoten waschen und längs halbieren, Kerne und Zwischenwände entfernen. Leicht mit Olivenöl bestreichen und mit der Schnittfläche nach unten auf ein Backblech legen. Unter dem Backofengrill rösten, bis die Schoten bräunen und Blasen werfen (20–30 Minuten). Herausnehmen und abkühlen lassen.
Risottoreis in eine Schüssel füllen. Kräuter, Knoblauch und Sardellenfilets putzen und fein hacken und mit dem Reis vermischen. Kapern abtropfen lassen und dazugeben. Die Oliven grob hacken und ebenfalls in die Schüssel geben. Alle Zutaten gründlich vermischen und mit Olivenöl sowie Salz und Pfeffer abschmecken.
Backrohr auf 180 Grad vorheizen und eine Auflaufform mit etwas Olivenöl auspinseln.
Die Paprikaschiffchen mit der Reismasse füllen und in die Form setzen. Mit der Tomatensauce überziehen. Mozzarella in Scheiben schneiden und über den Paprikaschoten verteilen. Den Auflauf ins heiße Rohr schieben und 30 Minuten überbacken.

Pesci di montagna
Gebackene Mangoldstiele – Ligurien

»Bergfische« nennt die ligurische Bauernküche dieses Gericht, das aus einer Zeit stammt, in der das ligurische Hinterland nicht mit frischem Meeresfisch versorgt werden konnte. Mit der ihnen eigenen Schläue schufen die Bergbauern Abhilfe und tauften ihr alltägliches Gemüse *pesci*. Denn mit ein wenig Phantasie sieht so ein schlanker weißer Mangoldstiel tatsächlich aus wie ein Fischfilet, oder?

Zutaten für 4 Personen:
1–2 Bund Mangold mit breiten weißen Stielen, Salz und Pfeffer, 2 Eier, 200 g Semmelbrösel, Öl zum Ausbacken
Zubereitungszeit: 40 Minuten

Die Blätter von den Mangoldstielen streifen und anderweitig verwenden (z.B. für eine Pastafüllung). Die breiten Stangen sorgfältig abspülen und in sprudelndem Salzwasser weich garen (je nach Dicke der Stiele ca. 15 Minuten). Abgießen und gut abtropfen lassen.
Die Eier mit Salz und Pfeffer in einer Schüssel verquirlen. Die Mangoldstangen hineintauchen, abtropfen lassen und anschließend in den Semmelbröseln wenden. Panade mit den Händen leicht andrücken.
Die panierten Stangen in Öl goldbraun braten und heiß servieren.

Polenta e funghi
Polenta mit Pilzen – Aostatal

Zutaten für 4 Personen:
500 g frische gemischte Pilze, 1 Zwiebel, 1 Knoblauchzehe, 1 kleines Bund Petersilie, 3 EL Olivenöl, 50 ml trockener Weißwein, 200 g Tomatenwürfel, 250 ml Pilz- oder Gemüsebrühe, Salz und Pfeffer, 500 g Polentamehl
Zubereitungszeit: 75 Minuten

Die Pilze putzen und in nicht zu dünne Scheiben schneiden. Zwiebel, Knoblauch und Petersilie fein hacken.
Das Olivenöl in einer Pfanne erhitzen. Zwiebeln, Knoblauch und Petersilie sanft darin andünsten. Die Pilze hinzufügen und Saft ziehen lassen. Mit Weißwein ablöschen. Wenn der Wein eingekocht ist, die Tomatenwürfel und die Pilz- oder Gemüsebrühe einrühren und zum Kochen bringen. Salzen und pfeffern. Wärmezufuhr reduzieren und das Pilzgemüse 30 Minuten leise köcheln lassen. Vom Herd nehmen und warm halten.
Während die Pilze garen, Wasser zum Kochen bringen und nach der Packungsanleitung eine weiche Polenta herstellen. Polenta auf eine Servierplatte häufen, in der Mitte eine Vertiefung formen und das Pilzgemüse hineingeben.

Variation: Wenn Sie eine festere Polenta bevorzugen, den Brei bis zur gewünschten Konsistenz weiterkochen.
Die Polenta dann auf eine Platte stürzen, in Scheiben schneiden und diese mit dem Pilzgemüse anrichten.

Sformato di spinaci
Spinatauflauf – Toskana

Spinat gelangte infolge der Beziehungen zum Orient und zu Arabien auf die Apenninenhalbinsel. Noch im 17. Jahrhundert galt Spinat einer kulinarischen Abhandlung zufolge allerdings noch als »neues Kraut, das nur aufgeschlossenen Zeitgenossen bekannt ist«.

Zutaten für 4 Personen:
2 kg frischer Blattspinat, 500 g Ricotta, 3 Eier, 150 g geriebener Parmesan, ca. 4 EL Olivenöl, Salz, Pfeffer, Muskat, Semmelbrösel für die Form
Zubereitungszeit: 90 Minuten

Den Spinat sorgfältig waschen und verlesen, die dicken Stängel abtrennen. Spinatblätter mit dem Wasser, das vom Waschen noch anhaftet, in einen Topf geben und rasch zusammenfallen lassen. Abtropfen lassen und anschließend mit den Händen möglichst viel Feuchtigkeit aus den Blättern pressen.
Den Spinat nun fein hacken und in eine Schüssel geben. Mit Ricotta, Eiern und Parmesan vermengen. Mit etwas Olivenöl geschmeidig rühren, dann mit Salz und Pfeffer sowie frisch geriebenem Muskat herzhaft abschmecken.
Backherd auf 150 Grad vorheizen. Eine Auflaufform ölen und mit einem Hauch Semmelbrösel ausstreuen.
Die Spinatmasse einfüllen und sorgfältig glatt streichen. Ins heiße Backrohr

schieben. Sobald sich nach wenigen Minuten auf der Oberfläche ein feiner Film gebildet hat, den Auflauf mit Alufolie abdecken und wieder ins Rohr schieben. Wenn der Auflauf beginnt, sich aufzuplustern, die Alufolie fest verschließen und die Backtemperatur auf 90–100 Grad reduzieren. In 40 Minuten abbacken.
Aus dem Rohr holen und vor dem Anschneiden einige Minuten ruhen lassen.

Variation: Auflauf portionieren und mit zerlassener Butter und Parmesan oder mit einer leichten Tomatensauce servieren.

Tiella di pomodori e patate
Tomaten-Kartoffel-Auflauf – Kalabrien

Zutaten für 4 Personen:
1 kg Tomaten, 1 kg Kartoffeln, 1 Zwiebel, 3 EL Semmelbrösel, 4 EL geriebener Pecorino, ½ TL getrockneter Oregano, 1 kleiner getrockneter Peperoncino, Salz und Pfeffer, 2 EL gehacktes Basilikum, Olivenöl zum Backen
Zubereitungszeit: 2 Stunden

Die Tomaten häuten, entkernen und würfeln. In einem Sieb abtropfen lassen. Die Kartoffeln schälen und in dünne Scheiben schneiden, die Zwiebel in feine Ringe hobeln.
In einem Schälchen Semmelbrösel, Pecorino, Oregano, den zerkrümelten Peperoncino, Salz und Pfeffer vermischen.
Backherd auf 200 Grad vorheizen und eine Auflaufform ölen.
Eine dünne Lage Tomatenwürfel auf dem Boden der Form verteilen. Mit einer Schicht Kartoffelscheiben und Zwiebelringe abdecken, mit etwas Basilikum bestreuen. Den Vorgang wiederholen, bis das Gemüse aufgebraucht ist.

Mit der Mischung aus Semmelbröseln und Gewürzen abdecken und mit ein wenig Olivenöl beträufeln.
Im heißen Backherd 50–60 Minuten überbacken. Nach 15 Minuten die Backtemperatur auf 180 Grad reduzieren.
Die Tiella wird heiß oder zimmerwarm gegessen.

Torta al pecorino
Pecorinokuchen – Umbrien

Dieser herzhafte Kuchen gehört zu einem traditionellen umbrischen Osterfest. Der Karsamstag stand ganz im Zeichen der Torta di pecorino und war eine groß angelegte Familienaktion. Von der Urgroßmutter bis zum kleinsten Enkelkind war alles auf den Beinen. Selbst die Männer halfen mit. Ihre Muskelkraft war gefragt, um die gewaltigen Teigmengen zu verkneten, die für die vielköpfige Familie gebraucht wurden (hier haben wir das Rezept auf 4 Personen reduziert). Den fertigen Kuchen nahm man dann am Ostersonntag in einem Korb in die Kirche mit, um ihn segnen zu lassen. Erst dann durfte der Kuchen gegessen werden.

Zutaten für 4 Personen:
1 Würfel Hefe (42 g), 500 g Mehl, 100 g Pecorino, 2 EL Schmalz, 2–3 Eier, Salz, 2 EL Olivenöl, Fett für die Form
Zubereitungszeit (ohne Ruhezeiten): 90 Minuten

Die Hefe in 100 ml lauwarmes Wasser krümeln und unter Rühren auflösen. 4–5 Esslöffel Mehl hinzufügen und eine kleine Teigkugel formen. Diesen Vorteig abdecken und an einem warmen Ort 20–30 Minuten gehen lassen.

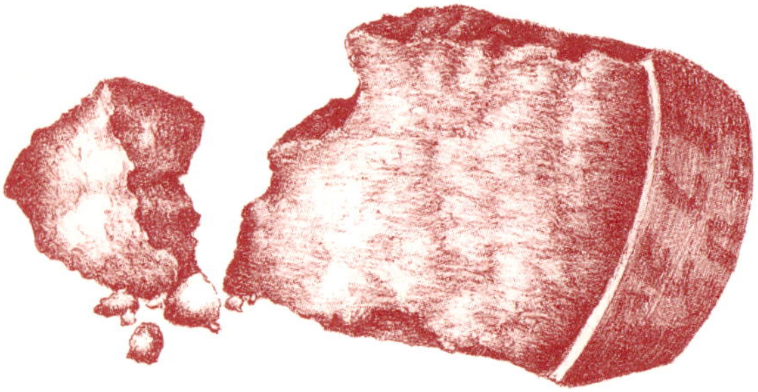

Inzwischen die Hälfte des Pecorino reiben, die andere Hälfte fein würfeln. Beides beiseite stellen. Das Schmalz langsam im Wasserbad verflüssigen.
Die Eier in einer großen Schüssel mit Salz verquirlen. Pecorino, Olivenöl und Schmalz unterrühren.
Mit dem restlichen Mehl vermischen. Den Vorteig einarbeiten und alles energisch zu einem geschmeidigen Teig verkneten.

Zu einer Kugel rollen und zugedeckt an einem warmen, vor Luftzug geschützten Ort auf die doppelte Größe aufgehen lassen (etwa eine Stunde). Kurz durchkneten.
Eine runde Kuchenform mit hohem Rand fetten. Den Teig einfüllen und nochmals gehen lassen, bis er den Rand der Form erreicht hat.
Inzwischen das Backrohr auf 200 Grad vorheizen. Den Kuchen ins heiße Rohr schieben, nach 10 Minuten die Backtemperatur auf 180 Grad senken. Den Kuchen in insgesamt 50–60 Minuten goldbraun backen.

Torta di spinaci
Spinatauflauf – Venetien

Dieser Spinatkuchen gehört bei den venezianischen Juden zum Speiseplan des Pessah-Festes. Von Venedig breitete sich diese Tradition auch auf die Christen im Umland aus, und heute gelten Spinatgerichte mit Eiern und Gewürzen im Veneto als typisches Karfreitagsessen.

Zutaten für 4 Personen:
1 kg Blattspinat, 50 g Rosinen, 30 g Pinienkerne, 30 g gewürfeltes Zitronat,
4 Eier, Salz und Pfeffer, Muskat
Zubereitungszeit: 75 Minuten

Den Spinat sorgfältig waschen und verlesen, die dicken Stängel abtrennen. Spinatblätter mit dem Wasser, das vom Waschen noch anhaftet, in einen Topf geben und rasch zusammenfallen lassen. Abtropfen lassen und anschließend mit den Händen möglichst viel Feuchtigkeit aus den Blättern pressen.
Backrohr auf 180 Grad vorheizen.
Den Spinat nun fein hacken und in eine Schüssel geben. Mit den übrigen Zutaten vermischen und in eine gefettete Auflaufform füllen. 40 Minuten im heißen Rohr backen.

Uova al pomodoro
Eier mit frischen Tomaten – Toskana

Diese supereinfache Eierspeise bereiten die Bauern der Toskana im August, wenn die Tomaten voll ausgereift sind. Nach Belieben können Sie noch mehr Tomaten als im Rezept vorgesehen verwenden und die köstlich fruchtige Sauce mit frischem Toskanabrot auftunken – Sommervergnügen pur!

Zutaten für 4 Personen:
500 g vollreife Tomaten, 1 Bund Basilikum, 4 EL Olivenöl, 4 Eier, Salz und Pfeffer
Zubereitungszeit: 25 Minuten

Die Tomaten kreuzweise einritzen und 15 Sekunden in kochendes Wasser tauchen. Herausheben und die Haut ablösen. Entkernen und grob würfeln. Basilikum waschen und trockenschütteln. Einige Blättchen zum Garnieren beiseite legen, den Rest feinstreifig aufschneiden.
Das Olivenöl in einer weiten Pfanne erhitzen. Die Tomatenwürfel und das Basilikum hineingeben und leise andünsten. Wenn die Tomaten Saft gezogen haben, vier Vertiefungen in das Gemüse formen. Die Eier hineinschlagen und vorsichtig garen. Salzen und pfeffern.
Auf Tellern anrichten und mit Basilikumblättern garnieren.

Waldschnitzeln
Gebackene Pilze – Südtirol

Zutaten für 4 Personen:
2 Brötchen, 150 ml Milch, 500 g gemischte frische Pilze, 1 Schalotte, 1 kleines Bund Petersilie, 4 EL Butter, 3 Eier, Salz und Pfeffer, Mehl zum Binden, Semmelbrösel zum Panieren
Zubereitungszeit: 60 Minuten

Die Brötchen entrinden, grob zerpflücken und in Milch einweichen.
Pilze putzen und fein hacken. Schalotte und Petersilie ebenfalls fein hacken.
2 Esslöffel Butter in einer Pfanne aufschäumen lassen. Pilze, Schalotte und Petersilie darin andünsten. Sobald die Pilze Saft gezogen haben und die Flüssigkeit verdampft ist, das Gemüse in eine Schüssel geben.

Die Brötchen ausdrücken und mit dem Pilzgemüse vermischen. Die Eier einarbeiten, salzen und pfeffern. Wenn die Masse noch sehr feucht wirkt, mit 1–2 Esslöffeln Mehl binden. Sorgfältig durchmischen.
Die Masse zu handtellergroßen Plätzchen formen und in Semmelbröseln wälzen.
Die restliche Butter erhitzen und die »Schnitzeln« darin auf beiden Seiten goldgelb braten.

Zucca invernale con fagioli
Winterliches Kürbisgemüse mit dicken Bohnen – Abruzzen

Zutaten für 4 Personen:
250 g getrocknete Bohnenkerne (z.B. Borlottibohnen), 1 Winterkürbis von ca. 3 kg (z.B. Spaghettikürbis), 2–3 Knoblauchzehen, 1 Rosmarinzweig, 4 EL Olivenöl, Salz und Pfeffer, 1 getrockneter Peperoncino (nach Wunsch)
Zubereitungszeit (ohne Ruhezeit): 2 Stunden

Die Bohnen verlesen und über Nacht in kaltem Wasser einweichen. Abgießen, kurz abbrausen und in einen großen Topf geben. Etwa zweifingerbreit mit kaltem Wasser bedecken und langsam zum Kochen bringen. Zugedeckt leise sprudelnd garen (rund 90 Minuten).
In der Zwischenzeit das Backrohr auf 180 Grad vorheizen.
Den Kürbis schälen und halbieren. Kerne und Fäden entfernen. Das Kürbisfleisch grob würfeln, in Alufolie packen und im heißen Rohr weich garen (20–30 Minuten). Kürbis aus dem Rohr nehmen und abkühlen lassen.
Knoblauch und Rosmarin fein hacken und in Olivenöl andünsten. Die Kürbiswürfel und die weich gekochten Bohnen hinzufügen und gut vermischen. Kräftig salzen und pfeffern. Das Gemüse etwa 15 Minuten köcheln lassen, bis sich die Aromen schön verbinden. Nach Wunsch den Peperoncino hineinkrümeln. Heiß servieren.

Zucchine alla ricotta
Zucchini mit Ricottafüllung – Friaul

Zutaten für 4 Personen:
4 mittelgroße Zucchini, 300 g Ricotta, 1 Bund Petersilie, 2 Eigelb, Salz und Pfeffer, Muskat, 3 Knoblauchzehen, 2 EL Semmelbrösel, 5 EL Butter, 250 ml Gemüsebrühe (nach Wunsch)
Zubereitungszeit: 60 Minuten

Zucchini waschen, putzen und längs halbieren. Mit einem Löffel das Fruchtfleisch ausschaben und dabei einen knapp zentimeterdicken Rand stehen lassen.
Das Fruchtfleisch fein hacken und in eine Schüssel geben. Mit Ricotta, gehackter Petersilie und Eigelb vermischen. Mit Salz, Pfeffer und frisch geriebenem Muskat herzhaft abschmecken.
Backrohr auf 180 Grad vorheizen.
Die Zucchinihälften mit der Ricottamasse füllen.
Knoblauch fein hacken und zusammen mit den Semmelbröseln in 4 Esslöffeln Butter andünsten. Diese Mischung über den Zucchini verteilen.
Zucchini in eine gebutterte Auflaufform setzen, Gemüsebrühe oder Wasser angießen und das Ganze 30–40 Minuten im heißen Ofen garen.
Heiß servieren.

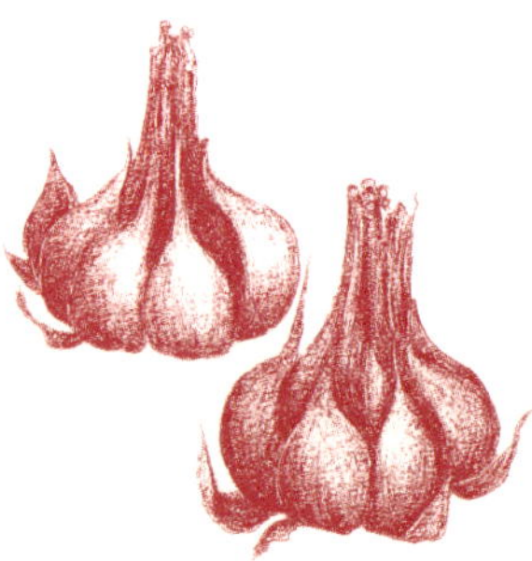

Variation: Dazu passt auch eine leichte Tomatensauce (siehe. z.B. Rezept auf Seite 251). Die Zucchini dann statt in Gemüsebrühe in der Tomatensauce garen.

Beilagen und Saucen

Contorni – Beilagen

Carote in agrodolce
Karotten süß-sauer – Venetien

In der langen jüdischen Küchentradition Venedigs werden diese süß-sauren Karotten zum Neujahrsfest zubereitet, denn wegen der golden leuchtenden Farbe gilt das Gemüse als Symbol für Wohlstand und Hoffnung – und davon kann man im neuen Jahr nicht genug haben!

Zutaten für 4–6 Personen:
50 g Rosinen, 75 ml trockener Weißwein, 1 kg junge Karotten, 2 EL Öl,
2–3 EL Gänseschmalz, Salz, 25 g Pinienkerne, 1 EL Essig
Zubereitungszeit: 45 Minuten

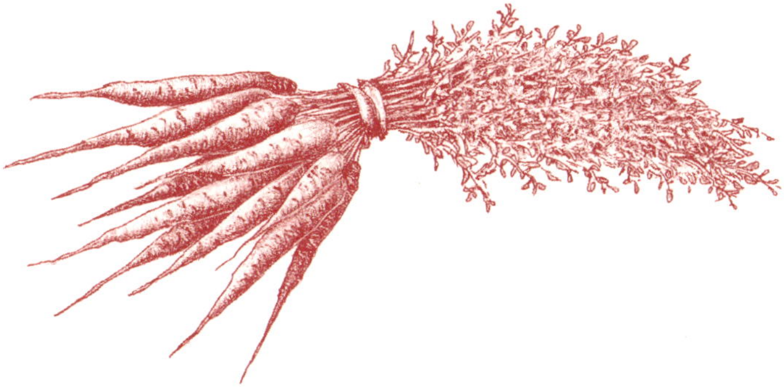

Die Rosinen in Wein einweichen. In der Zwischenzeit die Karotten putzen und in dünne Scheiben schneiden.
Karottenscheiben in Öl andünsten, dann das Gänseschmalz in kleinen Klecksen zwischen den Karotten verteilen. Das Gemüse salzen und bei milder Hitze weich dünsten.
Rosinen und Pinienkerne unterheben und einige Minuten mitdünsten. Überschüssiges Fett abgießen und Karotten mit Essig säuerlich abschmecken. Warm servieren.

Cavolfiore in umido
Blumenkohl in Tomatensauce – Toskana

Blumenkohl ist in der Toskana beliebter, als man vielleicht gemeinhin annehmen möchte. In Florenz und anderen Städten gab es bis in die sechziger Jahre sogar Garküchen, die gedünsteten Blumenkohl auf der Straße verkauften und ihre Ware mit äußerst markigen Sprüchen, die sich für dieses Buch nicht geziemen, anpriesen.

Zutaten für 4 Personen:
1 fester und schneeweißer Blumenkohl (ca. 1 kg), 3 EL Olivenöl, 2 Knoblauchzehen, 1 kleines Bund Rosmarin, 1 Stückchen scharfer roter Peperoncino, 250 g Tomatenpüree, 12 entsteinte schwarze Oliven, Salz und Pfeffer, evtl. Gemüsebrühe
Zubereitungszeit: 75 Minuten

Blumenkohl putzen und in Röschen zerteilen, Strunk, harte Blätter und Stiele entfernen. Die Röschen und zarten Blätter abbrausen und abtropfen lassen.
Inzwischen das Olivenöl in einer Pfanne erhitzen und mit den ganzen geschälten Knoblauchzehen, Rosmarin und Peperoncino aromatisieren. Sobald der Knoblauch Farbe nimmt, das Tomatenpüree und die Oliven (nach Wunsch halbieren) hinzufügen. Gut verrühren und auf kleiner Flamme in ungefähr 30 Minuten zu einer dicklichen Sauce einköcheln lassen.
Nun die Blumenkohlröschen und Blätter hineingeben und mit der Sauce vermischen. Salzen und pfeffern und in der Sauce weich garen. Sollte die Sauce zu stark einkochen, etwas warmes Wasser oder Gemüsebrühe hinzugießen.
Das Blumenkohlgemüse schmeckt zu gebratenem Fleisch oder als Pastasauce.

Cipolline glassate
Glasierte Perlzwiebeln – Toskana

Zutaten für 4–6 Personen:
800 g Perlzwiebeln, Salz, 3 EL Butter,
100 g Zucker, 100 g Weißweinessig,
5 Lorbeerblätter
Zubereitungszeit: 60 Minuten

Perlzwiebeln kreuzweise einritzen und in kochendem Salzwasser blanchieren. Abgießen, ein wenig abkühlen lassen und die Schale ablösen.
Die Butter in einer Pfanne zerlassen, den Zucker einstreuen und karamellisieren. Mit Essig ablöschen und einige Minuten zu einer dickflüssigen Sauce einkochen lassen.
Die Zwiebeln und die Lorbeerblätter in die Sauce setzen und unter Wenden garen, bis sie weich, aber noch bissfest sind und rundum glänzen (etwa 25 Minuten).

Coste di bietole alla veneziana
Mangoldstiele auf venezianische Art – Venetien

Wenn man für eine Raviolifüllung oder einen Gemüsekuchen die grünen Mangoldblätter verwendet, weiß man meistens nicht so recht, wohin mit den Stielen. Wer den erdigen Geschmack der Mangoldstiele mag, ist mit diesem Verwertungsrezept aus der jüdischen Küche Venedigs goldrichtig beraten.

Zutaten für 4 Personen:
500 g Mangoldstiele, 1 Knoblauchzehe, 3 EL Olivenöl, Salz,
ca. 200 ml Gemüsebrühe, 1–2 EL gehackte Petersilie, 2 EL Weißweinessig
Zubereitungszeit: 45 Minuten

Die Mangoldstiele putzen und fein würfeln. Knoblauch fein hacken. Olivenöl in einer Pfanne erhitzen und den Knoblauch darin andünsten. Mangold hinzufügen und unter Wenden glasig dünsten. Salzen, mit Gemüsebrühe bedecken und zugedeckt weich garen. Gegen Ende der Garzeit Pfannendeckel abheben und die Flüssigkeit fast vollständig einkochen lassen. Mangold mit Petersilie bestreuen und mit Weinessig abschmecken.

Fagioli al fiasco
Bohnen in der Korbflasche gegart – Toskana

Ja, Sie haben richtig gelesen, in Florenz gart man frische Bohnenkerne in den weltberühmten bauchigen Korbflaschen, denn die schonende Zubereitungsweise macht sie ganz besonders zart.

Zutaten für 4 Personen:
300 g getrocknete weiße Bohnenkerne, 1 TL frische Rosmarinnadeln, 4 Salbeiblätter, 2 Knoblauchzehen, 75 ml aromatisches Olivenöl, Salz und Pfeffer
Außerdem: 1 bauchige Chianti-Korbflasche
Zubereitungszeit (ohne Ruhezeit): 3–4 Stunden

Bohnen über Nacht in kaltem Wasser einweichen.
Backrohr auf 180 Grad vorheizen.
Die Chiantiflasche von ihrer Strohummantelung befreien und gründlich ausspülen. Bohnen abgießen und in die Flasche füllen. Rosmarinnadeln, die grob zerzupften Salbeiblätter und die zerstoßenen Knoblauchzehen sowie das Olivenöl und etwa 400 ml Wasser hinzufügen.
Die Flasche sollte jetzt zu etwa zwei Dritteln gefüllt sein. Flasche nur leicht verschließen, damit der beim Garen entstehende Dampf entweichen kann und die Flasche nicht platzt.
Flasche ins vorgeheizte Backrohr legen, und die Bohnen rund 3 Stunden garen, bis sie das ganze Wasser aufgesogen haben.
Bohnen in eine Schüssel füllen, abschmecken und warm oder kalt servieren.

Tipp: Wenn Sie gerade keine Korbflasche zur Hand haben, können Sie sich mit einem bauchigen und ofenfesten Terrakottagefäß behelfen.

Fagioli e radicchio con lardo e funghi
Bohnen und Radicchio mit Speck und Pilzen – Venetien

Zutaten für 4 Personen:
200 g getrocknete Bohnenkerne (z.B. die Lamonbohnen aus dem Veneto oder die gesprenkelten Borlottibohnen), 1 Lorbeerblatt, 20 g getrocknete Steinpilze, 100 g Radicchio, 100 g Räucherspeck, 4 EL Olivenöl, 50 ml Rotweinessig, 1 Zwiebel, 1 Mohrrübe, 1 Selleriestängel, Salz und schwarzer Pfeffer aus der Mühle
Zubereitungszeit: 2 Stunden
Einweichzeit der Bohnen: über Nacht

Bohnenkerne verlesen und über Nacht in kaltem Wasser einweichen. Abgießen und in einen Topf schütten. Zweifingerbreit mit kaltem Wasser bedecken, das Lorbeerblatt hinzufügen und zum Kochen bringen. Wärmezufuhr drosseln und die Bohnen im leise sprudelnden Wasser weich garen (rund 90 Minuten).

In der Zwischenzeit die Steinpilze mit heißem Wasser übergießen und 30 Minuten einweichen. Herausheben und fein hacken.

Radicchio putzen und grob zerkleinern, den Speck fein würfeln. Speck mit einem Esslöffel Olivenöl in einer Pfanne zerlassen. Den Radicchio hinzufügen und darin dünsten. Mit Essig ablöschen und zugedeckt garen. Vom Herd nehmen und beiseite stellen.

Wenn die Bohnen gar sind, Zwiebel, Mohrrübe und Selleriestängel putzen und fein hacken. Das Gemüse zusammen mit den Pilzen in 3 Esslöffeln Olivenöl andünsten.

Die Bohnen abgießen. Ein Drittel beiseite stellen, den Rest pürieren. Die ganzen und die pürierten Bohnen anschließend in der Gemüsepfanne schwenken. Die Radicchiomischung hinzufügen und wieder heiß werden lassen. Das Gemüse mit Salz und Pfeffer abschmecken und heiß servieren.

Finocchi gratinati
Fenchelgratin – Toskana

Armut veranlasste früher viele toskanische Bauern, ihr Stück täglich Brot mit wild wachsenden Kräutern und Gemüsen zu ergänzen. Der wilde Fenchel, der im Frühsommer die Ackerraine säumte, war besonders geschätzt, weil man sowohl die Knollen und Triebe als auch die Samen der aromatischen Pflanze verwerten konnte.

Zutaten für 4 Personen:
4 Fenchelknollen, 1 EL Butter oder Olivenöl, ca. 250 ml Gemüse- oder Geflügelbrühe, 2 EL Zitronensaft, Salz und Pfeffer, 75 g geriebener Parmesan
Zubereitungszeit: 2 Stunden

Backrohr auf 175 Grad vorheizen.
Fenchelknollen putzen und der Länge nach halbieren. Etwas Blattgrün zum Garnieren aufheben.
Eine Auflaufform mit Butter oder Olivenöl ausstreichen. Die Fenchelhälften mit der gewölbten Seite nach oben in die Form legen. Die Brühe angießen, bis der Fenchel zur Hälfte davon bedeckt ist, und mit Zitronensaft, Salz und Pfeffer würzen.
Fenchel mit Alufolie abdecken und im vorgeheizten Rohr knapp 2 Stunden garen.
Etwa 10 Minuten vor Ende der Garzeit die Alufolie abheben, den Fenchel mit Parmesan bestreuen und bei starker Oberhitze gratinieren. Aus dem Rohr nehmen, mit Fenchelgrün bestreuen und servieren.

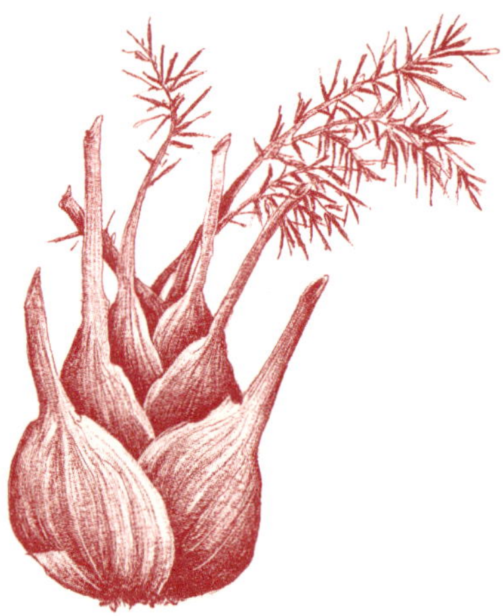

Menàcc
Bohnenmus – Lombardei

Der Name des Gerichts leitet sich vom Dialektwort *menare* ab, was »ständig rühren« und im übertragenen Sinn auch »eine Standpauke halten« bedeutet – man »rührt« eben so lange an den Nerven seines Gespächspartners, bis dieser schließlich klein beigibt.

Zutaten für 4 Personen:
250 g getrocknete Borlottibohnen, 1 Zwiebel, 1 Knoblauchzehe, 1 Mohrrübe, 1 Selleriestängel, 1 Lorbeerblatt, 4 EL Butter, 150 g geriebener Grana oder Parmesan, Salz, schwarzer Pfeffer aus der Mühle
Zubereitungszeit (ohne Ruhezeit): 2 Stunden

Bohnenkerne verlesen und über Nacht in kaltem Wasser einweichen.
Zwiebel, Knoblauch, Mohrrübe und Sellerie putzen und fein hacken. Zusammen mit dem Lorbeerblatt in etwas Butter andünsten. Die Bohnen hinzufügen und ebenfalls andünsten.
Das Gemüse nun zweifingerbreit mit kaltem Wasser bedecken und zum Kochen bringen. Dann die Wärmezufuhr drosseln und die Bohnen im leise sprudelnden Wasser in gut 90 Minuten weich garen.
Die Bohnen abgießen, das Lorbeerblatt entfernen. Die Bohnenmasse noch heiß durch eine Gemüsemühle passieren. Mit geriebenem Käse und der restlichen Butter verfeinern. Mit Salz und Pfeffer herzhaft abschmecken und heiß zu gebratenem Fleisch oder Polenta (s. Seite 244) servieren.

Mostarda di frutta mista
Bunte Senffrüchte – Lombardei

Schon in der Römerzeit gab es Saucen auf der Basis von Most, Honig, Senf und Früchten, aus denen sich die heutige Mostarda entwickelt hat. Heute versteht man darunter ein Kompott aus Früchten in einer Zucker-Senf-Lösung, das zu gekochtem, gebratenem oder gegrilltem Fleisch oder aber als Abschluss der Mahlzeit zum Käse gegessen wird. Die erste schriftliche Überlieferung dieser Zubereitung stammt aus dem späten 18. Jahrhundert.
Bei der Zusammensetzung des Kompotts haben Sie freie Hand, denn die traditionelle Mostarda aus Cremona wird aus einer bunten Mischung leicht

säuerlicher Früchte gewonnen; in Mantua beschränkt man sich auf Äpfel oder Birnen, in Venetien bevorzugt man Quitten, während in der Toskana Weintrauben mit Äpfeln, Birnen und Zitronat kombiniert werden.

Zutaten:
800 g gemischte, leicht säuerliche Früchte (Birnen, Äpfel, Aprikosen, Kirschen, Feigen, Pflaumen, Trauben, Zedratschalen), 400 g Zucker, 10 Tropfen Senfessenz
Zubereitungszeit (ohne Ruhezeiten): 60 Minuten

Das Obst putzen und nach Bedarf entkernen oder entsteinen. Kleine Früchte wie Trauben und Kirschen ganz lassen, Aprikosen und Pflaumen halbieren, Äpfel und Birnen in mundgerechte Stücke schneiden.
Obst in eine Schüssel geben, mit dem Zucker vermischen und 24 Stunden ziehen lassen.
Die Mischung in einen Topf geben und aufkochen lassen. 5 Minuten durchkochen und vom Herd nehmen. Wieder 24 Stunden ruhen lassen (dabei höchstens mit einem luftdurchlässigen Mulltuch abdecken, damit kein Kondenswasser ins Kompott tropft).
Das Kompott noch zweimal jeweils 5 Minuten kochen und 24 Stunden ruhen lassen. Zum Schluss die Senfessenz hinzufügen und die Mostarda in sterile Einmachgläser füllen.

Tipp: Essen Sie die Mostarda nach Möglichkeit innerhalb weniger Wochen auf, denn das Senfaroma, das die Früchte so pikant macht, verflüchtigt sich schnell.

Papparill e pummador‘
Paprika-Tomaten-Gemüse – Abruzzen

Universell einsetzbar wie ein Joker ist dieser Klassiker der Abruzzenküche. Papparill e pummador‘ schmeckt als Beilage zu Grillfleisch oder Käse, als Antipasto oder Einzelgericht.

Zutaten für 4–6 Personen:
1 kg rote und grüne Paprikaschoten, 2 kg reife Tomaten, 4 EL Olivenöl, 2 zerstoßene Knoblauchzehen, 1 Rosmarinzweig, Salz, 1 kleiner Peperoncino (nach Wunsch)
Zubereitungszeit: 90 Minuten

Paprika putzen, entkernen und in schmale Streifen schneiden. Tomaten häuten, entkernen und würfeln.
2 Esslöffel Olivenöl in einer Pfanne erhitzen. Eine Knoblauchzehe und den Rosmarinzweig darin andünsten. Die Tomaten hinzufügen und salzen. Bei milder Hitze 30 Minuten köcheln lassen.
Das restliche Olivenöl und die zweite Knoblauchzehe in einer zweiten Pfanne erhitzen. Die Paprikastreifen portionsweise weich braten und anschließend unter die Tomaten rühren.
Das Mischgemüse nach Wunsch mit einem Stückchen Peperoncino aufpeppen und noch ungefähr 10 Minuten durchköcheln, damit sich die Aromen gut verbinden. Rosmarinzweig herausnehmen und heiß servieren.

Patate alla contadina
Kartoffeln nach Bauernart – Toskana

Eine Bauersfrau musste Hof, Hühner und anderes Kleinvieh versorgen, sich um die Kinder und den Haushalt kümmern und zur Erntezeit bei der Feldarbeit mithelfen. Für kulinarische Höhenflüge blieb da wenig Zeit. So erfanden die Bäuerinnen der Toskana ein einfaches Gericht, das zu allen Spezialitäten der Region passt und bei der Zubereitung wenig Aufmerksamkeit erfordert. Sie gaben einfach alle Zutaten auf einmal in einen Tontopf und ließen das Gemüse langsam in einer Ecke des Kohlenherds über milder Aschenglut vor sich hin köcheln.

Zutaten für 4 Personen:
800 g Kartoffeln, 3–4 EL Olivenöl, einige Rosmarinzweige, 2 Knoblauchzehen, 250 g Tomatenpüree, Salz und Pfeffer, ca. 200 ml Fleisch- oder Gemüsebrühe
Zubereitungszeit: 45 Minuten

Kartoffeln schälen und grob würfeln. Olivenöl in einer Pfanne erhitzen. Rosmarin und Knoblauch darin andünsten. Wenn der Knoblauch Farbe nimmt, die Kartoffeln in die Pfanne geben und unter häufigem Wenden anbraten. Nach 3–4 Minuten das Tomatenpüree unterrühren, salzen und pfeffern. Etwas Brühe angießen und zum Kochen bringen. Die Kartoffeln nun zugedeckt auf kleiner Flamme weich garen (sie dürfen ruhig zerfallen). Sollte die Flüssigkeit zu stark einkochen, etwas Brühe nachgießen.

Patate in porchetta
Kräuterkartoffeln – Abruzzen

In porchetta ist eine der beliebtesten Zubereitungsweisen der mittel- und süditalienischen Küche. Knoblauch und Rosmarin gehören immer dazu, manchmal mischt man dann noch Lorbeer und Speck oder Salbei und Basi-

likum darunter, damit ansonsten etwas eintönige Speisen den richtigen Kick bekommen.

Zutaten für 4 Personen:
1 kg Kartoffeln, 100 g Speck oder Pancetta, 3 zerstoßene Knoblauchzehen, 1 Lorbeerblatt, 1 Rosmarinzweig, Salz, einige Pfefferkörner, 250 ml Fleisch- oder Gemüsebrühe (nach Wunsch)
Zubereitungszeit: 60 Minuten

Kartoffeln schälen und in grobe Würfel schneiden, den Speck ebenfalls würfeln. Beides in eine Pfanne geben und mit den übrigen Zutaten vermischen. Nach Wunsch die Brühe angießen oder mit Wasser auffüllen, bis die Kartoffeln knapp bedeckt sind. Kartoffeln zum Kochen bringen und leise weich garen, bis sie zerfallen und ein dickliches Püree entsteht. Sofort servieren.

Patate rustiche
Kartoffel-Lauch-Gemüse – Piemont

Zutaten für 4 Personen:
500 g Kartoffeln, 500 g Lauch, 3 Sardellenfilets,
3 EL Olivenöl, 125 ml Fleisch- oder Gemüsebrühe, Salz und Pfeffer
Zubereitungszeit: 50 Minuten

Kartoffeln schälen und fein würfeln. Den Lauch putzen. Wurzeln und die dunkelgrünen Spitzen abtrennen, den mittleren Teil längs halbieren und sorgfältig ausspülen, dann in schmale Streifen schneiden. Die Sardellen fein hacken.
Das Öl in einer Pfanne erhitzen. Kartoffeln, Lauch und Sardellen hineingeben und einige Minuten andünsten. Die Brühe angießen, salzen und pfeffern. Pfanne abdecken und das Gemüse bei mittlerer Hitze in rund 20 Minuten garen.
Gegen Ende der Garzeit den Deckel abheben und die restliche Flüssigkeit einkochen lassen.

Polenta
Maisbrei – Lombardei

Polenta ist in ganz Oberitalien verbreitet und weit mehr als nur Speisenbeilage. Der Maisbrei ist für die *polentoni* Weltanschauung, Grundnahrungsmittel ganzer Generationen und gehört zum Kulturgut wie der Mailänder Dom oder der Herzogspalast von Mantua. Ob Sie in einer Berghütte in den Bergamasker Alpen oder bei einem Fischerfest in Venetien sitzen – ohne Polenta ist ein geselliges Beisammensein undenkbar.
Hier stellen wir Ihnen die Grundversion einer gelben Polenta vor, die Sie als Beilage zu praktisch allen oberitalienischen Secondi reichen oder mit Butter und Käse, Salami und Tomatensauce vermischt als eigenständiges Hauptgericht genießen können.

Zutaten für 4–6 Personen:
2 l Wasser, Salz, 500 g Maismehl
Zubereitungszeit: 90 Minuten

Wasser in einem großen Topf zum Kochen bringen und salzen. Unter ständigem Rühren das gut gesiebte Maismehl einrieseln lassen. Und nun heißt es eine Stunde und länger geduldig weiterrühren, bis die Polenta die gewünschte Konsistenz erreicht hat.
Das Mehl ist entscheidend für Kochzeit und Konsistenz (eventuell Packungsbeilage beachten). Je feiner das Mehl gemahlen ist, um so schneller wird die Polenta fest. Oft sorgt aber gerade das etwas grobere Mehl, das vielleicht sogar noch auf einer Steinmühle gemahlen wurde, für ein interessanteres Aroma.

Stufatino con il sedano
Selleriegemüse – Abruzzen

Zutaten für 4 Personen:
500 g Staudensellerie, 500 g Kartoffeln, 1 kleine Zwiebel, 3–4 EL Olivenöl, Salz und Pfeffer, Olivenöl zum Servieren
Zubereitungszeit: 45 Minuten

Selleriestangen putzen und in mundgerechte Stücke schneiden, etwas Blattgrün zum Garnieren aufheben.
Kartoffeln schälen und würfeln, die Zwiebel in dünne Ringe schneiden.
Das Öl in einer Pfanne erhitzen. Die Zwiebel darin andünsten, Kartoffeln und Sellerie hinzufügen und einige Minuten unter Wenden mitdünsten. Salzen und pfeffern. Das Gemüse knapp mit Wasser bedecken und in rund 20 Minuten sanft weich garen. Noch einmal herzhaft abschmecken und mit einem Schuss Olivenöl servieren.

Salse e sughi – Saucen

Besciamella
Béchamelsauce – Emilia

Diese Béchamelsauce benötigen Sie hauptsächlich für Lasagne und ähnliche üppige Aufläufe aus der Region Emilia. Die hier angegebenen Mengen reichen für einen Auflauf für 4 – 6 Personen.

Zutaten:
1 l Milch, 80 g Mehl, 100 g Butter, Salz
Nach Wunsch: ½ Zwiebel, 3–4 Petersilienzweige, 4 schwarze Pfefferkörner
Zubereitungszeit: 30 Minuten

Die Milch in einem Topf zum Kochen bringen. Wenn Sie der Béchamelsauce ein würzigeres Aroma verleihen möchten, die in hauchdünne Ringe geschnittene Zwiebel, die Petersilienzweige und Pfefferkörner mit der Milch aufkochen und 20 Minuten darin ziehen lassen.
Das Mehl in der Butter hell anschwitzen. Mit der heißen Milch (die Gewürze vorher abseihen) aufgießen und kräftig verrühren, damit sich keine Klümpchen bilden. Mit Salz abschmecken und 5 Minuten unter ständigem Rühren durchkochen. Vom Herd nehmen und nach Rezept verwenden.

Fonduta
Käsecreme – Piemont

Die Zubereitung einer echten piemontesischen Fonduta erfordert Zeit und Geduld. Die Käsecreme darf nicht klumpen, aber auch keine Fäden ziehen und sollte eine gleichmäßig gelbliche Farbe und angenehme Konsistenz besitzen. Am besten gelingt sie mit Fontinakäse aus dem Aostatal (weil der keine Fäden zieht), wird durch den gehaltvollen Käse aber entsprechend üppig und erhält einen leicht bitteren Nachgeschmack.

Zutaten für 4 Personen:
300 g Fontina, ½ EL Mehl, ½ l Milch, 1 EL Butter, 2 Eigelb
Zubereitungszeit (ohne Wartezeit): ca. 40 Minuten

Fontina entrinden und in schmale Streifen schneiden. Mit einer Prise Mehl in eine Schüssel geben und mit Milch übergießen. 3 Stunden ziehen lassen. Die Mischung in einen Topf umfüllen. Butter und Eigelb und nach Wunsch noch eine Prise Mehl hinzufügen. Im Wasserbad sanft erhitzen (die Masse darf keinesfalls kochen) und dabei ständig mit einem Schneebesen umrühren, bis die Creme die gewünschte gleichmäßige Konsistenz und Farbe erhält. Dieser Vorgang dauert in der Regel 30–40 Minuten, kann manchmal aber auch bis zu 50–60 Minuten in Anspruch nehmen.

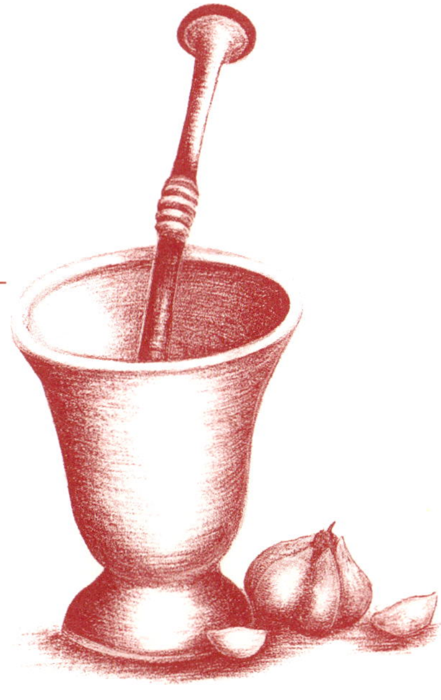

Pesto al rosmarino
Rosmarinpesto – Toskana

Dieser Pesto passt gut zu einem Teller Pasta, aber auch ein Klecks davon in eine einfache Tomatensauce oder in eine Gemüsesuppe gerührt sorgt für ein volles und tiefes Aroma.

Zutaten für 4 Personen:
1 Bund Petersilie, 1 Bund Rosmarin, 4 Knoblauchzehen,
4–6 EL Pinienkerne,
4 EL Olivenöl, Salz und Pfeffer
Zubereitungszeit: 20 Minuten

Petersilienblättchen und Rosmarinnadeln von den Stängeln zupfen und fein hacken. Knoblauch und Pinienkerne zerstoßen und mit den Kräutern vermischen. Mit Olivenöl glatt rühren und mit Salz und Pfeffer abschmecken.

Ragù alla bolognese
Bologneser Hackfleischsauce – Emilia

Ein sonntägliches Festessen ohne Ragù wäre in Bologna undenkbar. Für die berühmte Sauce sind die besten Zutaten gerade gut genug. Denn: Aus minderwertigem Hackfleisch und mittelmäßigem Wein läßt sich nun mal keine erstklassige Sauce zubereiten. Wählen Sie ein schönes Stück Rindfleisch und lassen Sie es vom Metzger durchdrehen, an Weinen eignen sich die Spezialitäten aus der Emilia wie Lambrusco oder ein Trebbiano. Die Zubereitung an sich ist nicht schwierig, verlangt jedoch viel Zeit, denn erst durch das stundenlange Schmurgeln erreichen die einzelnen Zutaten jene unglaubliche Aromenfülle, die den Ragù alla bolognese so berühmt gemacht hat.

Zutaten für 6 –8 Personen:
1 Zwiebel, 1 Mohrrübe, 1 Selleriestängel, 500 g Pancetta, 2 EL Olivenöl, 1 kg Rinderhack, 400 ml trockener Rotwein, 750 g Tomatenpüree, Salz und Pfeffer, evtl. etwas Brühe
Zubereitungszeit: 4–5 Stunden

Zwiebel, Mohrrübe und Sellerie putzen und fein würfeln. Die Pancetta fein hacken.
Das Olivenöl in einem Topf erhitzen und das Gemüse darin anschwitzen. Nach 2–3 Minuten die Pancetta hinzufügen und glasig braten. Nun das Rinderhack dazugeben und krümelig braten.
Sobald das Fleisch Farbe genommen hat, mit Rotwein ablöschen. Den Wein einkochen lassen, dann das Tomatenpüree unterrühren. Die Sauce salzen und pfeffern und zum Kochen bringen. Wärmezufuhr reduzieren und die Sauce zugedeckt auf sehr kleiner Flamme mindestens 4 Stunden vor sich hin köcheln lassen. Ab und zu umrühren. Falls die Sauce zu stark einkocht, mit etwas Brühe oder heißem Wasser verflüssigen.
Die Mengen reichen für Pasta für 6–8 Personen oder für eine Lasagnefüllung.

Ragù di verzino
Ragù mit Salamibrät – Lombardei

Verzino ist eine kleine Salami aus dem lombardischen Städtchen Crema und wird relativ frisch, nach einer Reifezeit von nur knapp zwei Monaten verzehrt, wenn das Brät noch weich ist.

Zutaten für 4 Personen:
500 g Tomaten, 1 Mohrrübe, 1 Zwiebel, 1 Selleriestängel, 2 EL Olivenöl,
400 g Verzino (oder anderes weiches Salamibrät), 100 ml trockener Weißwein,
75 ml Fleischbrühe (nach Wunsch), Salz und Pfeffer
Zubereitungszeit: 60 Minuten

Tomaten häuten, entkernen und fein würfeln. Beiseite stellen. Das übrige Gemüse putzen, fein hacken und in Olivenöl andünsten.
Das Salamibrät mit einer Gabel grob zerpflücken und zum Gemüse geben. Auf lebhafter Flamme bräunen, dann mit Weißwein ablöschen. Wenn der Wein eingekocht ist, die Tomaten und Fleischbrühe oder Wasser hinzufügen. Salzen und pfeffern. Das Ganze nun auf kleiner Flamme etwa 45 Minuten schmurgeln lassen, bis eine sämige Sauce entsteht.
Die herzhafte Sauce passt am besten zu etwas gröberen langen Pastaformaten wie Bigoli oder Pici, schmeckt aber auch als Füllung für Lasagne oder Timballi ganz hervorragend.

Salsa di noci
Walnuss-Sauce – Ligurien

Diese Walnuss-Sauce stammt aus dem Orient, wie Parallelen zur klassischen persischen Küche belegen. Das Rezept gelangte vermutlich zur Zeit der Seerepubliken, als Liguriens Handel mit der arabischen Welt blühte, in die norditalienische Region.

Zutaten für 4 Personen:
250 g Walnusskerne, 1 eingeweichtes Brötchen ohne Kruste, 50 g Pinienkerne, 1 Knoblauchzehe, Salz und Pfeffer, 3–4 EL Olivenöl, 50 g Dickmilch oder Joghurt, 1 TL frische Majoranblättchen
Zubereitungszeit: 30 Minuten

Die Walnusskerne mit kochendem Wasser überbrühen und das braune Häutchen abziehen. Portionsweise in einen Mörser geben und zerstoßen. Nach und nach das eingeweichte, gut ausgedrückte Brötchen, die Pinienkerne und den Knoblauch hinzufügen und zu einer Paste zerstoßen. Mit ein paar Esslöffeln lauwarmem Wasser zur gewünschten Konsistenz verflüssigen, salzen und pfeffern.
Die Paste in ein Schälchen umfüllen und mit Olivenöl und Dickmilch oder Joghurt verrühren. Abschließend mit Majoran würzen und noch einmal abschmecken.

Tipp: Schneller und leichter geht es, wenn Sie die Zutaten statt in einen Mörser in eine Küchenmaschine füllen und zur gewünschten Konsistenz pürieren. Wie beschrieben mit Wasser, Öl und Dickmilch oder Joghurt verrühren und würzen.

Salsa di pomodori freschi
Frische Tomatensauce – Kampanien

Eiertomaten oder Fleischtomaten sind für die klassischen Tomatensaucen Italiens am besten geeignet. Sie besitzen viel Fruchtfleisch und wenig Kerne und ziehen außerdem nur wenig Saft.

Zutaten für 4 Personen:
750 g vollreife Tomaten, 1 dickes Bund Basilikum, Salz, Olivenöl
Zubereitungszeit: 30 Minuten

Tomaten 15 Sekunden in kochendes Wasser tauchen. Herausheben und häuten. Tomaten quer durchschneiden, entkernen und kopfüber auf einem Gitter abtropfen lassen.
Inzwischen das Basilikum waschen und trockenschütteln. Die Blätter von den Stängeln zupfen und in schmale Streifen schneiden.
Tomaten würfeln und in eine Schüssel geben. Mit den Basilikumstreifen vermengen, salzen und mit einem Schuss Öl beträufeln.
Die Sauce roh zur Pasta servieren oder vor dem Anrichten ganz kurz in einer Pfanne erwärmen.

Salsa di pomodori al forno
Schmortomatensauce – Basilikata

Zutaten für 4 Personen:
800 g Eiertomaten, 4–5 Knoblauchzehen,
1 TL getrockneter Thymian, 1 TL getrockneter Rosmarin, 1 TL getrockneter Oregano, 1 kleiner getrockneter Peperoncino, Olivenöl, 4 EL Hühnerbrühe, 1 EL Tomatenmark, Salz und Pfeffer
Zubereitungszeit: 60 Minuten

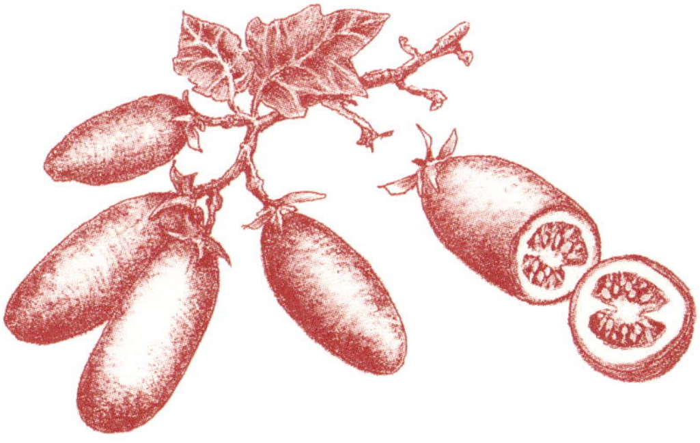

Den Backherd auf 200 Grad vorheizen.
Die Tomaten längs vierteln und in eine ofenfeste Form setzen.
Knoblauchzehen durch eine Presse drücken und

mit den getrockneten Kräutern und dem zerkrümelten Peperoncino mischen. Diese Mischung über die Tomaten streuen. Salzen und pfeffern. Das Ganze mit Olivenöl beträufeln, ins heiße Rohr schieben und 30–45 Minuten schmoren lassen.
2 Esslöffel Olivenöl in einer Pfanne erhitzen. Die Tomaten aus dem Rohr holen und mit dem gezogenen Saft in die Pfanne rühren. Die Brühe angießen und alles kurz durchköcheln lassen.
Die Sauce mit Tomatenmark andicken und mit Salz und frisch gemahlenem Pfeffer abschmecken.

Salsa verde
Petersilien-Kapern-Sauce – Toskana

Diese grüne Sauce reicht man in der Toskana zu gekochtem Fleisch. Der klassische Bollito setzt sich aus vielen verschiedenen Fleischsorten (Rind, Huhn und Hähnchen) zusammen und gehörte früher zum festen Angebot der fliegenden Händler in Florenz. Jeden Tag zogen diese *trippai* mit ihren Karren, auf denen frisch zubereiteter Bollito dampfte, durch die Straßen der Stadt. Für den Straßenverkauf füllten sie eine Portion Bollito in ein Brötchen und garnierten es mit einem Klecks Salsa verde oder einer scharfen Paprikasauce.

Zutaten für 4 Personen:
2 Sardellenfilets in Salz, 1 hart gekochtes Ei, 1 dickes Bund Petersilie,
30 g Kapern, 1 Knoblauchzehe, 1 EL Weinessig, 150 ml natives Olivenöl extra,
Salz und Pfeffer
Zubereitungszeit: 20 Minuten

Sardellenfilets abspülen und grob hacken. Das Ei pellen und ebenfalls grob zerkleinern. Petersilienblättchen von den Stängeln zupfen und zusammen mit Kapern, Knoblauch, Ei und Sardellen in einen Mixer geben und pürieren.
Die Paste in eine Schüssel füllen und mit Essig und Olivenöl geschmeidig rühren. Mit Salz und Pfeffer abschmecken.

Variation: Während man früher die Zutaten von Hand fein hackte und anschließend mit Olivenöl verrührte, gibt man heute alles auf einmal in den

Mixer. Dadurch wird die Sauce glatter und kommt mit weniger Öl aus, verliert aber auch ihren rustikalen Charme. Die Sauce erhält mehr Fülle, wenn Sie sie mit einem in Essig eingeweichten Brötchen und feingehackten Essiggurken anreichern.

Sugo al piccione
Taubenragout – Romagna

Zutaten für 4 Personen:
2 küchenfertige Tauben, 100 g Pancetta, 100 g Parmaschinken, 1 Zwiebel, 2–3 EL Olivenöl, 100 ml trockener Weißwein, 200 g Tomatenpüree, Salz und Pfeffer
Zubereitungszeit: 90 Minuten

Die Tauben in kleine Stücke schneiden. Pancetta und Parmaschinken würfeln.
Zwiebel fein hacken und in Olivenöl andünsten. Wenn die Zwiebel Farbe genommen hat, Taubenstückchen, Pancetta und Parmaschinken hinzufügen und rundum kräftig anbraten. Mit Weißwein ablöschen. Wenn die Flüssigkeit verdunstet ist, das Tomatenpüree einrühren. Salzen und pfeffern. Das Ragout zugedeckt auf kleiner Flamme 50–60 Minuten schmoren.
Das Ragout passt am besten zu Maccheroni al pettine und anderen groben Pastasorten.

Sugo del priore
Sahnesauce nach Pfarrersart – Piemont

Das Rezept für diese einfache, aber doch gehaltvolle Sauce stammt aus dem 18. Jahrhundert und wurde in den Klöstern Piemonts gekocht, wenn sich hoher Besuch ansagte. War wegen des Fastengebots Schinken gerade nicht zulässig, sorgte man mit der entsprechenden Menge Butter für die notwendige Proteinzufuhr.

Zutaten für 4 Personen:
75 g Parmaschinken, 250 g Sahne, 4 EL geriebener Grana oder Parmigiano, Salz, schwarzer Pfeffer aus der Mühle
Zubereitungszeit: 30 Minuten

Den Schinken in sehr feine Würfel schneiden und mit der Sahne in einen Topf geben. Die Sahne erhitzen und zur gewünschten Konsistenz eindicken lassen. Den Käse einstreuen, und die Sauce mit wenig Salz und reichlich Pfeffer abschmecken. Zu Gnocchi oder Pasta servieren.

Sugo di cinghiale
Wildschweinragout – Toskana

Zutaten für 6–8 Personen:
1 kg Wildschweinfleisch (z.B. Schulter), 1 Lorbeerblatt, 1 Rosmarinzweig, 4 Wacholderbeeren, 200 ml Rotweinessig, 1 Zwiebel, 2 Selleriestängel, 4 EL Olivenöl, Salz und Pfeffer, 1 Stückchen getrockneter Peperoncino, 100 ml trockener Rotwein, 300 g Tomatenwürfel, ca. 250 ml Fleischbrühe
Zubereitungszeit (ohne Ruhezeit): 2 Stunden

Das Fleisch waschen, trockentupfen und in eine Schüssel legen. Mit den Gewürzen bestreuen, mit Rotweinessig und Wasser bedecken. Schüssel abdecken und das Fleisch 24 Stunden im Kühlschrank durchziehen lassen. Ab und zu wenden.
Fleisch aus der Beize heben, abtropfen lassen und in Würfel schneiden. Zwiebel und Sellerie putzen und zerkleinern.
Das Olivenöl in einem Schmortopf erhitzen. Zwiebel und Sellerie darin andünsten, dann die Fleischwürfel hinzufügen und rundum Farbe nehmen lassen. Mit Salz und Pfeffer und dem zerkrümelten Peperoncino würzen. Mit Rotwein ablöschen. Die Tomatenwürfel und die Brühe hinzufügen und zugedeckt sanft weich schmoren.
Zu diesem Sugo reicht man traditionsgemäß rustikale hausgemachte Pasta oder Polenta (s. Seite 244).

Sugo di coniglio alla contadina
Kaninchenragout nach Bauernart – Toskana

Zutaten für 6–8 Personen:
1 küchenfertiges Kaninchen von ca. 1 kg, 3 Knoblauchzehen, 1 große Zwiebel, 2 Selleriestängel, 2 Mohrrüben, 4 EL Olivenöl, 3 Lorbeerblätter, 200 ml trockener Rotwein, 400 g gewürfelte Tomaten, Salz und Pfeffer
Zubereitungszeit: 90 Minuten

Das Kaninchen in Stücke schneiden. Knoblauch, Zwiebel, Sellerie und Mohrrüben putzen und fein hacken.
Das Olivenöl in einem Topf erhitzen. Das Gemüsehack und die Lorbeerblätter darin andünsten. Nach rund 5 Minuten die Kaninchenstücke hinzufügen und rundum bräunen. Den Rotwein angießen und einkochen lassen.
Kaninchen vom Herd nehmen und etwas abkühlen lassen. Das Fleisch vom Knochen lösen und durch den Fleischwolf drehen. Wieder in den Topf geben und mit den Tomatenwürfeln verrühren. Salzen und pfeffern. Zum Kochen bringen, dann auf kleiner Flamme 15–20 Minuten weiterschmoren, damit sich die Aromen schön verbinden.

Sugo di funghi
Pilzsauce – Aostatal

Je nach Jahreszeit fällt die Pilzmischung unterschiedlich aus, man nimmt, was gerade in den Wäldern wächst und bereitet daraus eine schmackhafte Sauce. Dieses Rezept, das ohne Tomaten auskommt, isst man am liebsten zu Risotto oder Polenta.

Zutaten für 4 Personen:
600 g gemischte wilde Pilze, 1 Zwiebel, 3 Knoblauchzehen, 1 TL getrockneter Thymian, 4 EL Olivenöl, Salz und Pfeffer
Zubereitungszeit: 60 Minuten

Die Pilze putzen. Dazu die Kappen mit einem feuchten Tuch abreiben und unschöne Stellen entfernen. Pilze dann blättrig aufschneiden.
Zwiebel und Knoblauch fein hacken und zusammen mit dem Thymian in Olivenöl andünsten. Die Pilze hinzufügen, in der offenen Pfanne Saft ziehen lassen und weich dünsten. Salzen und pfeffern.

Sugo di interiora di pollo al Vinsanto
Sugo mit Hühnerklein und Vinsanto – Toskana

In der Toskana serviert man diesen kräftigen Sugo zu Pasticcio aus hausgemachter Pasta oder zu Reistimbale.

Zutaten für 4 Personen:
400 g Hühnerklein (Leber, Herzen usw.), 1 rote Zwiebel, 2 Selleriestängel, 1 Mohrrübe, 2 Knoblauchzehen, 4 EL Olivenöl, 4 Salbeiblätter, 1 Rosmarinzweig, 100 ml Vinsanto, 350 ml Fleischbrühe, Salz und Pfeffer
Zubereitungszeit: 2 Stunden

Hühnerklein sorgfältig putzen und fein würfeln.
Zwiebel, Sellerie, Mohrrübe und Knoblauch fein hacken und in Olivenöl andünsten. Hühnerklein, Salbei und Rosmarin hinzufügen und unter Rühren anbraten. Mit Vinsanto ablöschen. Wenn der Wein verkocht ist, die Brühe angießen, salzen und pfeffern. Die Sauce zum Kochen bringen, dann auf sehr kleiner Flamme knapp 2 Stunden schmoren lassen.

Sugo di manzo all'uso genovese
Fleischsauce nach Genueser Art – Ligurien

Das Fleisch sorgt hier nur für den Geschmack, kommt aber nicht mit der Sauce auf den Tisch. Sie können das Bratenstück später als Hauptgang servieren oder für eine Raviolifüllung verwenden.

Zutaten für 4 Personen:
1 Handvoll getrocknete Pilze, 1 Knoblauchzehe, 1 Bund Petersilie, 1 Zwiebel, 1 Mohrrübe, 1 Selleriestängel, 2 Lorbeerblätter, 4 EL Olivenöl, 1 EL Butter, Salz und Pfeffer, 400 g mageres Rind- oder Kalbfleisch, 100 ml trockener Weißwein, 1 EL Tomatenmark, ca. 150 ml Fleischbrühe
Zubereitungszeit: 90 Minuten

Pilze mit einem Viertelliter warmem Wasser übergießen und einweichen lassen. Inzwischen Knoblauch, Petersilie, Zwiebel, Mohrrübe und Sellerie putzen und fein hacken.
Die Lorbeerblätter zusammen mit Olivenöl und Butter in einem Schmortopf erhitzen, dann das Gemüsehack hinzufügen und auf kleiner Flamme 7–8 Minuten andünsten. Salzen und pfeffern.
Die eingeweichten Pilze abgießen (die Flüssigkeit für die Sauce aufheben), eventuell zerkleinern und unter das Gemüse rühren; salzen und pfeffern. Das Fleisch hineinsetzen und rundum bräunen. Mit Weißwein ablöschen, dann das Tomatenmark einrühren.
Das Fleisch bei schwacher Hitze langsam gar schmoren. Dabei immer wieder etwas Pilzwasser und Brühe angießen, damit die Sauce sämig bleibt.
Das Bratenstück herausnehmen und nach Wunsch weiterverwenden. Die Sauce durch ein Sieb streichen und zu Pasta oder zu den Tomaxelle (s. Rezept auf Seite 160) servieren.

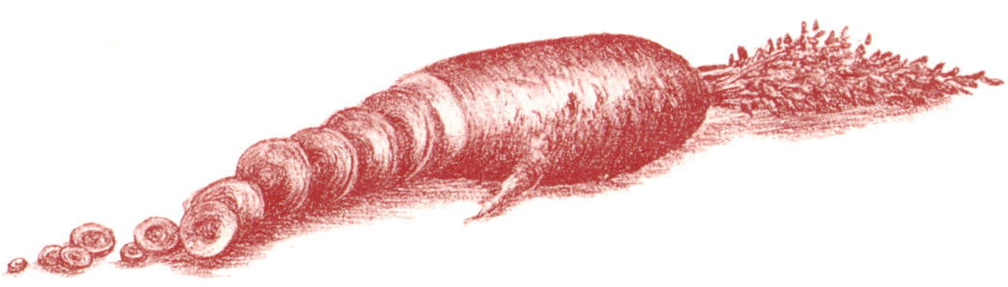

Sugo finto
»Falsche« Sauce – Toskana

»Falsch« nennt man diesen Sugo, weil er ohne Fleisch zubereitet wird und daher eigentlich gar nicht zählt. Tatsache ist jedoch, dass die traditionelle toskanische Küche häufig ohne Fleisch auskommen musste, weil es für die einfachen Leute zu teuer war.

Zutaten für 4 Personen:
1 Zwiebel, 1 Mohrrübe, 1 Selleriestängel, 2 EL Olivenöl, 2 EL Tomatenmark, 150 ml warmes Wasser oder Brühe, Salz und Pfeffer, 1 kleines Bund Petersilie oder Basilikum, 1 EL Butter
Zubereitungszeit: 60 Minuten

Zwiebel, Mohrrübe und Sellerie putzen, fein hacken und in Olivenöl weich dünsten. Das Tomatenmark mit Wasser oder Brühe glatt rühren und unter das Gemüse mischen. Salzen und pfeffern. Den Sugo zum Kochen bringen, dann etwa 45 Minuten sanft köcheln lassen. Eventuell etwas Wasser oder Brühe nachgießen.
Inzwischen die Kräuter putzen und fein hacken. In die Sauce rühren und heiß werden lassen. 5 Minuten durchköcheln, vom Herd nehmen und mit der Butter verfeinern.

Sugo primavera
Gemüsesauce – Piemont

Vielseitig einsetzbar ist diese piemontesische Gemüsesauce. Sie schmeckt ganz klassisch zu Pasta (besonders Tagliatelle) und macht auch zu gedünstetem Fischfilet eine hervorragende Figur.

Zutaten für 4 Personen:
1 Lauchstange, 1 dicke Mohrrübe, 6 grüne Spargelstangen, 3 Artischocken, 3 kleine Zucchini, 3–4 EL Olivenöl, Salz, 1 Rosmarinzweig, 1 Thymianzweig, 1 Lorbeerblatt, 2 Salbeiblätter, 2 Petersilienzweige
Zubereitungszeit: 60 Minuten

Das Gemüse putzen und fein würfeln, Lauch in dünne Ringe schneiden. Olivenöl in einer Pfanne erhitzen. Den feingeschnittenen Lauch hineingeben und weich dünsten. Nun die Mohrrübe dazugeben und 5 Minuten mitdünsten. Danach Spargel und Artischocken hinzufügen und 5 Minuten weiterdünsten, zum Schluss die Zucchini dazugeben. Gemüse gut vermischen, salzen und zugedeckt ungefähr 10 Minuten dünsten.
Kräuter waschen, fein hacken und unter das Gemüse rühren. Sauce abschmecken und nach Wunsch verwenden.

Tocco di funghi
Pilzsauce – Umbrien

Bereits in der Antike erfuhren Pilze eine große Wertschätzung unter den Feinschmeckern. Nicht nur bei Römern und Griechen, sondern auch schon früher waren sie bei Babyloniern und Ägyptern höchst begehrt.

Zutaten für 4 Personen:
300 g gemischte frische Pilze, 1 Zwiebel, 2 Knoblauchzehen, 600 g reife Tomaten, 4 EL Olivenöl, Salz und Pfeffer, 1 Prise Muskat, evtl. etwas Gemüsebrühe
Zubereitungszeit: 90 Minuten

Pilze sorgfältig putzen und blättrig schneiden. Zwiebel und Knoblauch schälen und fein hacken. Die Tomaten häuten und würfeln.
Das Öl in einem Topf erhitzen und Zwiebel und Knoblauch darin andünsten. Pilze und Tomatenwürfel hinzufügen und heiß werden lassen. Mit Salz, Pfeffer und frisch geriebenem Muskat würzen. Zugedeckt auf sehr kleiner Flamme ungefähr eine Stunde köcheln lassen. Sollte die Sauce zu stark eindicken, mit Wasser oder Gemüsebrühe verflüssigen. Abschmecken und zu Gnocchi, Pasta oder Polenta servieren.

Dolci – Desserts

Bonèt di nocciole e caffè
Haselnuss-Mokka-Pudding – Piemont

Der Name dieses Puddings, der wörtlich übersetzt »Mütze« bedeutet, leitet sich von einer Kopfbedeckung ab, die bei den piemontesischen Männern des 18. Jahrhunderts en vogue war und ein wenig dieser Puddingform ähnelte.

Zutaten für 6–8 Personen:
100 g zerriebene Amaretto-Makronen, 400 ml Milch, 3 Eier, 5 EL Zucker,
100 g geröstete und fein gehackte Haselnüsse, 1–2 EL starker Espresso, 2 EL Rum,
1 Päckchen Vanillezucker
Zubereitungszeit: 90 Minuten

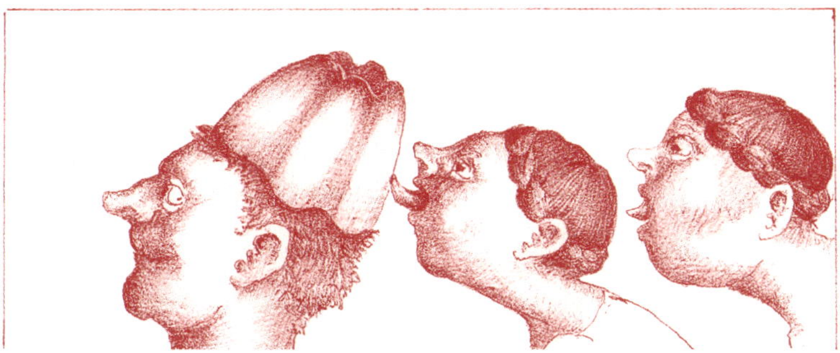

Amaretto-Makronen in die Milch geben und langsam zum Kochen bringen. Eier in einer Schüssel verquirlen. 3 Esslöffel Zucker, Haselnüsse, Espresso, Rum und Vanillezucker unterrühren. Schließlich die heiße Milch mit einem Schneebesen unterziehen.
Backherd auf 180 Grad vorheizen.
Den restlichen Zucker karamellisieren und eine Puddingform damit ausgießen. Die Bonètmischung einfüllen.
Puddingform verschließen, ins Wasserbad stellen und im heißen Backrohr etwa 45 Minuten garen.
Erkalten lassen, aus der Form stürzen und servieren.

Brutti ma buoni
Haselnusskekse – Piemont

»Hässlich, aber gut« nennen sich diese piemontesischen Klassiker, die schnell gemacht sind und mit den frischen Haselnüssen aus Piemont ganz hervorragend schmecken.

Zutaten:
2 Eiweiß, 150 g Zucker, 125 g grob gehackte Haselnüsse
Zubereitungszeit: 60 Minuten

Eiweiß in einem Topf zu Schnee schlagen. Den Zucker unterheben und einrühren, dann die Haselnüsse unterziehen.
Die Masse mit einem Holzlöffel umrühren und bei mittlerer Hitze köcheln lassen, bis sie sich von Topfboden und -wänden löst. Vom Herd ziehen.
Aus der Masse nun nussgroße unregelmäßige Bällchen formen und auf ein mit Backtrennpapier ausgelegtes Blech setzen. Im auf 150 Grad vorgeheizten Backherd 40 Minuten trocknen lassen. Vor dem Servieren erkalten lassen.

Cenci
Karnevalsgebäck – Toskana

Mit *cenci* bezeichnet man in der Toskana abgenutzte Stofffetzen, die man zum Staubwischen, Schuhe putzen und für ähnliche Arbeiten verwendet. Diese Kekse müssen genauso aussehen wie diese Lumpen (ohne Schuhwichse, versteht sich), und zum Vinsanto schmecken die gebackenen Cenci einfach köstlich.

Zutaten:
500 g Mehl, 2 Eier, 50 g Zucker, 200 g weiche Butter, Saft und abgeriebene Schale von ½ unbehandelten Orange, 1–2 EL Likör, 1 Prise Salz, 1 Päckchen Backpulver, Öl zum Ausbacken, Puderzucker zum Bestäuben
Zubereitungszeit: 30 Minuten

Das Mehl in eine Schüssel sieben. Eier, Zucker, Butter, Orangensaft und -schale, Likör und Salz hinzufügen und kräftig vermischen. Zum Schluss das Backpulver einarbeiten.
Den Teig auf Backtrennpapier 2–3 Millimeter dünn ausrollen.
Mit einem Teigrädchen unregelmäßige Streifen ausrädeln und diese hier und da einreißen, verknoten oder verdrehen, damit sie wie die oben erwähnten Lumpen aussehen.
Reichlich Öl erhitzen und die Cenci schwimmend ausbacken, bis sie goldbraun sind. Auf Küchenkrepp abtropfen lassen und mit Puderzucker bestreuen.
Cenci wie bunte Stoffreste in einen Korb stopfen und servieren.

Coppette di vignola
Kirschbecher – Friaul

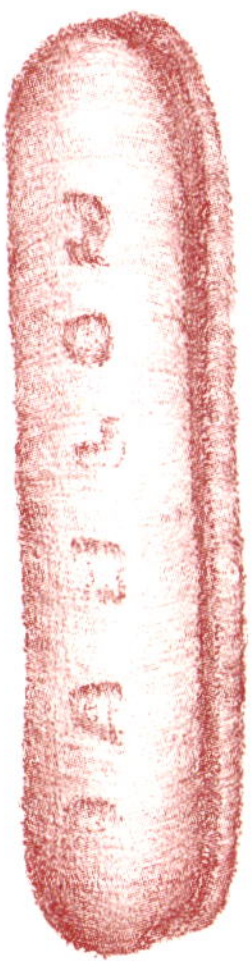

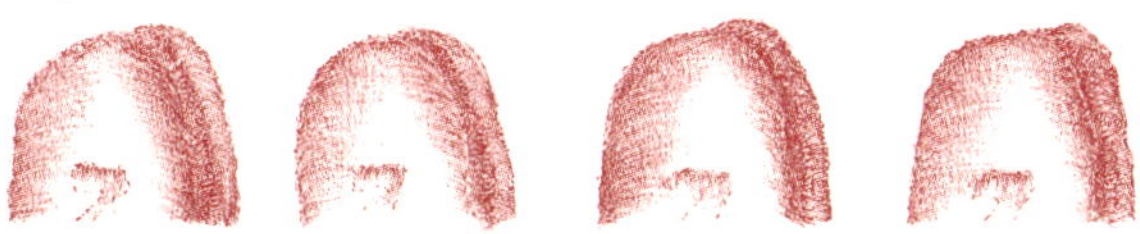

Zutaten für 4 Personen:
350 g entsteinte Weichseln oder Sauerkirschen, 100 g Zucker, 3 EL trockener Weißwein, 1 Gewürznelke, 1 Zimtstange, 10–12 Löffelbiskuits, 2 EL Kirschlikör, evtl. Schlagsahne zum Garnieren
Zubereitungszeit (ohne Kühlzeit): 25 Minuten

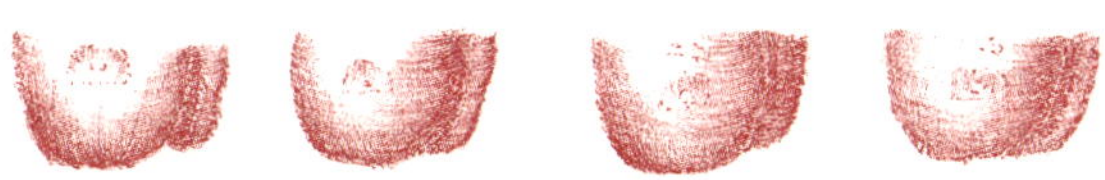

Kirschen zusammen mit Zucker, Wein, Nelke und Zimt in einen Topf geben und zum Kochen bringen.
Auf kleiner Flamme 10 Minuten köcheln lassen. Vom Herd ziehen, die Gewürze entfernen und 12 Kirschen beiseite stellen. Den restlichen Topfinhalt pürieren.
Dessertschalen mit den Löffelbiskuits auslegen und mit Likör beträufeln. Das Kirschpüree darauf verteilen. Die Becher nun mindestens 3 Stunden kühl stellen.
Vor dem Servieren mit den restlichen Kirschen und nach Wunsch mit einem kleinen Sahnehäubchen garnieren.

Crostata alle ciliegie
Kirschkuchen – Latium

Im 12. Jahrhundert saßen zwei Bauern aus dem nördlichen Latium an einem Feldrand, politisierten und überlegten, wie man sich der Herrschaft Kaiser Friedrichs I. entledigen könnte. Da begann auf einmal ein Kirschbaum, der schon seit mehreren Jahren abgestorben war, wieder Blüten zu treiben. Der Baum stand neben einer Marienkapelle, und so verstanden die beiden Bauern dies als ein Zeichen, sich mit ihrem Anliegen an den Papst zu wenden. Der besiegte den Kaiser, und im Gedenken an diesen Kirschbaum feiert man seither in der Region ein Marienfest.

Zutaten für 1 Form mit 22–24 cm Durchmesser:
Für den Teig: 250 g Mehl, 125 g weiche Butter, 1 Ei, 50 g Zucker, 1 Päckchen Vanillezucker, 1 TL abgeriebene Zitronenschale
Für die Füllung: 60 g Zartbitterschokolade, 2 EL Sahne, 300 g Kirschen aus dem Glas
Zubereitungszeit (ohne Ruhezeiten): 60 Minuten

Für den Teig das Mehl in eine Schüssel sieben. Die Butter in Flöckchen sowie die restlichen Zutaten hinzufügen und rasch zu einem glatten Teig verarbeiten. Zu einer Kugel rollen, dann zu einer flachen Scheibe pressen und in Haushaltsfolie gepackt mindestens eine Stunde im Kühlschrank ruhen lassen.
Backherd auf 200 Grad vorheizen.
Den Teig ausrollen und eine gebutterte Springform damit auskleiden. Einen gut fingerbreiten Rand formen. Den Kuchen mehrmals mit einer Gabel einstechen und im heißen Rohr rund 25 Minuten goldgelb backen. Herausnehmen und erkalten lassen.
Die Schokolade mit der Sahne zum Schmelzen bringen und den Kuchenteig damit bestreichen. Abkühlen und fest werden lassen, dann die abgetropften Kirschen einfüllen.
Nach Wunsch mit Schlagsahne servieren.

Crostata allo zafferano
Safrankuchen – Abruzzen

Ungefähr zweihundert Blüten müssen für ein einziges Gramm Safranfäden in mühevoller Handarbeit geerntet werden – da nimmt es nicht weiter wunder, dass Safran zu den teuersten Gewürzen der Welt gehört. Da er aber so intensiv schmeckt und färbt, genügen zum Kochen bereits kleinste Mengen.

Zutaten für 1 Form mit 24 cm Durchmesser:
Für den Teig: 200 g Mehl, 100 g weiche Butter, 1 Prise Salz, ca. 2 EL eiskaltes Wasser
Für die Füllung: 4 Äpfel, 3 Birnen, 4 getrocknete Feigen, 50 g Rosinen, 2 TL abgeriebene Zitronenschale, 1 Prise frisch geriebener Muskat, 1 Prise Safranfäden, 3 EL brauner Zucker, evtl. 1–2 TL Speisestärke
Zubereitungszeit: 75 Minuten

Die Zutaten für den Teig in eine Schüssel geben und rasch mit den Fingerspitzen vermischen.
Den Teig zu einer Kugel rollen, in Haushaltsfolie wickeln und mindestens 30 Minuten in den Kühlschrank legen.
In der Zwischenzeit die Füllung vorbereiten. Äpfel und Birnen schälen, entkernen und in Stücke schneiden. Die Feigen grob würfeln.
Das Obst mit Rosinen und Zitronenschale in einen Topf geben und sanft erhitzen. Ab und zu umrühren. Nach 10 Minuten die Gewürze einrühren, 10 Minuten weiterköcheln lassen, dann vom Herd nehmen.
Backherd auf 200 Grad vorheizen.
Den Kuchenteig ausrollen und eine Kuchenform damit auskleiden. Überhängende Ränder nach innen falten. Die Obstmischung einfüllen und mit dem braunen Zucker bestreuen. Wenn das Obst sehr viel Saft gezogen hat, mit Speisestärke andicken.
Kuchen 30–40 Minuten im vorgeheizten Backrohr backen. Temperiert oder kalt servieren.

Cuscini di Gesù
Gefüllte Kekse – Apulien

Diese leckeren Kekse heißen wörtlich übersetzt »Jesuskissen« – vermutlich, weil sie so lecker sind, dass sie auch dem Jesuskind schmecken würden. Bei den ganz gewöhnlichen Kindern in Apulien sind sie jedenfalls sehr beliebt.

Zutaten für 6–8 Personen:
Für den Teig: 250 g Mehl, 60 g Zucker, 1 Prise Salz, 125 g Butter, 3 Eigelb
Für die Füllung: 100 g Zartbitterschokolade, 4 EL Sahne, 250 g gekochte Kichererbsen, 80 g Zucker, 3 EL Vinsanto
Außerdem: Öl zum Ausbacken, Puderzucker zum Bestäuben
Zubereitungszeit: 90 Minuten

Für den Teig das Mehl in eine Schüssel sieben und mit Zucker und Salz vermischen. Die Butter in Flöckchen dazugeben und mit zwei Messerklingen einarbeiten, bis eine krümelige Masse entsteht. Eigelb hinzufügen und das Ganze rasch zu einem glatten Teig verarbeiten. Zu einer Kugel rollen, in Folie wickeln und kühl stellen.

Für die Füllung die Schokolade zerkrümeln und mit der Sahne im Wasserbad schmelzen. Dann mit den gekochten Kichererbsen, Zucker und Vinsanto zu einer dicken Creme schlagen.
Den Teig auf einer Arbeitsfläche ausrollen. Mit einem gewellten Teigrädchen 10 x 5 Zentimeter große Teigstreifen ausrädeln. Die Füllmasse jeweils auf der unteren Hälfte der Streifen verteilen. Die andere Hälfte darüber klappen und an den Rändern gut zusammendrücken.
In Öl schwimmend goldbraun ausbacken. Auf Küchenkrepp abtropfen lassen und mit Puderzucker bestäuben.

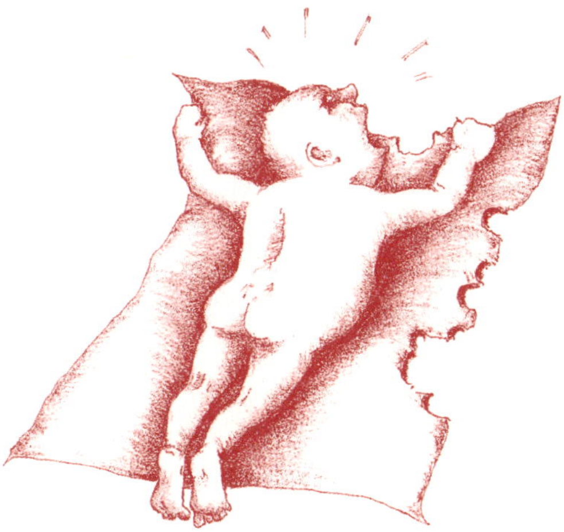

Variation: Bekömmlicher sind die Kekse, wenn sie nicht in Öl frittiert, sondern im Backrohr gebacken werden: Ofen auf 180 Grad vorheizen, die »Kissen« auf ein gefettetes Backblech setzen und ungefähr 20 Minuten abbacken.

Frittelle con l'uvetta
Rosinenküchlein — Ligurien

Am Vorabend des Josefstags (19. März) feiern die Schreiner Genuas zu Ehren ihres Schutzpatrons mit Freunden und Kollegen. In der blitzsauber aufgeräumten Werkstatt gibt es dann Frittelle für alle. Eines dieser Küchlein ist jedoch besonders gekennzeichnet (es enthält z.B. Watte statt Rosinen), und wer es erwischt, muss die Getränke für die ganze Gesellschaft bezahlen.

Zutaten für 4–6 Personen:
½ Hefewürfel, 250 ml lauwarme Milch, 500 g Mehl, 4 Eier, 2 EL Zucker, 1 TL abgeriebene Zitronenschale, 1 Prise Salz, 100 g Rosinen, 100 ml Marsala, Öl zum Ausbacken, Puderzucker zum Bestäuben
Zubereitungszeit (ohne Ruhezeit): 45 Minuten

Die Hefe in der Milch auflösen.
Mehl, Eier, Zucker, Zitronenschale und Salz in eine Schüssel geben, die Hefemischung hinzugießen und gründlich verrühren. Den Teig zugedeckt 3 Stunden gehen lassen.
Inzwischen die Rosinen in Marsala einweichen.
Rosinen abtropfen lassen und trocknen. Unter den Backteig geben. Den Teig nun esslöffelweise in heißem Öl schwimmend zu Küchlein ausbacken. Auf Küchenkrepp abtropfen lassen und mit Puderzucker bestreut servieren.

Gelato alla nocciola
Haselnusseis – Piemont

Wenn die Haselnüsse reif sind, verkaufen fliegende Händler auf den Jahrmärkten und Volksfesten der Gegend lange Ketten mit den fein säuberlich aufgereihten Nüssen. Kindergarten- und Schulkinder dürfen sich diese Ketten dann als Schmuck um den Hals hängen.

Zutaten für 4 Personen:
150 g Haselnüsse, 4 Eigelb, 150 g Zucker, 500 ml Milch, 1 Vanilleschote, 1 Eiweiß
Zubereitungszeit: 30 Minuten

Haselnüsse auf ein Backblech streuen und im 200 Grad heißen Backrohr wenige Minuten rösten, bis sich ihr nussiger Duft entfaltet. Herausnehmen und abkühlen lassen. Die Nüsse fein hacken.
Eigelb mit Zucker dickcremig aufschlagen. Die Milch und die Vanilleschote hinzufügen und zum Kochen bringen. Sobald die Creme eindickt, vom Herd ziehen und abkühlen lassen. Die Vanilleschote entfernen.
Eiweiß zu Schnee schlagen und zusammen mit den Haselnüssen unter die Creme ziehen.
In der Eismaschine gefrieren lassen.

Gnocchetti all'arancia
Orangenklößchen – Sizilien

Zutaten für 4–6 Personen:
250 g Mehl, 100 g Butter, 80 g Zucker, die abgeriebene Schale einer unbehandelten Orange, 2 Eigelb, 1 Prise Salz, Öl zum Ausbacken, Puderzucker zum Bestreuen, Orangeat zum Garnieren
Zubereitungszeit (ohne Ruhezeit): 60 Minuten

Mehl in eine Schüssel sieben. Die Butter in Flöckchen hinzufügen und mit den Fingerspitzen einarbeiten. Zucker, die abgeriebene Orangenschale, Eigelb und Salz hinzufügen und alles zu einem glatten Teig verarbeiten. In Haushaltsfolie packen und 30 Minuten kühl stellen.
Den Teig auf einer bemehlten Arbeitsfläche ausrollen und zu etwa fingerdicken Schnüren rollen. Die Schnüre in 2 Zentimeter lange Stücke schnei-

den und diese über die Zinken einer Gabel abstreifen, damit sie das für Gnocchi typische Rillenmuster erhalten.
Gnocchetti portionsweise in heißem Öl ausbacken. Auf Küchenkrepp abtropfen lassen und mit reichlich Puderzucker bestreuen.
Auf eine Platte häufen und mit gewürfeltem Orangeat garnieren. Heiß servieren.

Greca
Mandelkuchen – Venetien

Dieser lockere Mandelkuchen mit dem Namen »die Griechische« stammt aus dem Castello, dem Viertel Venedigs, das früher vor allem von Griechen und Albanern bewohnt wurde.

Zutaten für 1 Form mit 24–26 cm Durchmesser:
300 g TK-Blätterteig, 5 Eier, 400 g Zucker, 220 g abgezogene Mandeln,
100 g zerlassene Butter, Puderzucker zum Bestreuen
Zubereitungszeit: 75 Minuten

Blätterteig auftauen lassen, ausrollen und eine Kuchenform so damit auskleiden, dass die Ränder 5–6 Zentimeter überstehen.
Backherd auf 160 Grad vorheizen.
Die Eier mit 200 Gramm Zucker schaumig schlagen. 200 Gramm Mandeln mit dem restlichen Zucker mehlfein mahlen.
Eierschaum, Mandelmehl und zerlassene Butter zu einer glatten Creme ver-

rühren. In die Form füllen, überstehende Teigränder in einem Wellenmuster über die Füllung klappen. Mit den restlichen Mandeln dekorieren. Kuchen im heißen Backrohr rund 40 Minuten backen. Mit Puderzucker bestreuen und erkalten lassen.

Pandolce
Genueser Weihnachtskuchen – Ligurien

Der Genueser Pandolce wird manchmal mit dem Mailänder Panettone verwechselt, besitzt aber eine wesentlich ältere Tradition. Seine Ursprünge reichen ins Mittelalter zurück, während der Panettone erst vor etwa hundert Jahren kreiert wurde. Der Pandolce wird traditionsgemäß am Tag vor Heiligabend in großen Mengen gebacken, damit der Vorrat bis zum Fest der Epifania am 6. Januar reicht. Wenn der Kuchen angeschnitten wird, steckt das jüngste Familienmitglied einen Lorbeerzweig in den Kuchendeckel; das erste Stück Kuchen wird dann in eine Serviette geschlagen und dem ersten Bettler geschenkt, der am Weihnachtstag an die Tür klopft.

Zutaten für 8 Personen:
Für den Teig: 1 kg Mehl, 2 Hefewürfel, 250 g Zucker, 400 ml lauwarme Milch, 125 g Butter
Außerdem: 75 g Pinienkerne, 75 g Rosinen, 100 g gewürfelte kandierte Früchte, 25 g geschälte Pistazien, 1 EL Fenchelsamen, 50 ml trockener Marsala, 1 EL Orangenblütenwasser
Zubereitungszeit (ohne Ruhezeiten): 1 Stunde

Mehl in eine Schüssel sieben, in die Mitte eine Mulde drücken. Hefewürfel mit 2 Esslöffeln Zucker unter ständigem Rühren in der warmen Milch auflösen. Die Hefemischung in den Mehlkrater gießen und vom Rand her zu einem Vorteig verrühren. Mit einem Küchentuch abdecken und an einem warmen, vor Luftzug geschützten Ort 30 Minuten gehen lassen. Mit Butter

und dem restlichen Zucker zu einem gleichmäßigen Teig verkneten. Zu einer Kugel rollen und nochmals gehen lassen.
Jetzt nacheinander die übrigen Zutaten in den Teig arbeiten und gründlich vermischen. Den Teig zu einem Laib formen, in Klarsichtfolie wickeln und 12 Stunden im Kühlschrank gehen lassen.
Backherd auf 190 Grad vorheizen.
Teig auf ein gefettetes Backblech setzen.
Aus Karton einen Ring zurechtschneiden und über den Laib stülpen, damit er beim Backen die Form behält. Pandolce im heißen Backrohr etwa eine Stunde abbacken.

Pane dei morti
Allerseelengebäck – Lombardei

Am Abend des 1. November, am Vorabend von Allerseelen, stellt man in den ländlichen Regionen der Lombardei eine Schale mit gekochten Maronen, Brot oder Gebäck und einen Krug Wasser auf den Küchentisch. Daran können sich dann die Seelen der Toten laben, wenn sie wie jedes Jahr an dem vom Herrgott bestimmten Tag an den Ort zurückkehren dürfen, an dem sie gelebt und geliebt haben.

Zutaten für 6–8 Personen:
125 g Rosinen, 450 g zerriebene Mürbeteigkekse, 50 g zerriebene Amaretto-Makronen, 200 g Mehl, 100 g geschälte und gehackte Mandeln, 125 g gehackte getrocknete Feigen, 300 g Zucker, 1 Prise Zimt, 1 Päckchen Backpulver, 2 EL Kakaopulver, 4 Eiweiß, 50–100 ml trockener Weißwein oder Marsala, Puderzucker zum Bestreuen
Zubereitungszeit (ohne Ruhezeit): 60 Minuten

Die Rosinen in etwas Wasser einweichen, abtropfen lassen und abtrocknen und mit den übrigen Zutaten zu einem gleichmäßigen Teig vermischen.

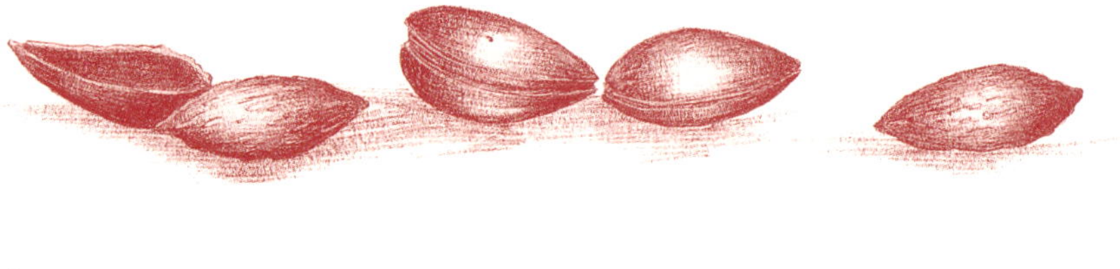

Den Wein erst ganz zum Schluss hineingeben und vorsichtig dosieren, damit der Teig nicht zu flüssig wird. Den Teig rund 10 Minuten durchkneten.
Backherd auf 180 Grad vorheizen.
Den Teig zu länglichen Brötchen formen und auf ein mit Backtrennpapier ausgelegtes Blech setzen. Im vorgeheizten Backrohr goldbraun backen. Mit Puderzucker bestreuen und vor dem Servieren zwei Tage ruhen lassen.

Panforte di Siena
Sieneser Früchtebrot – Toskana

Der gehaltvolle Kuchen wird traditionsgemäß zur Weihnachtszeit und an Silvester gegessen.

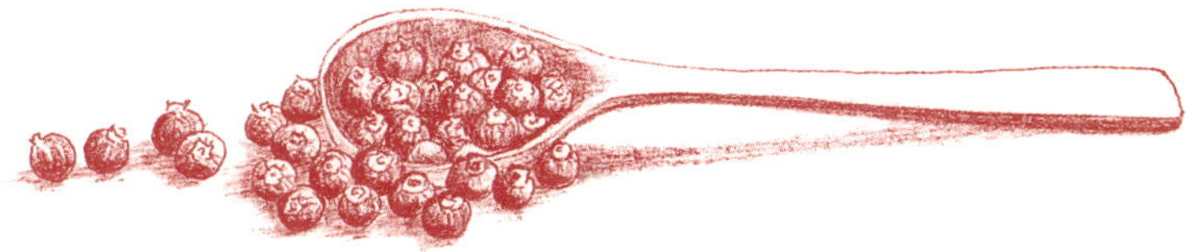

Zutaten für 1 Form
mit 26 cm Durchmesser:
2 TL Zimt, 180 g Mehl,
2 TL Piment, ½ TL gemahlener
Koriander, 1 Prise frisch
geriebener Muskat, 250 g kandierte Melonenschale, 30 g Orangeat,
250 g Walnusskerne, 1 kg geschälte Mandeln, 250 g Zucker, Saft von ½ Zitrone,
Oblaten für die Form
Zubereitungszeit: 90 Minuten

Einen Teelöffel Zimt mit dem Mehl vermischen und beiseite stellen. Die übrigen Gewürze vermischen und beiseite stellen.
Kandierte Früchte und Walnüsse fein hacken und mit den Mandeln vermischen. 150 Gramm Mehl in eine Schüssel sieben. Die Gewürzmischung und die Mandelmasse einarbeiten und beiseite stellen.
Den Zucker mit dem Saft einer halben Zitrone erhitzen und karamellisieren. Den Zucker abkühlen lassen und mit der Mandelmischung zu einer glatten Masse verarbeiten.
Backofen auf 180 Grad vorheizen.
Die Kuchenform mit Oblaten auslegen. Die Mischung einfüllen und glatt streichen. Mit dem restlichen Zimt-Mehl-Pulver bestreuen. Panforte im heißen Backrohr 30–40 Minuten backen. Herausnehmen und in der Form abkühlen lassen.

Panna cotta con frutta di bosco
Sahnepudding mit Waldfrüchten – Piemont

Zutaten für 4–6 Personen:
500 g Sahne, 1 l Milch, 150 g Zucker, 1 EL Rum, 6 Blatt Gelatine, gemischte Waldbeeren zum Garnieren
Zubereitungszeit (ohne Kühlzeit): 30 Minuten

Sahne, Milch, 100 Gramm Zucker und den Rum langsam zum Kochen bringen. Sobald die Mischung aufkocht, vom Herd ziehen.
Die Gelatine einweichen, dann ausdrücken; in die heiße Sahnemischung rühren und auflösen. Erkalten lassen.
Den restlichen Zucker karamellisieren und damit eine Puddingform ausgießen. Erkalten lassen, dann die Sahnemischung einfüllen und mehrere Stunden in den Kühlschrank stellen.
Panna cotta aus der Form stürzen und mit den frischen Beeren garniert anrichten.

Pasta di mandorle
Mandelpaste – Sizilien

Der heilige Petrus wird oft mit einem Schlüssel abgebildet, und so gibt es in Palermo alljährlich am 29. Juni, dem Namenstag des sizilianischen Lieblingsheiligen, alles, was man sich nur vorstellen kann, in Schlüsselform. Brotlaibe, Pasta, Aufläufe und natürlich auch diese Plätzchen werden so geformt, dass man sich damit vielleicht eines Tages Zutritt zur Himmelspforte verschaffen kann …

Zutaten für 4 Personen:
500 g Mandeln, 600 g Zucker, 40 g Honig, 2–3 steif geschlagene Eiweiß, Puderzucker zum Bestreuen
Zubereitungszeit (ohne Ruhezeit): 60 Minuten

Mandeln in sprudelndem Salzwasser blanchieren und häuten. Trocknen lassen und sehr fein mahlen. Mit 500 Gramm Zucker zu einer gleichmäßigen Masse verarbeiten.

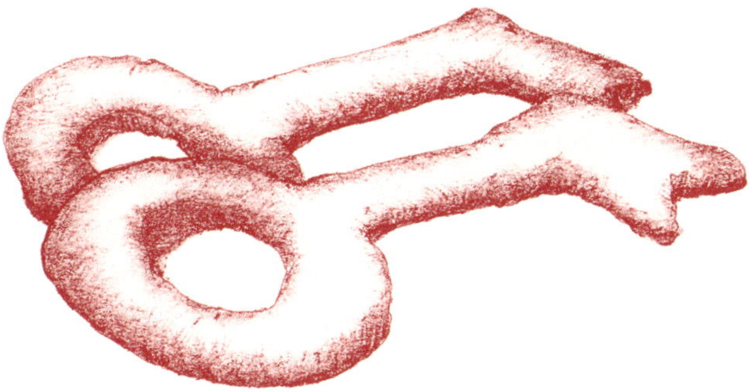

Den restlichen Zucker mit dem Honig verrühren und unter die Mandelmasse ziehen. Nach und nach auch den Eischnee einarbeiten, bis eine glatte Paste entsteht.
Die Paste auf ein Backblech streichen und mit Puderzucker bestreuen. Über Nacht oder einige Stunden trocknen lassen, dann keksgroße Stücke in Schlüsselform oder in anderen beliebigen Formen ausschneiden.

Ravioli di castagne
Kastanienravioli – Marken

Für dieses Festtags- und Karnevalsgebäck verwendet man stark konzentrierten Most. Anfang des 20. Jahrhunderts hatte jeder bäuerliche Haushalt große Mengen davon, denn wie so oft musste man aus der Not eine Tugend machen und den meist erbärmlich schlechten Wein in einem Kupferkessel einkochen, um den niedrigen Zuckergehalt auf 10 oder 20 Prozent zu erhöhen. Erreichte er einmal mehr als 30 Prozent, sprach man gar von *vino cotto speciale.* Meist kochte man den Wein in Neumondnächten ein, weil der Most dadurch angeblich auch länger haltbar wurde.

Zutaten für 4–6 Personen:
Für den Teig: 400 g Mehl, 3 Eier, 1 EL Olivenöl, 50 ml stark konzentrierter Most
Für die Füllung: 300 g gekochte Kastanien, 100 g Zartbitterschokolade, 1–2 Tässchen heißer Espresso, 1 Gläschen Anislikör, 1 EL Zucker
Außerdem: Öl zum Ausbacken, Puderzucker zum Bestreuen
Zubereitungszeit: 75 Minuten

Aus den angegebenen Zutaten einen etwas festeren Nudelteig bereiten. Mehl in eine Schüssel sieben, die Eier, das Öl und den Most in eine Vertiefung in der Mitte geben und sorgfältig vermischen. Gut durchkneten (sehen Sie sich eventuell dazu die Anleitung auf Seite 53 an). Teig zur Kugel rollen, in Folie packen und 30 Minuten ruhen lassen.

In der Zwischenzeit die Kastanien pürieren, die Schokolade mit dem heißen Espresso im Wasserbad schmelzen. Mit Anislikör und Zucker zu einer gleichmäßigen Füllmasse verrühren.
Den Nudelteig ausrollen und dicht an dicht Kreise mit 6–7 Zentimeter Durchmesser ausstechen. Die Füllmasse auf die untere Hälfte der Teigkreise setzen. Die obere Hälfte darüber klappen, sodass halbmondförmige Täschchen entstehen. Die Ränder fest zusammendrücken, damit die Ravioli beim Ausbacken nicht platzen.
Ravioli portionsweise im heißen Öl goldbraun ausbacken. Auf Küchenkrepp abtropfen lassen und mit Puderzucker bestreut servieren.

Schiacciata alla fiorentina
Florentiner Fladenkuchen – Toskana

Als es noch keine Backöfen mit geregelter Temperatur gab, diente die Schiacciata am Brotbacktag dazu, die Backofentemperatur zu prüfen. Man nahm etwas Brotteig, rollte ihn zu einem Fladen aus, bestreute ihn mit Obst und Zucker oder mit grobem Salz, Rosmarin und Olivenöl, schob ihn in den Ofen und hatte dann eine leckere Zwischenmahlzeit – vorausgesetzt, der Ofen hatte die richtige Temperatur!

Zutaten für 4 Personen:
1 Ei, 150 g Zucker, 100 g zerlassene Butter oder Schweineschmalz, 1 Päckchen Trockenhefe, 1 Prise Salz, 1 Briefchen Safranpulver, 1 Päckchen Vanillezucker, Saft und abgeriebene Schale einer unbehandelten Orange, 3–4 EL Milch, 300 g Mehl, Puderzucker zum Bestreuen
Zubereitungszeit: 60 Minuten

Backherd auf 180 Grad vorheizen.
Ei und Zucker schaumig rühren. Butter oder Schmalz, Hefe, Gewürze, Orangensaft und -schale und Milch hinzufügen. Gründlich verrühren, dann nach und nach das Mehl hineinsieben, bis ein glatter und cremiger Teig entsteht.
Den Teig in einer 2 Zentimeter dicken Schicht in eine gefettete runde Kuchenform füllen und in rund 20 Minuten abbacken. Erkalten lassen und mit Puderzucker bestreuen.

Semifreddo alle mandorle
Mandelparfait – Abruzzen

Zutaten für 4 Personen:
80 g Mandeln, 2 Eier, 70 g Zucker, 1 Päckchen Vanillezucker, 150 g Sahne, 60 g Zartbitterschokolade
Zubereitungszeit (ohne Kühlzeit): 40 Minuten

Die Mandeln auf ein Backblech geben und im 200 Grad heißen Backofen rösten, bis sie ihren nussigen Duft entfalten. Herausnehmen, abkühlen lassen und sehr fein hacken.
Die Eier trennen. Eigelb mit Zucker und Vanillezucker dickcremig aufschlagen. Eiweiß zu Schnee schlagen. Die Sahne steif schlagen.
Die vorbereiteten Zutaten vorsichtig vermischen und in Portionsförmchen füllen. Im Gefrierfach 2–3 Stunden erkalten lassen.

Vor dem Servieren die Schokolade im Wasserbad schmelzen. Parfait aus den Förmchen stürzen und mit der Schokolade überziehen.

Tipp: Sie können das Parfait auch im Voraus zubereiten; wenn es zu hart gefroren ist, etwa eine Stunde vor dem Servieren im Kühlschrank antauen lassen.

Spumette di nocciole
Haselnussmeringen – Sizilien

Zutaten für 4 Personen:
200 g Haselnüsse, 4 Eiweiß, 300 g Puderzucker, die abgeriebene Schale einer unbehandelten Zitrone
Zubereitungszeit: 75 Minuten

Die Haselnüsse auf ein Backblech geben und im 200 Grad heißen Ofen rösten, bis sich ihr nussiger Duft entfaltet. In ein Tuch schlagen und das braune Häutchen abrubbeln.
Die Nüsse fein mahlen.
Eiweiß und Puderzucker zu Schnee schlagen, die Zitronenschale und die gemahlenen Nüsse unterheben.
Backherd auf 120 Grad vorheizen.
Die Haselnussmasse in kleinen Portionen auf ein mit Backtrennpapier ausgelegtes Blech setzen. 45 Minuten im heißen Rohr trocknen lassen. Vor dem Servieren abkühlen lassen.

Strukli
Görzer Kartoffelstrudel – Julisch Venetien

Zutaten für 8 Personen:
Für den Teig: 1500 g Kartoffeln, 500 g Mehl, 4 EL Butter, 20 g geriebener Parmesan, 1 EL Olivenöl, Salz
Für die Füllung: 4–6 Äpfel, 4 EL zerlassene Butter 4 EL Semmelbrösel, 100 g gemahlene Mandeln, die abgeriebene Schale einer unbehandelten Zitrone, 1 TL Zimt, 2 EL Zucker, 50 g Rosinen, 2 EL Pinienkerne
Zubereitungszeit: 2 Stunden

Kartoffeln mit der Schale weich kochen. Abgießen, pellen und heiß durch ein Kartoffeleisen drücken. Mit Mehl, Butter, Parmesan, Olivenöl und Salz zu einem glatten Teig verarbeiten.
Äpfel schälen, in Spalten schneiden und in etwas Butter andünsten.
Inzwischen den Kartoffelteig auf einem feuchten Tuch zentimeterdick ausrollen. Mit Semmelbröseln bestreuen. Die Äpfel und die übrigen Zutaten auf dem Teig verteilen.
Einen großen Topf Salzwasser zum Kochen bringen.
Den Teig mit Hilfe des Tuchs zu einem Strudel rollen, in das Tuch schlagen und die Enden wie bei einer Wurst zusammenbinden. Diese »Wurst« in das leise kochende Salzwasser geben und in ungefähr 30 Minuten garen.
Aus dem Wasser heben, aus dem Tuch lösen und noch heiß aufschneiden. Mit zerlassener Butter und nach Wunsch mit Zucker und Zimt servieren.

Timballo di pere martine
Birnenkuchen – Piemont

Die typischen Birnen für diesen Kuchen besitzen ein sehr festes Fruchtfleisch und sind daher zum Kochen und Backen bestens geeignet. Sie reifen spät und halten sich lange, sodass sie bei den Festen zum Jahresende auf den Tisch kommen: am Martinstag, wenn die Knechte traditionsgemäß ihren Jahreslohn ausbezahlt bekamen, oder aber zu Weihnachten und Silvester.

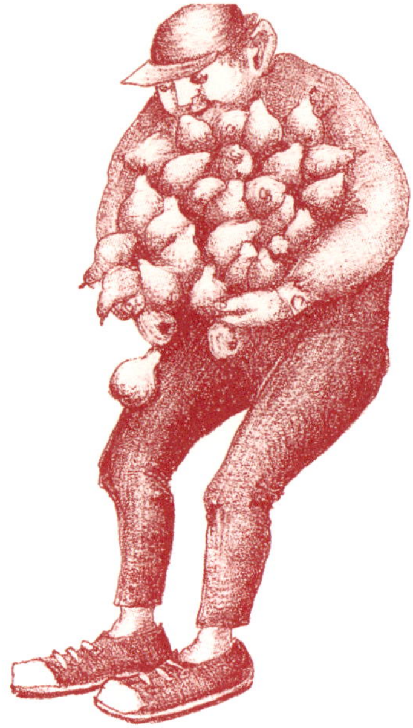

Zutaten für 1 Form mit 24 cm Durchmesser:
500 g festfleischige Birnen, ½ l Dolcetto d'Alba, 200 g Zucker, 4–5 Gewürznelken, 150 g Maismehl, 150 g Weizenmehl, 3 Eigelb, 100 g zerlassene Butter
Zubereitungszeit: 90 Minuten

Birnen schälen, entkernen und längs vierteln. Den Wein mit 100 Gramm Zucker und den Gewürznelken in einen Topf geben und zum Kochen bringen. Die Birnenviertel hineinsetzen und bei sanfter Hitze weich garen. Die Birnen vom Herd nehmen und abtropfen lassen.
Inzwischen den Kuchenteig vorbereiten. Die beiden Mehlsorten mischen und mit Eigelb, dem restlichen Zucker und der zerlassenen Butter zu einem gleichmäßigen Teig verarbeiten.
Backofen auf 180 Grad vorheizen und eine Springform buttern.
Den Teig ausrollen und die Kuchenform damit auskleiden, Ränder überhängen lassen. Die Birnenstücke einschichten. Die überhängenden Teigränder nach innen klappen und den Kuchen ungefähr eine Stunde abbacken.

Torrone al mascarpone
Torrone-Parfait – Lombardei

Der dem türkischen Honig ähnliche Torrone und die oberitalienische Stadt Cremona sind heute fast zu einer Begriffseinheit verschmolzen. Die Cremoneser haben dafür auch eine Erklärung parat: Bei der Hochzeit von Bianca Maria Visconti, Tochter des Herzogs von Mailand, mit dem Condottiero Francesco Sforza im Jahre 1441 wurde den sechstausend geladenen Gästen eine Süßspeise serviert, die die Stadt darstellte, die Bianca Maria als Mitgift in die Ehe einbrachte. Und das war Cremona mit dem herrlichen Turm neben dem Dom, der bei der Bevölkerung »Torrazzo« oder eben »Torrione« hieß.

Zutaten für 4–6 Personen:
5 Eier, 5 EL Zucker, 500 g Mascarpone, 100 g Zartbitterschokolade, 150 g Torrone
Zubereitungszeit (ohne Kühlzeit): 30 Minuten

Eier trennen. Eigelb mit Zucker dickcremig aufschlagen. Den Mascarpone und die zu Schnee geschlagenen Eiweiß unterziehen.
Schokolade und Torrone fein hacken und unter die Creme rühren. Auf Schälchen verteilen und 3 Stunden im Gefriergerät erkalten lassen.
Vor dem Servieren nach Wunsch mit Schokoraspeln bestreuen.

Torta con mele cotogne
Quittenkuchen – Friaul

Zutaten für 1 Form mit 24–26 cm Durchmesser:
Für den Teig: 125 g weiche Butter, 125 g Zucker, 1 Päckchen Vanillezucker, die abgeriebene Schale einer unbehandelten Zitrone, 4 Eier, 250 g Mehl, ½ Päckchen Backpulver, 1 EL Grappa, 2–3 EL Milch
Für Sirup und Belag: 100 g Zucker, Saft von 3 Orangen und 1 Zitrone, 1 Prise Salz, 3 Pfefferkörner, 1 kleine Zimtstange, 1 Sternanis, 1 Prise Muskat, 1 Gewürznelke, 2 große Quitten
Zubereitungszeit: 90 Minuten

Für den Sirup Zucker mit Orangen- und Zitronensaft und 100 ml Wasser zum Kochen bringen. Die Gewürze hinzufügen und gut 5 Minuten leise köcheln lassen. Die Quitten schälen, entkernen und in Spalten schneiden und 10–15 Minuten im Sirup garen, bis sie zwar etwas weich geworden, aber noch schön bissfest sind.
Für den Teig Butter mit Zucker und Vanillezucker in einer Schüssel schaumig rühren. Die abgeriebene Zitronenschale hinzufügen, dann nacheinander die Eier einarbeiten. Das Mehl mit dem Backpulver vermischen und in die Schüssel sieben. Den Teig mit Grappa und Milch glatt rühren.
Backherd auf 190 Grad vorheizen.
Den Teig in eine gefettete Springform füllen. Die Quittenspalten abtropfen lassen und auf dem Teig verteilen. Den Kuchen rund 50 Minuten im heißen Rohr backen.
Den Sirup etwa 10 Minuten einkochen lassen. Kuchen aus dem Rohr holen und mit dem eingedickten Sirup bepinseln. Kalt servieren.

Torta di riso degli Addobbi
Reistorte – Emilia

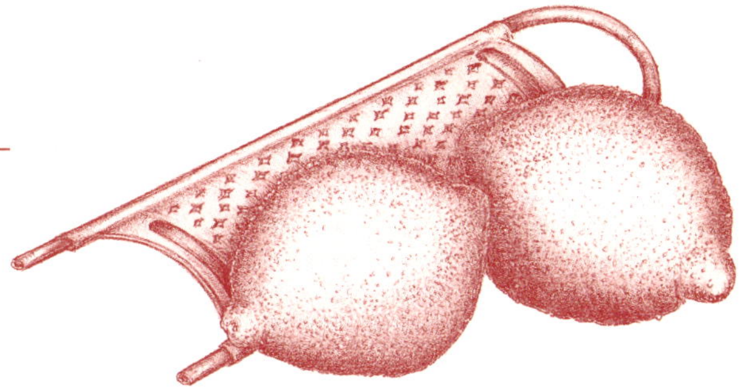

Dieser Kuchen ist typisch für die *Festa degli Addobbi*, die am Sonntag nach dem Fronleichnamstag gefeiert wird. Ein Bischof führte Mitte des 16. Jahrhunderts die Addobbi in der Diözese von Bologna ein. Damit wurde die Stadt in zehn Bezirke unterteilt, die im jährlichen Wechsel die Fronleichnamsprozession durchführen sollten. Ein späterer Kardinal verfügte dann, dass mit der Prozession auch die Wiederherstellung von Häusern und Straßen einhergehen sollte. Was zunächst Pflicht war, wurde später zur Gewohnheit und hat in ganz entscheidendem Maße zum guten baulichen Zustand der Stadt beigetragen.

Zutaten für 12 Personen:
200 g Langkornreis, 1 l Milch, 150 g Zucker, das Mark einer Vanilleschote, die abgeriebene Schale einer unbehandelten Zitrone, ¼ TL Bittermandelessenz, 6 Eier, 250 g Sahne, 200 g gemahlene Mandeln, 150 g gewürfeltes Zitronat, 100 ml Amaretto-Likör, Puderzucker zum Bestäuben
Zubereitungszeit: 2 Stunden

Reis sorgfältig waschen und abtropfen lassen. Milch, Zucker, Vanillemark, Zitronenschale und Bittermandelessenz in einen Topf geben und zum Kochen bringen. Den Reis hinzufügen und unter ständigem Rühren weich kochen.
Den gekochten Reis in eine Schüssel geben und abkühlen lassen. Ab und zu umrühren.
Die mit der Sahne verquirlten Eier unter den erkalteten Reis rühren. Nun auch Mandeln, Zitronat und Amaretto-Likör einarbeiten.
Backofen auf 180 Grad vorheizen.
Ein Backblech buttern und mit Backtrennpapier auslegen. Die Reismasse darauf verteilen und im heißen Backrohr etwa 45 Minuten backen. Aus dem Rohr nehmen und erkalten lassen. Den Kuchen in Häppchen in Rauten- oder Dreiecksform schneiden. Mit Puderzucker bestreuen. Zum Servieren in jedes Kuchenstückchen einen Zahnstocher stecken.

Torta di tagliatelle dolce
Süßer Tagliatelle-Auflauf – Umbrien

Diese ungewöhnlichen Tagliatelle kommen traditionsgemäß an Heiligabend auf den Tisch. Die gekochten Nudeln werden vor dem Kirchgang zubereitet und dann zimmerwarm gegessen, wenn man von der Christmette nach Hause kommt.

Zutaten für 4 Personen:
125 g Haselnüsse, 125 g geröstete Semmelbrösel, die abgeriebene Schale einer unbehandelten Zitrone, 1 TL Zimt, 2 EL Zucker, 2 EL Kakaopulver,
400 g Tagliatelle, Salz, 150 g zerlassene Butter
Zubereitungszeit: 45 Minuten

Haselnüsse auf ein Blech legen und im 200 Grad heißen Backrohr rösten, bis sie ihren nussigen Duft entfalten. Herausnehmen, leicht abkühlen lassen und in ein Küchentuch schlagen, dann das feine Häutchen abrubbeln. Die Nüsse grob hacken.
Nüsse, Semmelbrösel, Zitronenschale, Zimt, Zucker und Kakao vermischen.
Tagliatelle in sprudelndem Salzwasser al dente garen. Abgießen und mit der zerlassenen Butter und der Nussmischung überziehen.
In eine gebutterte Auflaufform geben und im 200 Grad heißen Rohr kurz überbacken.

Tipp: Auch wenn es sich um ein süßes Nudelgericht handelt, die Pasta in Salzwasser garen. Sie schmeckt sonst fade.

Tortaro
Osterkranz – Abruzzen

Der Tortaro oder »A tortar'«, wie der Kuchen im Dialekt heißt, gehört zu den Kindheitserinnerungen der meisten Abruzzesen. Für die Kinder buk man den Kranz in der Form von Puppen (für die Mädchen) und in der Form von Pferdchen (für die Knaben).
Nach dem Backen wurden die Kuchen mit bunten Bändern und Konfekt verziert.

Zutaten für 4–6 Personen:
3 Eier, 200 g Zucker, 150 g weiche Butter,
1 Päckchen Vanillezucker, die abgeriebene Schale einer unbehandelten Zitrone, 250–300 g Mehl,
2–4 EL Milch, ca. ½ Päckchen Backpulver
Zubereitungszeit: 90 Minuten

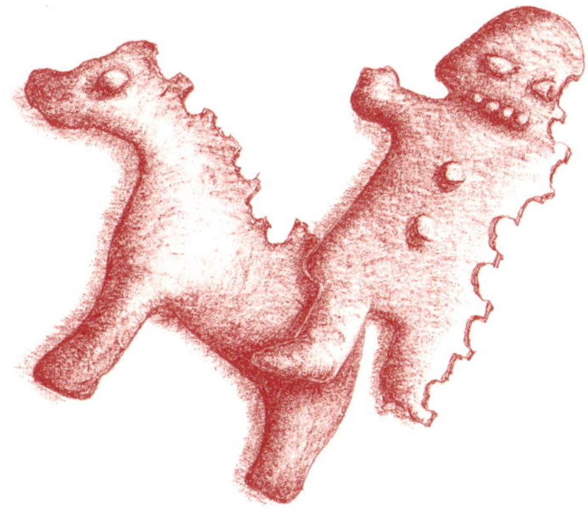

Backherd auf 180 Grad vorheizen.
Eier, Zucker und Butter schaumig rühren. Vanillezucker und Zitronenschale untermischen.
Nach und nach das Mehl hineinsieben und die Milch einarbeiten, bis ein Teig entsteht, der zäh vom Löffel fällt. Zum Schluss das Backpulver untermischen.
Den Kuchenteig in eine gebutterte Kranzform füllen und im vorgeheizten Backofen rund 50 Minuten backen. Erkalten lassen und nach Wunsch verzieren.

Tortellacci dolci
Süße Nudeltäschchen – Lombardei

Zutaten für 6–8 Personen:
Für den Teig: 500 g Mehl, 60 g Zucker, 3 Eier, 50 g Butterflöckchen,
1 TL abgeriebene Zitronenschale, 1 Päckchen Vanillezucker, 2 EL Grappa,
evtl. 1 Spritzer Weißwein
Für die Füllung: 1 Apfel, 1 EL Zucker, 50 g Pinienkerne, 50 g Rosinen (einweichen), je 50 g gewürfeltes Zitronat und Orangeat, 6 zerriebene Löffelbiskuits, 6 zerriebene Amaretto-Makronen, evtl. 1 Spritzer Weißwein
Außerdem: Öl zum Ausbacken, Puderzucker zum Bestäuben
Zubereitungszeit: 2 Stunden

Für den Teig das Mehl auf einer Arbeitsfläche zu einem Kegel aufschütten. In der Mitte eine Vertiefung formen und die übrigen Zutaten hineingeben. Langsam und vorsichtig zu einem gleichmäßigen Teig verarbeiten und durchkneten.

Wenn der Teig zu fest wird, einen Spritzer Weißwein hinzugeben. Den Teig zu einer Kugel rollen und 30 Minuten im Kühlschrank ruhen lassen.
Inzwischen die Füllung vorbereiten. Den Apfel schälen, entkernen, in kleine Stückchen schneiden und mit Zucker und 4 Esslöffeln Wasser weich dünsten. In eine Schüssel geben und mit einer Gabel zermusen. Die restlichen Zutaten für die Füllung hinzufügen. Sollte die Füllung zu trocken wirken, mit etwas Weißwein geschmeidig rühren.

Den Teig nun portionsweise mit der Nudelmaschine ausrollen. Den Rest unter einem Küchentuch feucht halten.
Jeweils mit zwei Teigstreifen gleichzeitig arbeiten. Kirschgroße Portionen der Füllmasse im Abstand von jeweils 5 Zentimeter auf einen Streifen setzen. Den zweiten Teigstreifen darauflegen und in den Zwischenräumen gut festdrücken. Darauf achten, dass sich keine Luftblasen bilden. Mit einem gezackten Teigrädchen die rautenförmigen Tortellacci ausrädeln.
Die Nudeltäschchen portionsweise in heißem Öl goldbraun ausbacken. Auf Küchenkrepp abtropfen lassen und mit Puderzucker bestäuben.

Zuccotto
Biskuitbombe – Toskana

Der Zuccotto, der mit seiner gerundeten Form tatsächlich an einen »kleinen Kürbis« erinnert, ist das toskanische Dessert schlechthin und in ganz Italien sehr beliebt.

Zutaten für 4–6 Personen:
150 g Zucker, die abgeriebene Schale einer unbehandelten Zitrone,
50 ml Maraschino oder ein anderer Likör, 250 g Sahne, 200 g Puderzucker,
350 g Ricotta, 80 g Zitronat und Orangeat, 30 g Kakaopulver, 100 g Zartbitterschokolade
Außerdem: 200 g Biskuitboden
Zubereitungszeit (ohne Kühlzeit): 45 Minuten

Zucker und Zitronenschale mit 300 ml Wasser zu einem Sirup verkochen. Biskuit zurechtschneiden und mit der Hälfte eine Zuccotto-Form oder eine Schüssel mit gewölbtem Boden auslegen. Mit der Hälfte des Sirups und mit etwas Likör beträufeln.
Sahne mit Puderzucker steif schlagen. Ricotta glatt rühren und mit der Sahne vermischen. Diese Creme halbieren. Zitronat und Orangeat unter die eine Cremeportion heben, Kakao und die zerkrümelte Schokolade unter die andere Cremehälfte rühren.
Die beiden Cremes abwechselnd auf den Biskuitteig schichten. Mit dem restlichen Teig abdecken, und diesen wieder mit Sirup und Likör tränken. Vor dem Servieren 24 Stunden durchkühlen.
Zuccotto aus der Form stürzen und nach Wunsch mit Cocktailkirschen und Sahnetupfern verzieren.

Zuppa di castagne al vino rosso
Kastaniensuppe mit Rotwein – Aostatal

Zutaten für 4–6 Personen:
1 kg Kastanien, 1 l Rotwein, 150 g Zucker, 2–3 Gewürznelken, ½ Vanilleschote, 1 kleine Zimtstange, ½ TL Fenchelsamen, 1 Prise Salz
Zubereitungszeit: 2 Stunden

Kastanien auf der gewölbten Seite kreuzförmig einritzen und in leicht gesalzenem Wasser 10 Minuten sprudelnd kochen. Abgießen und schälen, dabei auch das dünne Häutchen entfernen.
Die geschälten Kastanien in einen Topf geben und mit Rotwein übergießen. Den Zucker einrühren. Die Gewürze in ein Mullsäckchen binden und in den Topf legen. Die Kastanien in diesem Sud in rund 45 Minuten weich garen.
10 Minuten vor Ende der Garzeit ein Drittel der Kastanien aus dem Sud heben, abtropfen lassen und pürieren. Dieses Püree mit etwas Sud glatt rühren und wieder in die Suppe geben. Kastanien fertig garen und heiß servieren (Gewürzsäckchen entfernen).

Anhang

Glossar der wichtigsten Pastasorten

Agnolotti
Diese relativ kleinen Nudeltäschchen haben eine besonders zarte Teighülle und sind in Piemont zu Hause. Sie können mit einem »ripieno di magro«, also mit einer Farce aus Gemüse und Käse, oder aber mit Fleisch gefüllt werden. In der Barolo-Region kennt man zudem die Sonderform »Agnolotti dal plindie«, die in der Mitte zusammengekniffen werden und dadurch wie Sofakissen aussehen.

Cannelloni
Die bekannten dicken Röhrennudeln zum Füllen; wörtlich übersetzt bedeutet ihr Name »dickes Schilfrohr«.

Cappellacci
Da sie im Gegensatz zu den etwas feineren Cappelletti mit etwas dickerem Teig zubereitet werden, bezeichnet man sie auch als »grobe, derbe Hüte«. In der Emilia Romagna füllt man sie am liebsten mit Kürbisfleisch. (s. Rezept Seite 57)

Cappelletti
»Hütchen« – gefüllte Nudeltäschchen in Form einer Bischofsmütze.

Caramelle
Teigtäschchen in Bonbonform: Der Nudelteig wird wie Bonbonpapier um die Füllung gewickelt.

Casarecce
Die ungefähr fingerlange Pasta aus zwei ineinander verschlungenen Teigsträngen passt gut zu Saucen mit Tomaten und Fleisch.

Cavatelli
Der Name leitet sich von dem italienischen Wort für Ausbuchtung, Aushöhlung ab. In der Tat handelt es sich um eine stark gewölbte Pastaform, die praktisch dem Abdruck der hohlen Hand entspricht. Cavatelli eignen sich gut zum »Aufschaufeln« gehaltvoller Saucen.

Fusilli
Die süditalienischen Spiralnudeln gibt es in langer und kurzer Form. In der Gegend von Neapel isst man die traditionellen langen Fusilli zum klassischen Ragout. Im Supermarkt werden meist die kurzen Fusilli angeboten.

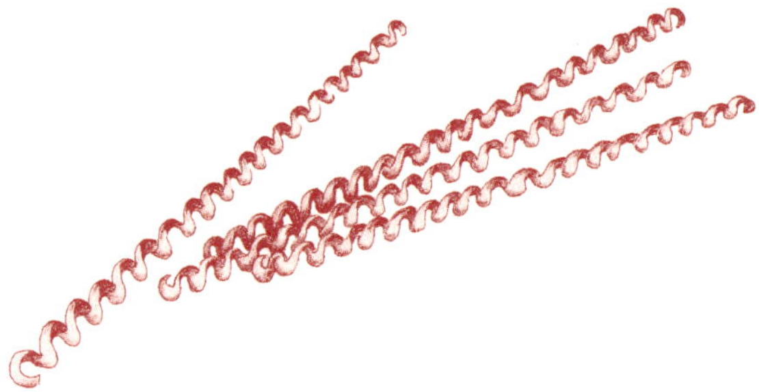

Gattafin
Die Teigtaschen stammen aus dem Levanto und sind bereits seit dem Mittelalter bekannt.

Gnocchi

Handgefertigte Klößchen. Der Teig der Gnocchi kann aus Kartoffeln, Weizengrieß oder aus Brot bestehen. Im Handel erhält man sie meistens in Form von Conchiglie, Muscheln.

Lagane
Lagane sind vermutlich die ältesten bekannten Teigwaren des Mittelmeerraums. Mit dem griechischen Wort »laganon« und dem römischen »laganum« bezeichnete man einst schlichte Teigfladen. Heute versteht man darunter Teigflecken, die nicht ganz so groß wie Lasagneblätter sind. In Süditalien verarbeitet man sie mit Kichererbsen oder anderen Hülsenfrüchten zu einem herzhaften Eintopf. Diese »Lagane e ceci« werden am Namenstag des heiligen Josef (19. März) auf den Dorfplätzen zubereitet und an Passanten ausgegeben.

Lasagne
Sehr breite und große Nudelblätter, die sich besonders gut zu Aufläufen verarbeiten lassen.

Maccheroni
Für die klassischen Maccheroni mußte man den Teig früher um dünne Stricknadeln aus Eisen oder Holz wickeln, damit sie die typische Röhrenform erhielten. Heute werden sie maschinell mit Strangpressen hergestellt.

Maccheroncini
Kleine Maccheroni

Maltagliati
Die »schlecht geschnittenen« Nudeln kann man leicht selbst herstellen: Man rollt den Teig dünn aus und schneidet ihn in unregelmäßige Teigflecken.

Menietti
Diese am Backbrett verkrusteten Teigreste mussten in früheren Zeiten noch als Nudeln herhalten.

Pappardelle
Die sehr breiten Bandnudeln gibt es mit geradem oder gezacktem Rand. Sie werden klassisch mit Hasen- oder Entenragout zubereitet.

Piccagge
Wie auch bei der Fettucine und der Lasagne handelt es sich hier um breite Bandnudeln.
Eine »piccaggia« ist ein Stückchen Stoff, ein Band, das zum Handarbeiten verwendet wird. An der Breite dieses Stoffbands richtet man seit jeher die Dimensionen dieser Teigflecken aus, sodass auch der Name übernommen wurde.

Quadrucci
Die kleinen, quadratischen Suppennudeln kann man leicht selbst herstellen: Auf der Nudelmaschine Tagliatelle zurechtschneiden, die Tagliatelle bündeln und mit einem scharfen Messer kleine Teigquadrate abtrennen.

Ravioli
Neben den Tortellini wohl die bekanntesten Nudeltäschchen. Das Wort leitet sich vermutlich von »rapa«, Rübe, ab, denn ursprünglich wurden die Täschchen mit diesem Gemüse gefüllt. Heute isst man Ravioli mit Fleisch- oder Gemüsefüllung, in Brühe gegart oder mit Obst gefüllt und in Fett ausgebacken. Für die Beliebtheit der Ravioli spricht nicht zuletzt die Tatsache, dass man mit dem Begriff auch Nudeltäschchen im allgemeinen bezeichnet.

Rigatoni
Die kurzen und dicken Röhrennudeln haben eine gegrillte Außenseite, an der Fleisch- und Tomatensaucen gut haften bleiben. Sie haben einen festen Platz in der römischen Küche, wo man sie oft mit Innereien zubereitet.

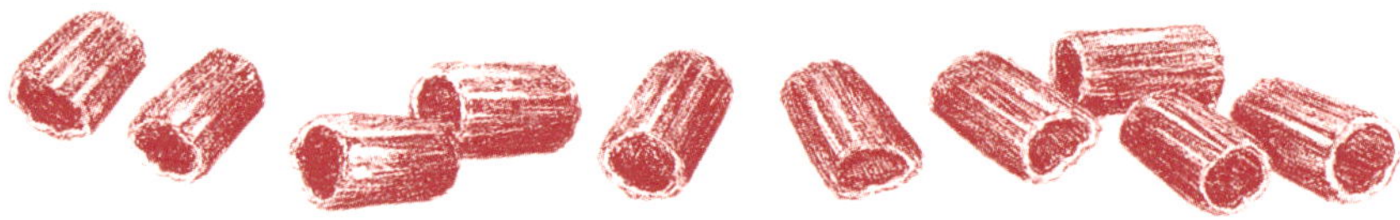

Spaghetti
Allrounder und Inbegriff aller Pastaspezialitäten schlechthin.

Taglierini
Diese schmalen Nudelblätter stammen aus den Marken. Dort isst man sie am liebsten mit Ragout.

Tagliolini
Feine Schnittnudeln.

Tajarin
Die piemontesische Variante der Tagliolini aus einem Teig mit besonders vielen Eiern (manche Köche verwenden 40 Eigelbe auf ein einziges Kilo Mehl!) schmeckt unvergleichlich zart.

Testaroli
Die rhombenförmigen Teigflecken stammen aus der Toskana. Ursprünglich handelte es sich bei den Testaroli um Teigfladen, die auf einer Art Waffeleisen, der so genannten »Testa«, gebacken wurden.

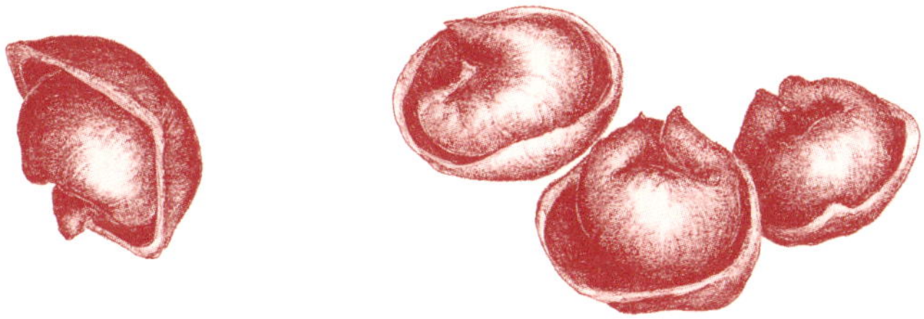

Tortellini
Kleine gefüllte Teigtaschen aus Bologna. Die Bologneser Küche ist besonders üppig, und so spart man beim Füllen der Tortellini auch nicht an hochwertigen Zutaten: Mortadella, Parmaschinken und Parmesan gehören unbedingt hinein. Die runden Teigblätter werden zu Halbmonden zusammengeklappt und an den Enden zusammengedrückt, sodass sie wie kleine Ringe aussehen.

Tortelloni
Große gefüllte Teigtaschen. Der große Bruder der Tortellini.

Tortiglioni
In sich verdrehte, gerippte Röhrennudeln.

Vermicelli
Sehr feine Fadennudeln, vergleichbar mit Spaghettini.

Ziti
»Junggesellen« heißen die langen, glatten Röhrennudeln. Es gibt auch eine kurze Version, die vergleichbar ist mit den Penne, hat aber gerade abgeschnittene Enden.

Register